外贸业务经理人手册

(THIRD EDITION) A MANUAL

FOR FOREIGN TRADE MANAGERS

(第三版)

陈文培 ◎ 主编

中国海关出版社有限公司
· 北京 ·

图书在版编目（CIP）数据

外贸业务经理人手册／陈文培主编．—3 版．—北京：中国海关出版社有限公司，2017.6
ISBN 978-7-5175-0200-5

Ⅰ.①外⋯ Ⅱ.①陈⋯ Ⅲ.①国际贸易－贸易实务－手册 Ⅳ.①F740.4－62

中国版本图书馆 CIP 数据核字（2017）第 097406 号

外贸业务经理人手册（第三版）
WAIMAO YEWU JINGLIREN SHOUCE（DI SAN BAN）

作　　者：陈文培	
策划编辑：马　超	
责任编辑：郭　坤	
助理编辑：钱慧春	
责任监制：王岫岩　赵宇	
出版发行：中国海关出版社有限公司	
社　　址：北京市朝阳区东四环南路甲 1 号	邮政编码：100023
网　　址：http://www.hgcbs.com.cn；www.hgbookvip.com	
编 辑 部：01065194242－7554（电话）	01065194234（传真）
发 行 部：01065194221/4238/4246/4227（电话）	01065194233（传真）
社办书店：01065195616/5127（电话/传真）	01065194262/63（邮购电话）
印　　刷：北京中献拓方科技发展有限公司	经　　销：新华书店
开　　本：710mm×1000mm　1/16	
印　　张：24	字　　数：370 千字
版　　次：2017 年 6 月第 3 版	
印　　次：2022 年 1 月第 3 次印刷	
书　　号：ISBN 978－7－5175－0200－5	
定　　价：48.00 元	

海关版图书，版权所有，侵权必究
海关版图书，印装错误可随时退换

本书编委会

主　编　陈文培
副主编　陈培芳　朱晓将
　　　　翁　非　顾惠媛
编　者　邢开东　陈　楠

第三版前言

本书第一版于2006年3月出版，第二版修改于2010年1月，从第二版到现在已时隔6年多了，外贸形势发生了很大变化，国家的管理规定也有了很大的变化。

本次改版结构上未作大的改变，每章都做了一些改动。改动比较大的部分是第一章外贸进出口业务流程中增加了跨境电子商务的内容。第四章国际结算中增加了跨境电子商务电子支付的内容。

其他一些章节由于国家对出口收汇核销、加工贸易业务批准证要求的改变，都做了相应的修改。

非常有幸，中国对外贸易经济合作企业协会和中国标准化研究院组织我们这些长期从事国际贸易领域工作的专家、业务人员，撰写了《中华人民共和国国家标准：国际贸易的职业分类与资质管理》（GB/T 28158 – 2011）。我把标准的一部分内容放到了第三章中。

作为《外贸业务经理人手册》的编者，我们力图反映出它的全面性，注重它的实用性。关于该书的特点，在前二版的前言中也作了说明，这里不再赘述。

由于编者水平有限，错误之处敬请批评指正。

陈文培
2017年4月于上海

第二版前言

本书第一版于 2006 年 3 月出版，时隔 3 年多，外贸形势发生了很大变化，很多新的规定、规则出台，比如 UCP600 的正式启用，加工贸易的变化等。尤其是金融危机的影响，对外贸行业的冲击很大。在这种情况下，坚守在外贸一线的经理人们更需要统观全局，对各项业务了如指掌，才能在外贸的"严冬"中生存。

第二版比第一版更贴近外贸业务经理人的实际需要，围绕他们的业务经营和管理做了较大幅度的修改和增删。第 2 章由原版的成本核算改为"经理人必备的财务知识"，并增加了"保险费计算办法""进出口税费计算办法""进出口报价""进出口外汇核销业务""出口退税业务"5 个章节，使经理人们更全面地掌握业务中经常用到的财务知识；第 3 章由原版的贸易链上的业务办理改为"经理人必备的管理知识"，比原来的内容更适合经理人们的需要；第 5 章贸易融资和风险控制增加了第八节案例分析，利于读者结合实际业务掌握本章知识；第 6 章的进出口单证，由于和经理人的业务联系不十分紧密，主要由外贸业务员们处理，因此在本版中替换为"国际商务策划"；第 7 章出口商品技术指南的内容有所精简；第 8 章加工贸易增加了"加工贸易电子化手册""加工贸易业务管理"两节，更适应加工贸易业务的变化。

第二版在延续第一版全面、实用的特点之外，更注重内容的紧凑、完整和条理清晰，结构更趋于合理，语言叙述也更精练，全书篇幅有所精简。由于编者是全国外经贸从业人员认证专家委员会委员，承担了商务部中国对外贸易经济合作企业协会开设的国际贸易业务员专业证书考试的教材编写工作，因此，本书可以作为高级国际贸易业务员考试的辅导用书。

本书在编写中还参考了其他大量的资料，特别是国际贸易实务各版本的教材，还引用了一些外贸公司的资料，在此谨向作者和外贸公司的同仁表示感谢。

由于编者水平有限，错误之处敬请批评指正。

陈文培
2009 年 12 月于上海

目 录

第一章 外贸进出口业务流程 … 1

- 第一节 出口业务流程 … 2
- 第二节 交易磋商 … 35
- 第三节 合同的订立 … 38
- 第四节 合同的履行 … 39
- 第五节 进口业务流程 … 50
- 第六节 跨境电子商务 … 59

第二章 经理人必备的财务知识 … 63

- 第一节 进出口商品价格确定 … 64
- 第二节 佣金和折扣 … 71
- 第三节 代理出口业务中的各类计算办法 … 77
- 第四节 运费计算办法 … 81
- 第五节 保险费计算办法 … 92
- 第六节 进出口税费的计算 … 93
- 第七节 进出口报价 … 105
- 第八节 货物贸易外汇管理指引操作规程 … 117
- 第九节 出口退税业务 … 119

第三章　经理人必备的管理知识 …… 130
第一节　外贸业务人员的岗位责任和管理者的职责 …… 131
第二节　外贸业务管理的各项规定 …… 133
第三节　外贸管理信息系统建设 …… 140
第四节　一次综合的出口业务和管理案例 …… 144

第四章　国际结算 …… 147
第一节　票据 …… 148
第二节　汇付 …… 163
第三节　托收 …… 170
第四节　信用证 …… 175
第五节　跨境电子商务支付 …… 194

第五章　贸易融资和风险控制 …… 198
第一节　出口贸易融资 …… 199
第二节　进口贸易融资 …… 206
第三节　福费廷业务 …… 221
第四节　保理业务 …… 230
第五节　出口信用保险业务 …… 240
第六节　外汇买卖业务 …… 246
第七节　债务风险管理 …… 251
第八节　案例分析 …… 256

第六章　国际商务策划 …… 263
第一节　国际市场营销环境 …… 264
第二节　行业环境分析 …… 279
第三节　国际商业计划书编制 …… 286

第七章　出口商品技术指南 ……… 302
第一节　出口商品技术指南推出的背景 ……… 303
第二节　出口商品技术指南的主要内容 ……… 309

第八章　加工贸易 ……… 321
第一节　加工贸易概述 ……… 322
第二节　加工贸易的流程 ……… 323
第三节　纸质手册电子化管理 ……… 338
第四节　加工贸易业务管理 ……… 344
第五节　上海国际贸易"单一窗口" ……… 351

参考文献 ……… 362

第一章

外贸进出口业务流程

外贸企业业务活动中有许多过程。对外承包工程的项目确立过程、施工准备过程、施工实施过程和竣工验收过程。对外劳务合作的客户选择、合同签订，人员培训、审查和护照、签证的申办，以及劳务人员的境外管理。商品进出口企业的业务准备过程、基本业务经营过程、辅助业务经营过程，业务经营服务过程，包括交易前、交易中、交易后，有对客户的间接服务，也有与客户面对面的直接服务等。其中，实现过程（realization processes）形成企业的产品（商品和/或服务）并使企业增值。支持过程（support processes）、管理过程虽然不直接增值，但对企业来说是必需的。这两个过程构成外贸企业业务和管理的体系架构。

企业应首先根据各自经营的特点，设计满足客户和其他相关方要求的商品、服务所需要的过程及其顺序和相互关系。

第一节 出口业务流程

一、国际贸易出口业务的主要流程

国际贸易出口业务的主要流程如1-1图所示。

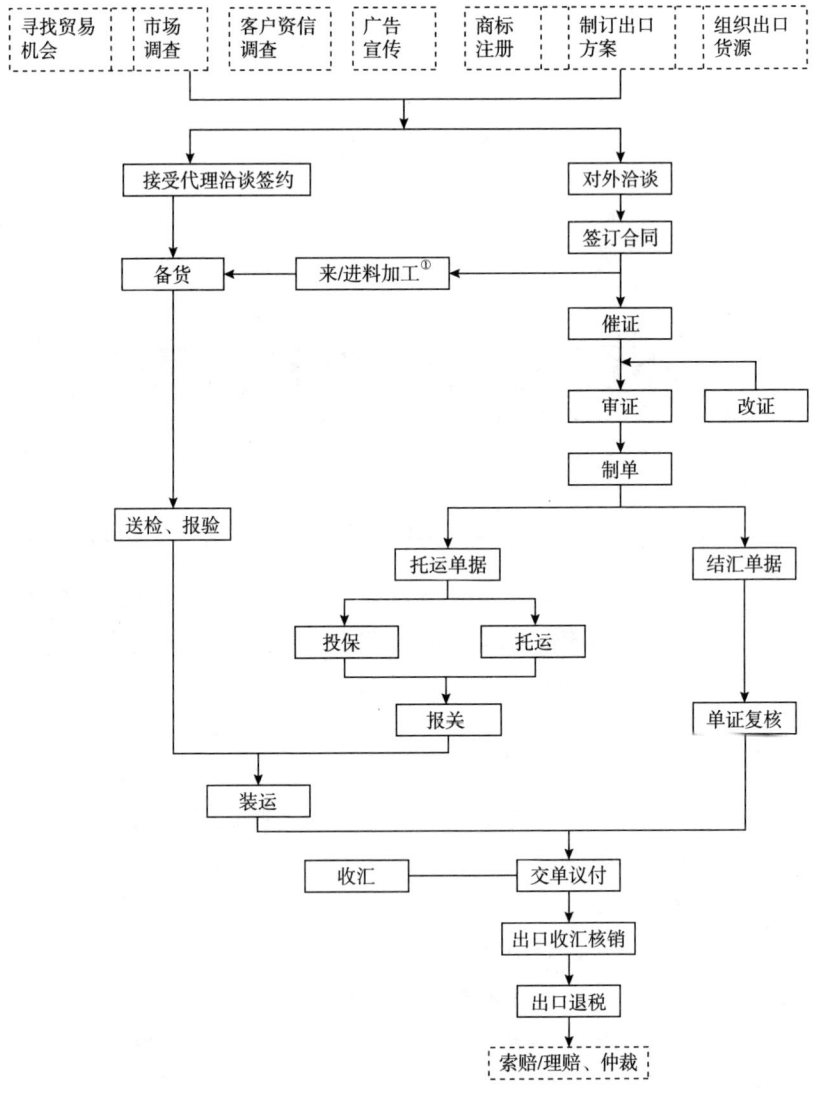

图1-1 出口业务的主要流程

---

① 如果是来料加工或进料加工时需要。

二、交易前的准备

这一阶段内要完成的主要工作是寻找贸易机会、市场调研、制订方案、广告宣传和商标注册等。

（一）寻找贸易机会

1. 寻找国外客户的方式与途径

（1）充分利用工商名录。国际工商名录收录了各国著名的贸易公司及其商号的名称，电传、电话、传真的号码，电子邮件地址，公司的地址，主要经营项目及历史经营情况。这类名录通常是各国的商会编纂的。《康帕斯国际工商指南》（70个国家150万家公司的名录，有书与光盘，每年更新）和康帕斯工商信息网（www.kompass.com）提供的在线查询，以及世界上最大的联机数据库系统——Dialog 的在线信息查询系统，该数据库系统提供工商信息服务。Dialog 的产品具有非常优秀的搜寻深度、广度、精确性及速度。其产品与服务，如 Dialog、Dialog Newsedge、Dialog Profound、Dialog DataStar 等，使企业通过全球互联网（Internet）或企业互联网（Intranet）能精准地找到最需要的第一手信息。

（2）通过驻外分支机构开发新顾客。各大公司在国外设立分公司的主要目的就是开发新顾客，争取更多的贸易机会。因为驻外人员比较了解当地的情况，容易发现新顾客。

（3）充分利用来华的各种外国代表团。每年来我国的外国经济访问团、市场调查团、参加国际展览会的国外团组很多，可以利用这些机会选择贸易对象。

（4）出国考察。出国考察或参加国外举办的国际商展，不仅能开阔眼界，而且可以认识更多的国外新朋友，为企业增加更多的贸易机会。

（5）国外老顾客的介绍。

（6）利用新闻工具获得新客户。可在有国际影响力的报纸杂志上刊登广告，征求客户。

（7）通过商会、领事馆及对外贸易协会的介绍认识新的客户。

（8）通过展销会，结识客户。

（9）利用 Internet 开展网上营销。现在有些专业机构常年开设网上交易平台，可以常年在网上参展。

（10）其他一些特殊渠道，如联合国采购、跨国采购等平台和方式。通过国内或驻外机构（如贸易中心）常年开设的展厅进行商品展览等。

利用上述方法结识的顾客，还需进行严格的资信调查，这样才会使我们的国际贸易顺利进行。

2. 通过展览会寻找客户

参加展览会是推销自己、寻找客户的好方法。展览会有国外展、国内展、专业展和综合展。

（1）国内最大的综合性展会——中国进出口商品交易会

中国进出口商品交易会又称广交会，每年春秋两季在广州举办，已发展成为我国规模最大、商品种类最全、采购商最多、效果最好的综合性国际贸易盛会，对支持我国企业特别是中小企业开拓国际市场、培育外向型企业人才、促进对外贸易发展、推动改革开放发挥了重要作用。

广交会一直是我国外贸出口的窗口，参会人员主要是国内的参展商、采购商和国外的参展商、采购商。

广交会贸易方式灵活多样，除传统的看样成交外，还举办网上交易会。广交会以出口贸易为主也做进口生意，还可以开展多种形式的经济技术合作与交流以及商检、保险、运输、广告、咨询等业务活动。来自世界各地的客商云集广州，互通商情，增进友谊。

自2008年秋季第104届起，广交会从原来的每届分两期举办拆分为三期举办。一期以机电产品为主，二期以日用消费品及礼品为主，三期以纺织服装、箱包及文体用品、医药保健及医疗用品、食品及土特产品等为主。展览规模逐年增大，第102届广交会3.2万个展位，第120届广交会（2016年10月）6万多个展位。

按照国际采购习惯，广交会展区从目前的34个调整为50个，进一步提高了专业化水平。今后将根据国家产业政策的要求和出口商品结构的变化，适时调整展区设置，将现有的品牌、名优新特、招展和分配性四类展位简化为品牌和一般性两类展位。

广交会全面开通展位在线申请功能，有意申请展位的企业可直接访问"参展易捷通 http://exhibitor.cantonfair.org.cn"进行申请。

如果您的公司从未在广交会参展，请先注册，注册成功后系统会自动生成"参展易捷通"的用户名和密码，然后登录"参展易捷通"并按流程图的指示操作。

如果您的公司曾经来过广交会参展，请直接使用用户名和密码登录"参展易捷通"并按流程图的指示操作。如密码遗失，请先找回密码。

参展易捷通平台（http://www.cantonfair.org.cn）是广交会专门针对企业用户开放的一个网络平台，企业用户在该平台上完成企业注册、企业登录、企业确认资料、登记联营资料、企业申请展位、查询展位分配信息、登记展位负责人、确认联营登记等操作。企业申请展位的总流程，每完成一步均有已完成步骤的提示，如图1-2所示。

图1-2 企业申请展位的总流程

（a）为刚开始申请状态，（b）为已完成展品确认状态，（c）为已完成展位申请状态。一般性展位由地方交易团、国资委管理企业参展团单位负责安排。

使用品牌展位的企业或展品须具备以下条件。

①企业须依法取得法人营业执照、进出口企业资格证书或对外贸易经营者备案登记证明，并已办理进出口企业代码。

②企业须具有与所申请参展展区对应的，负责该展区协调管理的相关商（协）会会员资格。

③企业的展品须符合所申请展区的展品目录的要求。

④企业与所申请展区对应商品的出口额不低于品牌展位申请企业最低出口额标准。

⑤企业在境外持有所有人为中方法人或自然人的有效注册商标。

⑥展品符合《中华人民共和国产品质量法》《中华人民共和国进出口商品检验法》及其他有关出口产品质量法律法规的规定。涉及商标、专利、版权的须取得合法权利证书或使用许可合同。

⑦近三年来无违法、严重违规行为，未受过行政处罚，未发生重大质量或安全责任事故，没有经查证属实的重大质量投诉或索赔。

⑧同一展区品牌展位的申请数量原则上不少于4个展位（车辆、工程农机、医药保健品及医疗器械、食品展区原则上不少于2个展位），并均须特装布展。

⑨品牌展位仅限本企业使用，不得与有联合经营、供货或代理关系的企业共同参展。

（2）各种区域性展览会

①中国华东进出口商品交易会

华东进出口商品交易会（简称"华交会"）由中华人民共和国商务部支持，上海市、江苏省、浙江省、安徽省、福建省、江西省、山东省、南京市、宁波市等9省市联合主办，每年3月1日－5日在上海举行。华交会是中国规模最大、客商最多、辐射面最广、成交额最高的区域性国际经贸盛会。

自1991年以来，华交会已成功举办了26届。第26届华交会在上海新国际博览中心举行，展览面积达11.5万平方米，标准展位5480个，设五大专业主题展，服装服饰展、纺织面料展、家庭用品展、装饰礼品展、现代生活方式展，参展企业3153家。境外展商分别来自日本、韩国、意大利、澳大利亚、马来西亚、埃及、波兰、尼泊尔、巴基斯坦、印度、印尼、越南、泰国、克什米尔地区、中国香港和中国台湾等16个国家和地区。第26届华交会有来自全世界114个国家和地区的21454名客商和国内14645名专业客户到会洽谈，出口成交总额达23.1亿美元。

第27届华东进出口商品交易会展会日期为2017年3月1日至5日，展会地点为上海新国际博览中心，展览面积12.65万平方米，展位数量6000余个。

②中国昆明进出口商品交易会

中国昆明进出口商品交易会（简称"昆交会"）由中国商务部和云南省、四川省、重庆市、贵州省、广西壮族自治区、西藏自治区及成都市人民政府联合主办，海内外多家机构参与协办的区域性国际商品交易会。自1993年创办以来，经过二十多年的发展，昆交会的层次和水平不断提升，内涵日益丰富，已逐步发展成为集经贸洽谈、商品展览、投资合作、服务贸易、电子商务为一体的国际商务平台，在扩大中国与东南亚、南

(3) 如何有效参展

展览会有别于其他营销方式。它是唯一能充分利用人体所有感官的营销活动,人们通过展览会对产品的认知是全面而深刻的。展览会又是一个中立场所,不属于买卖任何一方私有,从心理学角度看,这种环境易使人产生独立感,利于以积极、平等的态度进行谈判。这种高度竞争而充分自由的气氛正是企业在开拓市场时最需要的。国际性商业展览是代理商接触进口产品最直接的途径,也是参展厂商寻求代理商,并与潜在客户商谈的绝佳商机。

想要做到最有效地参展,首先要确定展览会的参展目标,做好市场调研。通过当地商会了解想要参观或参加的展览会的情况,还可以与驻展览会所在国使馆商务处联系,从他们提供的有价值的国际贸易资料中,进行大量有成效的桌面市场调研。展览会发展到今天,每个行业的展览都形成了自己的"龙头老大",成为买家不可不去的地方,如芝加哥工具展、米兰时装展、汉诺威工业博览会、中国出口商品交易会等。通常来讲,展览会的知名度越高吸引的参展商和买家就越多,成交的可能性也越大。如果参加的是一个新的展览会,则要看主办者是谁,在行业中的号召力如何。名气大的展览会往往收费较高,为节省费用可与人合租展位,即使如此效果也会好于参加那些不知名的小展。

①选择权威的展览会组织者

首先可以从国际展览业协会(The Global Association of Exhibition Industry)成员所主办的展览会中寻找有价值的展览会。国际展览业协会是世界博览业最具代表性的协会,也是展览业界唯一的全球化组织。被展览界公认为展览会走向世界的桥梁,经国际展览业协会认可的展会是高品质展览会的标志。国际展览业协会的前身为"国际博览会联盟"(UFI),2003年10月改为现名。该组织于1925年4月15日在意大利米兰成立,现总部设在法国巴黎。所以,参展时首先可以寻找是否有 UFI 标志。

还可以检查其他协会成员中是否有希望参加的展览会。每个展览会都应是其本国展览组织者协会的成员,也应是某个出口组织及有关行业贸易协会的成员。在各国(地区)展览行业协会中比较活跃的有美国展览管理协会(IAEM)、英国展览业联合会(EFI)、新加坡会议展览协会

（SACEOS）和中国香港展览会议协会（HKECOSA）等。

②选择合适的展览会

从展览分类中可以看到，虽然都名曰博览会或展览会，但其中大有区别。展览的主题不同，展出者的构成不同，与会者、参观者构成不同，地域展在国内的市场情况不同导致目标市场不同。这就需要企业从中选择最能实现自己展出目标的展览会。如果为专门推销某类商品寻求经销代理，那么参加相应的专业性展览会最适当；如果要在某国推出本省市产品形象，参加博览会并独设一会馆效果最好；如果旨在试销某些新产品，则可在展览会上租用少量摊位，带上交易员和产品专家进行面对面的接洽，必定会有收获。需要记住的是，参加展览会不是向社会大众进行宣传，而是实实在在的产品交易，因此，要把展览会的选择当作像寻求产品目标市场一样慎重。

③参展注意事项

一旦做出参加某一国家（地区）展览会的决定，首先应该考虑"为什么要办展览？""是否需要寻找适销市场和新客户？""是否想要介绍新产品或提供新的服务项目？""是否需要选择代理商或批发商？""对办合资企业是否感兴趣或者通过展览来研究和开发市场？"根据以上问题确定业务目标。其次仔细地选择和研究销售市场。最后确定参展商品。如果国外客户关心的是最新或质量最好的产品，就不应展出过时的产品。

参加国际大展并非易事，从展前准备、展览期间的应对到展后的后续链接，都与参展的效果息息相关。展览会又是一项极为复杂的系统工程，从计划制订、市场调研、展位选择、展品征集、报关运输、客户邀请、展场布置、广告宣传、组织成交到展品回运，形成了一个互相影响、互相制约的有机整体，任何一个环节的失误，都会直接影响参展的效果。以下注意事项供读者参考。

1）了解展览会的全部具体要求。要清楚地知道展览会的全部规则、展出时间、服务项目以及参展所需办理的手续。

2）应选派熟悉情况可以做主的人赴会。参展人员应该了解公司的销售意图。如果展览的产品是技术和仪器设备，应选派工程师现场解答有关技术问题。

3）时间安排要宽裕。提前到会以确保展位秩序井然，展品状态良好，展览效果良好。展览结束以后，要预留时间充分听取意见。

4）应把业务和礼节很好地兼顾起来，要为展位配备足够人员。

5）重视广告宣传，展前及展览期间应该在有吸引力的商业期刊和报纸上做些宣传。

6）参展前了解当地习俗，熟悉当地节日假期、市场的季节性及消费习惯等。

7）选择理想的代理人。

8）寄送产品样本。

9）要报出全部产品的价格，主要是CIF价。FOB价和CIF价在国际贸易中都很重要，但一般来说FOB价用得较少。确定交货期更是个不容忽视的问题。

10）为国外用户提供服务。

11）要用公制标出产品的规格。国际上通用的是公制，所以出展以前应准备好产品规格的公制数据。

12）跨越语言障碍。参展人员都要会一种外语。

13）关于资信和付款方式。应了解国外代理人的资信，可以通过银行，也可以从咨询公司得到。还应了解有关保险、付款方式等方面的情况。

14）要保护专利权和商标权。如果已取得专利和商标权，就应该提前与专利代理人研究如何使这种商标或专利在海外继续得到保护。世界上大多数国家都对专利或商标权给予保护。

3. 利用互联网营销

在国际贸易网络营销实践中，网络品牌、网址推广、信息发布、网络广告、寻找客户等是常用的方法。

（1）网络品牌。网络营销的重要任务之一就是在互联网上建立并推广企业的品牌，知名企业的网下品牌可以在网上得以延伸，一般企业则可以通过互联网快速树立品牌形象，提升企业知名度。网络品牌建设要以企业网站建设为基础，通过一系列的推广措施，以达到获得公众对企业认可的目的。从一定程度上说，网络品牌的价值高于通过网络获得的直接收益。

（2）网址推广。这是网络营销最基本的职能之一，几年前，人们甚至认为网络营销就是网址推广。相对于其他功能来说，网址推广显得更为迫切和重要,网站所有功能的发挥都要以一定的访问量为基础,所以网址推广是网络营销的核心工作。网址推广与网络品牌是联系在一起的。网址实际上就是域名,一个域名对应一个特定网站,"在同一顶级域名下不可能存在完全相同的域名"这种唯一性和排他性也说明了域名是一种稀缺的和有限的资源。域名所蕴含的巨大商业价值导致了商家对相关域名的争夺,所以在网址推广的同时要做好域名的保护。

(3)信息发布。网站是一种信息载体,通过网站发布信息是网络营销的主要方法之一,同时,信息发布也是网络营销的基本功能,无论哪种网络营销方式,结果都是将一定的信息传递给目标人群,包括顾客、潜在顾客、媒体、合作伙伴、竞争者等,因此必须保持信息的时效性和准确性。

免费发布信息。根据企业产品或服务的特性发布在相关网站的相关类别中,有时这种简单的方式也会取得意想不到的效果,例如可以在阿里巴巴全球贸易网免费发布信息。

检索商品信息。互联网是一个信息的海洋,可以根据自己的需要查询信息,寻找潜在客户,然后有针对性地回应潜在客户或者合作对象,主动向潜在客户介绍产品或服务。寻找商业信息的方式很多,既可以到网上信息平台寻找买方信息,也可以利用搜索引擎查询你的潜在客户。但在这里要特别注意不要向潜在客户滥发电子邮件,否则会严重影响企业形象。

加入专业经贸信息网和行业信息网。这种方式在某些方面类似于"免费发布供求信息",行业信息网汇集了整个行业的资源,为供应商和客户了解行业信息提供了便利的平台,形成了一个网上虚拟的专业市场。如果你所在的行业已经建立了这样的专业信息网,加入行业信息网是网络营销的必要手段,即使已经建立了自己的网站,仍有必要加入行业信息网。专业信息网和行业信息网有时需要交纳一定的费用,只要可以带来潜在收益,这些投入也是值得的。

下面介绍三个国际贸易有名的网站。中国商品网是政府办的网站,阿里巴巴中国网站是中国著名的 B2B 网站,世界贸易网点联盟网是一个全球性的贸易网站。

①中国商品网(http://ccn.mofcom.gov.cn)

对于一家要从事电子商务的企业,特别是要进行 B2B 业务,除了建立自己企业的网站外,在国内外著名的网站上登录信息也非常重要。由于世界著名网站的浏览人数众多,效果也较好,如能进行一些链接,效果则更好。

中国商品网是由国家公共商务信息服务指导委员会组织实施的信息交流和贸易促进平台。该项目是国家公共商务信息服务体系的重要组成部分,其宗旨是建立一个开放式的公共商务平台,展示中国商品,促进货物贸易。

中国商品网的服务对象主要是国内和国外企业,尤其是广大中小企业。服务内容包括查询中国商品、产品宣传推广、发布企业供求合作信息、获取采购商信息、提供国内外贸易和市场信息等。服务目标是建设一个国内的、国际的商务人士交流平台,构建企业间、产品间的上下游供应链平台,降低生产商和贸易商的经营成本,实现共赢。中国商品网受国家公共商务信息服务专项资金资助,该网站所提供的产品推广、采购信息发布等服务项目,国内外企业均可无偿使用。中国商品网如图1-3所示。

图1-3 中国商品网

中国商品网中有三个栏目与电子商务有直接关系:中国商品、世界买家和供求合作。

1) 中国商品

中国商品数据库是中国商品网的基础数据库,是中国产品的动态普查,内容包括65万家企业,220万种产品的详细资料。该数据库受政府资助,企业可免费加入和使用。政府通过网站、中国驻外使馆、光盘、图书、展览会、展示架等各种方式推广宣传。

中国商品栏目首页如图1-4所示。

图1-4 中国商品栏目首页

2) 世界买家

世界进口商名录数据库是公共商务信息服务的基础数据库,内容包括超过206个国家及地区的40万家进口商基本数据和辅助数据,进口商数据每12个月更新一次。该数据库由政府资助,社会公众可免费使用。

世界买家栏目首页如图1-5所示。

图1-5　世界买家栏目首页

3）供求合作

中国商品网的供求合作栏目设商品信息交流互动平台，图文并茂。采用全开放形式，任何单位或个人均可在此自由发布和查询供应、求购、合作信息，同时开设加急专区供企业发布采购货物、清仓甩卖等紧急供求信息。

供求合作栏目首页如图1-6所示。

②阿里巴巴中国网站（http://china.alibaba.com）

阿里巴巴中国网站是中国著名的B2B网站，企业可以在上面推销产品和采购产品。

③世界贸易网点联盟网（http://www.tradepoint.org）

世界贸易网点联盟（WTPF）成立于2000年，是一个非政府的国际组织，起源于联合国贸发会议（UNCTAD）发起的贸易网点创新方

图1-6 供求合作栏目

案。通过120多家贸易信息和促进中心网络,即贸易网点,利用电子商务技术,帮助促进全球90多个国家中小型企业(SMEs)的国际贸易。

WTPF在全球电子商务市场中,利用独特的人力网,并结合本地专门知识,致力于中小型企业的全球贸易促进和贸易信息的提供,特别是那些发展中国家和不发达国家的中小型企业。

联合国经济社会理事会(ECOSOC)是对非政府组织开放的一个机构。2004年8月在纽约年会上决定授予世界贸易网点联盟(WTPF)咨询商地位。

非政府、非营利或志愿组织获得咨询商地位后,与联合国形成互利的共事关系。WTPF有权出席ECOSOC及其不同的附属机构主办的会议,对这些会议的议程可以提出口头干涉和书面陈述。拥有咨询商地位的组织还可以出席联合国主办的国际会议、成员大会特别会议和其他政府间组织活动。

世界贸易网点联盟网主页如图1-7所示。

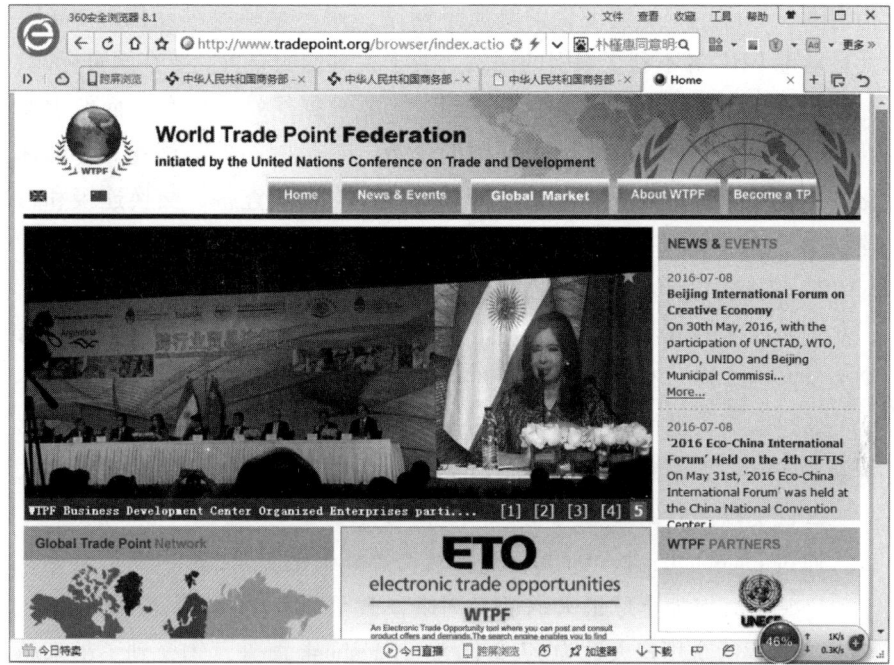

图1-7 世界贸易网点联盟网主页

(4) 跨境电商营销

①搜索引擎营销

搜索引擎营销(Search Engine Marketing,SEQ)。搜索引擎营销的基本思想是让用户发现信息,并通过(搜索引擎)搜索点击进入网站/网页进一步了解相关信息。搜索引擎包括搜索引擎优化和关键词竞价排名。

1) 搜索引擎优化

搜索引擎优化(Search Engine Optimization,SEO)是一种利用搜索引擎的搜索规则来提高目标网站在有关搜索引擎内的排名的方式。通过SEO这样一套基于搜索引擎的营销思路,为网站提供生态式的自我营销解决方案,让网站在行业内占据领先地位,从而获得品牌收益。研究发现,搜索引擎的用户往往只会留意搜索结果最前面的几个条目,所以不少网站都希望通过各种形式来影响搜索引擎的排序。当中尤以各种依靠广告维生的网站为甚。所谓"针对搜索引擎作最佳化的处理"是指为了要让网站更容易被搜索引擎接受。

搜索引擎优化包括两个方面。一是网站内部优化。搜索引擎依赖结构清晰、运行稳定、速度快的高质量网站，而不是那些过度依赖 Flash、大量动态 URL 等不利于索引的网站。关于关键词的布置既要在网页标题、标签、正文等多次出现相关的关键词，又要根据网站结构和页面的重要性，合理匹配关键词和分配关键词的个数。二是网站外部优化。外部优化的主要工作就是建立高品质的外部连接，有购买连接、交换连接和自建连接。

2）关键词竞价排名

竞价排名的基本特点是按点击付费，用少量的投入就可以给企业带来大量潜在客户，有效提升企业销售额和品牌知名度。

通过购买关键词，使企业广告能够呈现在用户搜索结果页面的上端、下端或右端。下面看一下 Google AdWords 的关键词竞价排名的流程。

②社交媒体营销

通过 Facebook、Twitter 可以进行社交媒体营销。

Facebook 作为全球最大的社交网络，截至 2016 年 9 月 30 日，Facebook 的月度活跃用户人数为 17.9 亿人。Facebook 海外营销受到了越来越多的跨境电商从业者的关注。兰亭集势、DX 等都开通了 Facebook 官方专页。有几千万家小公司在使用 Facebook，其中有几百万家企业在 Facebook 发布付费广告。

Twitter 是一家美国社交网络及微博客服务的网站，是全球互联网上访问量最大的十个网站之一，是微博客的典型应用。它可以让用户更新不超过 140 个字符的消息，这些消息也被称作"推文（Tweet）"。Twitter 拥有超过 5 亿名注册用户。

Twitter 开发了"品牌频道"，企业可以在 Twitter 构建品牌页面，同时组建多种品牌小组，同一品牌的粉丝能够聚合在一起。企业通过平台可以向用户发送各种新品、促销信息，Twitter 的即时性和分享性让一个消息可以迅速遍布有相同兴趣爱好的 group、team。用户之间也发生互动，他们也可能把信息转发给其他好友。不少美国企业已经在采取这种方式。据悉，戴尔从 2007 年 3 月开始使用 Twitter 企业平台，到 2013 年戴尔官方网站上已拥有 65 个 Twitter 群组，已经在 Twitter 内获得了约 100 万美元的销售收入。

这种方式增加了公司品牌直接接触消费者的机会，有利于维护品牌认知和客户忠诚度。如果企业自身有博客、定期出版物或者新闻发布做基础，是非常有效的。

③电子邮件营销

电子邮件营销（EDM），即 Email Direct Marketing 的缩写，是在用户事先许可的前提下，通过电子邮件的方式向目标用户传递价值信息的一种网络营销手段。Email 营销有三个基本因素，用户许可、电子邮件传递信息、信息对用户有价值。三个因素缺少一个，都不能称之为有效的 Email 营销。与其他营销方式相比，电子邮件营销的独特之处在于"直接"，商户能将信息点对点传递给消费者。电子邮件营销也广泛的应用于网络营销领域。

（二）行情调研

行情调研是为了获得与贸易有关的各种信息。通过对信息的分析，了解国际市场行情特点，判定贸易的可行性并据以制订贸易计划。

行情调研范围和内容包括国际市场营销环境分析、国际市场调研、目标客户调研。

1. 国际市场营销环境分析

国际市场营销的经济环境由两部分组成，世界经济环境和目标国家经济环境。世界经济环境的分析通常包括世界经济格局及发展趋势、国际贸易构成和国际金融体系等方面的分析。目标国家经济环境调研的目的在于了解一个国家或地区的总体经济状况、生产力发展水平、产业结构特点、国家的宏观经济政策、货币制度、法律条约、价值观念、商业习惯、消费水平和基本特点等。国际市场营销不可避免地受到有关国家或地区政治、法律环境的制约，这就要求企业要注意了解该国家的政治、法律环境，规避营销活动中可能存在的政治风险，遵守有关国家的法律法规，维护自己的正当权益。

国际市场营销环境分析是对经济大环境有一个总体的了解，预估潜在的风险和效益情况。对外贸易要尽量在总体环境好的国家和地区间开展。

2. 国际市场调研

国际市场调研就是了解国际市场消费者的需求与偏好。通过国际市场调研活动，收集不同国家或地区的市场信息，据此掌握这些国家或地区消费者的需求、偏好，有的放矢地制定营销策略。国际市场调研能有效地捕捉国际市场营销机会，为企业国际营销活动提供决策依据，控制企业国际营销的发展进程，避免风险。

市场调研主要是针对某一具体选定的商品,除了调查其市场需求情况,还要了解国内市场的供应情况、国内企业的生产能力。要了解生产的技术水平和成本、产品性能、特点、消费阶层和高潮消费期、产品在生命周期中所处的阶段、该产品市场的竞争和垄断程度等内容。目的在于确定该商品贸易是否具有可行性、获益性。

3. 目标客户调研

目标客户调研在于了解欲与之建立贸易关系的国外厂商的基本情况,包括它的历史、资金规模、经营范围、组织情况、信誉等级等总体状况,还包括它与世界各地其他客户,与我国客户开展对外经济贸易关系的历史和现状。只有对国外厂商有了一定的了解,才可以与之建立外贸联系。

(三) 客户资信调研

我国对外贸易实际工作中,常有因对对方情况不了解,匆忙与之进行外贸交易活动而造成重大损失的事件发生。因此在交易磋商之前,一定要对国外客户的资金和信誉状况有十足的把握,不可急于求成。对于新结识的客户一定要进行资信调查,即使在与对方缔结了交易关系后,也应定期作资信调查,以便能经常了解对方的资信情况。

对客户资信情况的调查方法有以下几种。

(1) 通过国内往来银行,向对方的往来银行调查。这种调查通常是拟好文稿,附上调查对象的资料,寄给往来银行的资信部。

(2) 直接向对方的往来银行调查,将文稿和调查对象的资料直接寄给对方的往来银行。

(3) 通过国内的咨询机构调查。

(4) 通过国外的咨询机构调查。国外有名的资信机构不仅组织庞大、效率高,而且调查报告详细准确。调查报告均以密码编排各类等级,这种等级的划分以估计财力和综合信用评价分为 High、Good、Fair、Limited 四个等级。

(5) 通过国内外商会调查。

(6) 通过我国驻外商务机构调查。

(7) 通过国外的亲友调查。

(8) 由对方来函自己判断调查。

(9) 要求对方直接提供资信资料。

(10) 通过我国外贸公司驻外分支机构和商务参赞处,在国外进行资料收集。

(11) 利用交易会、各种洽谈会和客户来华做生意的机会了解相关信息。

(12) 派遣专门的出口代表团、推销小组等进行直接的国际市场调研，获得第一手资料。

资信调查的内容包括以下几方面。

(1) 厂商企业的组织情况，包括组织性质、创建历史、主要领导人员、分支机构、英文名称及公司是有限责任的还是无限责任的。

(2) 往来对象的性格和人品。贸易往来对象诚实可靠是交易成功的基础。在国际贸易中，如果遇到不可靠的贸易对象就难免出现货物的品质不良，开来与合同不符的信用证，拖延交付货物等现象。

(3) 贸易经验。一个具有国际贸易经验的贸易对象至关重要。

(4) 资信情况。调查对方的资信情况包括企业的资金和信用两方面。资金是指企业的注册资金、实收资金、公积金、其他财产及资产债务情况。信用是指企业的经营作风、履约守信等。这些信息对于决定客户在要求经销、代理、独家包销、寄售等业务时十分重要。

(5) 经营范围。调查对方的经营范围也是较重要的，同时还要调查经营的性质，如代理商、零售商、批发商、最终用户等。

(6) 经营能力。该企业每年的经营金额、销售渠道、贸易关系、经营做法等。

(7) 往来银行名称。了解对方往来银行的名称、地址同样重要。

(四) 广告宣传

国际广告的重要性具体表现在以下几个方面。第一，许多企业在进入国际市场时，广告往往是它们的唯一代表。成功的广告能为企业树立起好的形象，为开拓市场奠定基础。第二，广告能在目标市场上为企业的产品实现预期定位。在国际市场上树立一定的产品形象是很重要的，它关系到企业产品的命运。第三，做广告需要一笔数目不小的资金。成功而有效的广告对企业是很可贵的财产和资源，失败的广告则是资金的浪费，更严重的后果是导致企业营销战略的失败。第四，成功的广告是企业建立新市场，联系潜在顾客的最有效手段。第五，广告还是企业用来控制营销计划实施的一个手段。广告的效果直接影响着企业产品的销售和企业的目标完成。

总之，国际广告具有联系顾客、实现企业目标的重要作用，它能为企业的产品在国际市场上建立品牌形象和成功的销售铺平道路,是国际市场营销的一个重要工具。

1. 广告媒体的选择

广告效果在很大程度上取决于广告媒体的选择适当与否。广告媒体主要有报纸、期刊、电视、直接邮寄、广播、户外广告牌、互联网等,各种媒体都有其特点。一般来讲,报纸广告收费较低,传播范围广,而且比较及时、灵活。期刊的质量选择性好,能够把信息传达到特定的读者范围,但成本高,灵活性较差。电视是把形与声结合起来的媒体,地理选择性好,但成本较高。直接邮寄是地理选择性和质量选择性都较好的唯一媒体,灵活度高,但成本也较高。广播的地理选择性好,成本较低,但没有视觉上的刺激,给听众的印象不深。户外广告牌的地理选择性好,成本低,持续时间也较长,但在许多国家受到法律限制和公众的反对,而且传播的信息量较小。与传统的四大传播媒体(报纸、杂志、电视、广播)广告及近来备受青睐的户外广告相比,网络广告具有得天独厚的优势,是实施现代营销媒体战略的一个重要部分。Internet 是一个全新的广告媒体,速度最快、效果理想,对于广泛开展国际业务的公司更是如此。

(1)互联网广告的特点及优势分析

①传播范围广

网络广告的传播不受时间和空间的限制,可以将信息 24 小时不间断地传播到世界各地。只要具备上网条件,任何人在任何地点都可以阅读,这是传统媒体无法做到的。

②交互性好

交互性是互联网络媒体最大的优势,它不同于传统媒体的信息单向传播,而是信息互动传播。用户可以获取他们认为有用的信息,更直接地反映问题,厂商也可以随时得到宝贵的用户反馈信息,提供更快速的服务与咨询。

③更精确的目标客户区分

网络广告具备一对一营销的特性,能够针对特定的目标客户群做市场区分。如在金融栏目中做广告,针对的是这一特定的消费者。

④受众数量可准确统计

利用传统媒体做广告,很难准确地知道有多少人接受广告信息,而在 Internet 上可通过权威公正的访客流量统计系统,精确统计出每个广告被多少个用户看过,以及这些用户查阅的时间分布和地域分布,从而有助于客商正确评估广告效果,确定广告投放策略。

⑤即时性和灵活性

传统媒体的广告发布后很难更改,即使可改动往往也须付出很大的经济代价。而在 Internet 上做广告能按照需要及时变更广告内容。这样,经营决策的变化也能及时实施和推广。

⑥强烈的感官性

网络广告的载体基本上是多媒体、超文本格式文件,受众可以对感兴趣的产品了解更为详细的信息,使消费者能亲身体验产品、服务与品牌。这种以图、文、声、像的形式传送多感官的信息,让顾客身临其境般地感受商品或服务,并能在网上预订、交易与结算,增强了网络广告的实效性。

⑦成本低

互联网广告不需印刷、不需制片,节省了相当一部分费用,而且广告播发时间长。

根据分析结果显示,网络广告的受众是最年轻、最具活力、受教育程度最高、购买力最强的群体,网络广告可以帮助企业直接命中最有可能的潜在用户。

互联网广告与传统广告的比较,如表1-1所示。

表1-1 互联网广告与传统广告的比较

类别/项目	表现形式	传播速度	用户接收方式	价格	注意度	更新速度	互动性	普及程度
网络	互动、多媒体	中	被动+主动	低	高	即时	高	中
平面媒体	文字、图片	慢	被动	中	高	慢	低	高
广播	声音	快	被动	高	中	慢	中	高
电视	声音、影像	快	被动	高	高	慢	中	高

尽管网络广告具有许多传统媒体不可比拟的优势,但在目前的情况下,还存在许多不足,如覆盖率仍然偏低,评价困难,网页上可选择的广告位有限,普及率偏低等。

(2)网络广告的主要形式

①网幅广告(包含 Banner、Button、通栏、竖边、巨幅等)

网幅广告是以 GIF、JPG、Flash 等格式建立的图像文件,定位在网页中,大多用来表现广告内容,同时还可使用 Javascript 等语言使其产生交互性，用 Shockwave 等插件工具增强表现力。

②文本链接广告

文本链接广告是以一排文字作为一个广告，点击即可以进入相应的广告页面。这是一种对浏览者干扰最少，但却较为有效的网络广告形式。有时候，最简单的广告形式效果却最好。

③电子邮件广告

电子邮件广告具有针对性强、费用低廉的特点，且广告内容不受限制。特别是针对性强的特点，它可以针对某一个人发送特定的广告，为其他网上广告方式所不及。

④邮件列表广告

又名"直邮广告"，利用网站电子刊物服务中的电子邮件列表，将广告加在读者每天所订阅的刊物中发放给相应的邮箱所属人。

⑤赞助

赞助式广告的形式多种多样，在传统的网络广告之外，给予赞助商更多的选择。

⑥与内容相结合

广告与内容的结合可以说是赞助式广告的一种，从表面上看它们更像网页上的内容而并非广告。在传统的印刷媒体上，这类广告都会有明显的标示，指出这是广告，而在网页上通常没有清楚的界限。

⑦插播式广告（弹出式广告）

访客在请求登录网页时强制插入一个广告页面或弹出广告窗口。它们有点类似电视广告，都是打断正常节目的播放，强迫观看。插播式广告有各种尺寸，有全屏的也有小窗口的，而且互动的程度也不同，从静态的到全部动态都有。浏览者可以通过关闭窗口不看广告（电视广告是无法做到的），但是它们的出现没有任何征兆，所以肯定会被浏览者看到。

⑧Rich Media（富媒体）

Rich Media 可以将网络线上广告转换成一个互动的模式，而不仅仅是一个静态的广告信息。国外研究显示整合 Rich Media 到"招牌广告"，大大提升了广告的效果及点击率（平均高达6%），另外，对于品牌知名度，购买兴趣及内容也有很大的影响。

⑨移动广告

移动广告是通过移动设备（手机、PSP、平板电脑等）访问移动应用或移动网页时显示的广告，广告形式包括图片、文字、插播广告、html5、链接、视频、重力感应广告等。

⑩其他新型广告

另外还有视频广告、巨幅连播广告、翻页广告、祝贺广告等。

在做国际广告时，仅了解各种媒体的基本特点是远远不够的。由于各国营销环境差别很大，这些基本的媒体特点可能在甲国表现得很充分，在乙国表现不出来或表现出另外一些特点。因此，国际企业在选择广告媒体时，还应注意另外一些因素，如产品的性质、媒体可获性、媒体覆盖面、媒体成本等。

(3) 广告媒体选择的因素

①产品的性质

工业品和消费品，高技术产品和一般性产品应选用不同的媒体。如服装广告，重要的是显示其式样、颜色，最好在电视或杂志等表现效果好的媒体上用彩色画面做广告，以增强美感。高技术产品、成套设备等则适宜用直接邮寄说明书的方法。

②媒体可获性

有时被视为最合适的广告媒体在某些国家根本就不存在，或者受到严格限制。例如，北欧斯堪的那维亚地区诸国根本不存在电视广告，中东的沙特阿拉伯也不允许做电视广告，法国的电视广告是由国家控制的，不仅对每天广告节目的播放时间有严格规定，而且对每种产品每年的广告时间都有严格的限制。

有些国家，广告媒体太少，存在着严重供不应求的现象，这种情况会导致两种结果：第一，从预订登载广告到实际登载广告的时间间隔太长；第二，某些企业为了及时登载广告，有时只能不择手段。在另外一些国家，广告媒体太多，也会给企业做广告带来麻烦——无法锁定广告的受众。

③媒体覆盖率

选择广告媒体时应考虑的另一因素是媒体覆盖率（Media Coverage）。覆盖率的大小取决于暴露时间和拥有率两个因素。各种媒体的暴露时间在各国有不同的规定和习惯，各种媒体的拥有率在各国也是高低不一。因此，各国广告媒体的覆盖率差别也很大。企业在进行媒体选择之前，应对市场国各种媒体的覆盖率情况进行了解。但是，完成这一任务也是很困难的,在某些国家根本得不到这方面的数据,在另外一些国家只能从政府部门得到这些数据,但政府往往出于政治或其他原因而夸大或缩小某些媒体的发行量,因此企业得到的只是虚假数据。在这种情况下,企业需要在当地广告代理商、咨询公司、子公司、经销商或代理商的帮助下,尽可能多地掌握一些媒体覆盖率的统计资料,为媒体选择奠定基础。

④媒体成本

在许多国家,媒体的价格是由买卖双方经过谈判来决定的。因而价格高低在很大程度上取决于买方(广告代理商)的谈判实力。在某些发展中国家和大多数社会主义国家,媒体价格是由政府部门确定的。一般来说,发达国家的媒体价格较高,发展中国家的媒体价格较低。但是,从近几年的发展趋势来看,发展中国家的媒体价格上涨速度远远高于发达国家。

作为企业来说,广告活动应考虑企业的经济负担能力,力求在一定预算内,使广告信息尽可能有效地到达目标受众,这就需要将媒体的成本与其传播能力(覆盖率)两个因素进行权衡。

⑤全球性媒体

全球性媒体(Global Media)是指能够达到三个洲(如亚洲、欧洲、北美洲)以上的目标受众,而且能进行统一购买的媒体。以前,我们说全球性媒体时一般指的都是出版物,如《读者文摘》(Reader's Digest)、《时代》(Time)、《经济学家》(Economist)等。随着卫星通信的发展,全球性的电视频道也愈加重要,如CNN、BBC、The Discovery Channel、MTV等在世界绝大多数国家均可收看。在中国电视节目中,中央电视台第4套和香港地区的凤凰卫视也堪称以全球华人为目标受众的全球性媒体。

互联网为国际营销者提供了一个崭新的全球媒体,而且其重要性还在日益增加。

随着世界经济全球化的进一步发展和科技的日益进步,全球性媒体的地位会越来越重要,越来越多的企业将会利用全球性媒体向居住在不同国家的目标顾客群传递信息。

2. 国际广告的实施

(1)广告代理商的选择

广告代理商(Advertising Agency)是独立的企业组织,通常为客户制作和安排广告，并向客户收取佣金。它可以帮助企业进行全部广告活动，包括调研、撰稿、美术设计以及媒介的选择。正因为广告代理商拥有专业化的知识、技术、人才和服务，所以几乎所有的企业都通过广告代理商进行广告宣传，许多自设广告部的企业也常依赖广告代理商提供服务。国际企业可以委托本国的广告代理商做国际广告，也可委托外国的广告代理商做国际广告。国内外的广告代理商很多，企业在选择时应注意以下几个方面：

①市场覆盖率。这些候选广告代理商的信息传播范围是否包括了所有目标市场。

②广告质量。各广告代理商所做的广告质量高低不等，在选择广告代理商时应注意这个因素，因为它直接关系到广告的效果。

③市场调研、公共关系及其他营销方面的服务。如果企业需广告代理商在国外市场上除做广告外，还提供上述服务，那么这些服务项目的质量要综合加以考虑。

④广告费用。一般国外广告代理商的收费较高，国内广告代理商的收费较低。但国外的广告代理商一般比较了解当地市场和媒介习性，能够提供的服务项目较多。在这种情况下，企业应权衡各种选择的利弊，量力而行。

⑤企业广告部的作用。如果企业设有很强的广告部，就可以自己制作广告，不通过广告代理商，直接与国外媒介联系播放或登载广告。如果企业广告部力量较弱，就需找一个较强大的广告代理商。

（2）广告预算的确定

由于很难精确地计算广告的投入产出比，所以在理论上很难确定广告预算的最佳方法，国内外一些企业通过长期实践，总结出一些更便于实际计算的预算方法，现简介如下。

①量力支出法

企业在制定广告预算时首先考虑自己究竟能够负担多少广告费用，即以本身的经济能力为基础来确定广告费用的绝对额。这种方法比较简单易行，但缺点是完全忽略了广告额与销售额之间的因果关系，忽略了促销对销售额的影响。按照这种方法，企业每年的促销费用可能有较大差异，不利于企业制订长期的市场拓展计划。我国企业在制定广告预算时多采用这种方法。

② 销售比例法

这是一种很流行的方法，该方法要求企业根据在某国的销售额来确定广告支出，使广告支出占销售额一定比例。这种方法主要有三个优点：简便易行；广告额与销售额结合起来，能使广告支出保持在支付能力以内；如果企业在许多国家有销售业务，使用这种方法能使广告预算在各国有效地分配。

这种方法的主要缺点是颠倒了广告额与销售额的因果关系。例如，企业在某国的销售额因遇到强有力的竞争而下降，为了加强竞争力和扩大销售，企业应增加广告支出，可是按照这种预算法，销售额下降就应该减少广告支出，可见这种因果倒置的方法有时是不符合实际情况的。

③ 竞争对等法

该方法要求企业确定与竞争对手大致相等的广告预算，许多企业在进入国际市场之初，缺乏国际广告经验，难以确定自己究竟花多少钱做广告。在这种情况下，企业便效仿竞争对手的做法，与其保持大致相等的广告额。但这种方法不一定科学。首先，竞争对手的预算不一定合理、有效；其次，企业与竞争对手在资源、营销目标、市场机会以及在市场上的竞争地位等各方面都不相同，对方的预算不一定符合自己的实际情况。

④ 目标与任务法

按照这种方法，企业首先要确定广告目标（如销售额增长、品牌知名度提高等），然后确定为达到这些目标而必须完成的任务，最后再估算完成这些任务所需要的广告费用。采用这种方法，最好做一次成本、收益分析，即把广告目标与成本进行比较，这种分析有助于达到最佳效果。使用这种方法的困难之处在于准确地制定广告目标。如果企业对市场了解不充分导致制定的广告目标不合适，那么据此做出的广告预算就会出现错误。

⑤ 主管判断法

按照这种方法，主管广告业务和促销业务的经理以及上级主管营销和财务预算的经理将对广告支出的实际需要做出判断，并进一步决定广告预算。这种方法实际上是上述各种方法的综合使用，既要考虑营销目标与任务，又要考虑公司目前的财务现状，还要考虑竞争对手的支出总额。此时，各级主管的经验至关重要。目前美国的企业界比较广泛地采用这种方法。

上述几种方法，各有其优缺点，企业可根据自身条件、市场情况和产品特点等因素灵活选择。

（五）商标注册

商标是一个标志，用以区别所提供商品及服务的标记，分为商品商标和服务商标两种。商标可以由文字（包括个人姓名）、设计式样、字母、字样、数字、图形要素、颜色、声音、气味、货品的形状或其包装，以及上述标志的任何组合所构成。能够借书写或绘图方式表述的标记，才可以注册为商标。

商标一经注册，便可以就有关货品及服务拥有该商标的专有使用权。如其他商户未经商标拥有人同意把该商标用于相同或类似的货品或服务上，即属侵权行为，可以就此采取法律行动。如果商标没有注册，则较难证明谁是有关商标的"拥有人"，商标得到的保障也很有限。

商标标志是指商标的载体或附着物，如酒类商品上的瓶贴，自行车上的标牌，服装上的织带等。

证明商标是指由对某种商品或者服务具有监督能力的组织所控制，由该组织以外的单位或者个人使用于其商品或者服务，用以证明该商品或者服务原产地、原料、制造方法、质量或者其他特定品质标志。如真皮标志、纯羊毛标志、电工标志等。

集体商标是由社团、协会或其他合作组织申请注册，用以表示该组织及其成员身份的标志。由其组织成员使用于商品或服务项目上，以区别非成员所提供的商品或服务，该种商标称为集体商标。

注册和使用集体商标，有利于中小企业的联合，促进其集约经营，形成在市场中有竞争力的销售渠道，有利于产品和商标的宣传，促进规模经营。

1. 商标具有的特征

（1）显著性指区别于具有叙述性、公知公用性质的标志，区别于他人商品或服务的标志，便于消费者识别。

（2）独占性指注册商标所有人对其商标具有专用权、独占权，未经许可，他人擅自使用即构成侵犯商标权。

（3）价值性指商标代表着商标所有人生产或经营的质量信誉和企业形象，商标所有人通过商标的创意、设计、申请注册、广告宣传及使用，使商标具有了价值,也增加了商品的附加值。商标可以有偿转让。

(4) 竞争性指参与市场竞争的工具。商标知名度越高,其商品或服务的竞争力就越强。

2. 商标专用权的特征

商标专用权指国家运用法律手段,根据商标立法的宗旨,按法定程序,赋予商标注册申请人以商标专用权,并对其予以保护的立法准则。商标专用权包括商标使用权和商标禁止权两个方面。

(1) 商标权是由国家确认的一种权利,一个国家只有一个机构有权受理、审查、批准商标权。

(2) 商标权具有专有性,又称独占性或垄断性。

(3) 商标权具有地域性。一国核准的商标,只在该国领域内有效,对其他国家不产生效力。

(4) 商标权具有时效性。在我国,注册商标有效期为10年,有效期满后,商标权人如果希望继续使用并得到保护,须在到期前半年内办理有关续展手续并缴费。商标续展的次数不限。

3. 国际注册

由于商标权具有地域性的特点,要使自己的商标在国外获得保护,目前有两条途径,一是逐一国家注册,即直接向相关国家注册;二是进行商标国际注册,并向有关国家申请领土延伸。

1973年6月13日,在维也纳,《商标注册条约》缔约国签订了《商标注册条约》,组成商标国际注册同盟。"国际注册"是指依照本条约,经国际局核准登入商标国际注册簿的注册。"国际申请"是指申请国际注册。"申请人"是指提出国际申请的自然人或法人。"国际注册所有人"是指在对指定国全部或一部分和对所列商品、服务项目全部或一部分有效的商标注册中有其名称的自然人或法人。"国家商标"是指经有批准注册权的缔约国政府机关注册,在该国生效的商标,"国家商标"不应与"区域商标"混同。"区域商标"是指经国际局以外的有批准注册权的政府间机构注册,在不止一个国家生效的商标。"国际局登记"是指载于商标国际注册簿上的登记。"指定国"是指申请人或国际注册所有人希望该注册能产生本条约规定的效力的,并在国际申请中或后续指定登记申请中指明的任一缔约国。"国家主管机关"是指负责办理商标注册的一个缔约国的政府机关,也指受几个国家至少其中之一是缔约国的委托,在按照本条约和施行细则关于国家主管机关的规定承担义务和行使权力的条件下,办理区域商标注册工作的一个政府间机构。"商标国家注册簿"是指注册国家商标、区域商标的国家主管机关所保存的商标注册簿。"指定国主管机关"是指指定国的国家主管机关。

经公告和通知的商标国际注册和后续指定登记,在每一个指定国,同在该国际注册日和后续指定登记日向该国国家主管机关提出的商标国家注册申请,有同等效力。在每一个指定国,同该商标获准在该国国家注册簿上注册有同等效力。

4. 商标注册申请

企业要将自己的产品打入国际市场,保护自己的知识产权,除了在中国国内申请商标注册外,还必须在目标市场国(地区)或潜在的目标市场国(地区)申请商标注册。

不同国家(地区)的申请手续略有不同,举例如下。

(1) 中国商标注册

①商标注册申请程序(见图1-8)

图1-8 商标注册申请程序

1）商标注册查询。查询所要注册商标中包含的中文和英文。根据商标申请人要求，向中国商标总局查询有无相同或近似商标已注册在先。

2）设计制作商标图样。

3）提出申请商标注册。

②商标注册所需手续

1）个人申请商标注册只需提交身份证复印件即可。

2）公司申请商标注册需提交营业执照（副本）复印件一张（要求执照号清晰）。

3）所要注册商标的商标图样 12 份（长和宽不大于 10 厘米，不小于 5 厘米）。

a. 如商标图样为彩色，需提供彩色图样 11 份及黑白墨稿 2 份。

b. 如商标图样为黑白，需提供黑白墨稿 12 份。

c. 填写商标注册代理委托书。

③商标注册所需时间

1）提出申请后 1 年，商标局发布商标初审公告，并寄送商标申请人。

2）商标申请注册公告之日起 3 个月后，发正式"商标注册证"。

3）商标注册证书获得时间：全部时间约为 15 个月。

4）商标注册申请受理通知书发出时间：国家工商行政管理总局商标局发出商标注册申请受理通知书约需 60 天。

④注册商标的有效期

根据商标法的规定，注册商标的有效期为 10 年，自核准之日起计算。有效期期满之前 6 个月可以进行续展并缴纳续展费用，每次续展有效期仍为 10 年。续展次数不限。如果在这个期限内未提出申请的，可给予 6 个月的宽展期。若宽展期内仍未提出续展注册的，商标局将其注册商标注销并予以公告。

⑤商标异议申请规定

商标异议是《商标法》及其实施细则明确规定的，对初步审定商标公开征求公众意见的法律程序，其目的在于公正、公开进行商标确权，提高商标注册审查质量。

商标异议的内容范围很广，既包括初步审定的商标与申请在先的商标相同或近似，也包括初步审定的商标违反了《商标法》的禁用条款或商标不具显著性，还包括申请人不具备申请资格等。

提出商标异议的可以是任何人，既可以是商标注册人，也可以是非商标注册人；既可以是企业、事业单位，也可以是个人；既可以是法人，也可以是非法人。商标的异议期为初步审定的商标自公告之日起 3 个月内，商标异议申请日期，以商标局收到申请书件的日期为准。异议期的最后一天是节假日的，可顺延至节假日后的第一个工作日。

商标异议人须交送"商标异议书"，在异议书中要将被异议商标的申请人、商品类别、商标刊登初审公告的日期、公告期号和初审号填写清楚。

反之，当别人对自己商标注册提出异议时，被异议人可以在期限内答辩。

（2）香港特别行政区商标注册申请

审查申请的程序如下（见图1-9）。

商标注册处收到注册申请后，审查主任会根据下图所示的步骤处理有关申请。有关申请如没有不足之处，而拟注册商标又没有遇到反对，则由商标注册处予以注册。接获申请至批准商标注册最短要 6 个月。

图1-9　香港特别行政区审查申请的程序

①提交申请

商标注册处收到注册申请表格后，发出收据及通知申请人有关申请编号。

②检查申请的不足之处

商标注册处在审查有关申请前,首先详细检查申请表格及所有附件,以查看表格内须填写的部分是否已经填妥、有关资料是否正确、所需资料是否齐全。

如资料不全,商标注册处会要求申请人补救有关不足之处。非常细微的修订(如货品类别的编号)不会影响提交申请的日期,但较重要的修订(如没有提交有关商标的图示)则会对提交申请日期有影响。此外,重大的改动(如改动商标的图示)一律不会被接受。

如一切妥当,申请程序会进入下一阶段(检索及审查)。

③检索及审查

完成检查申请的不足之处并确定所有资料备妥后,商标注册处会翻阅商标记录,以确定在相同或类似的货品或服务上,是否有其他商户已经注册或申请注册相同或类似的商标。

商标注册处会同时查核有关商标是否符合《商标条例》的注册规定。审查主任随后会发出书面意见,说明对有关标记的反对的理由,或确定接纳有关标记的注册申请。

④反对

如申请未符合注册规定,商标注册处会提出异议。申请人须于6个月内达到有关规定的要求。这段期限可延展3个月。

商标注册处会在意见中解释为何有关商标未符合注册规定,如认为反对问题能够解决,可向申请人建议解决办法。

即使申请人已设法解决商标注册处在初步意见中提出的反对,有关申请可能仍未符合注册规定。商标注册处会再提出意见,说明审查结果。在此阶段,如申请人想继续办理这项申请,则可以在商标注册处再次提出意见之日起的3个月内,达到注册规定或要求聆讯。申请人只能在《商标规则》的指定情况下(例如需要更多时间取得在先商标拥有人的同意)要求延展上述时限。

⑤聆讯

如要求聆讯,则支持和反对有关商标注册的所有证据,都会在聆讯中审议。聆讯人员其后会做出裁决。

⑥公布申请

商标注册处接纳申请后,会在香港知识产权公报(http://www.ipd.

gov. hk/chi/ip_ journal. htm）上公布。

⑦第三者反对

任何人均可在香港知识产权公报阅览申请人的商标，并对申请人的注册申请提出反对。反对人须在注册申请公布日期起的 3 个月内提交反对通知。作为申请人，可以撤回注册申请或就反对提交反陈述。双方均有机会在指定时限内就申请注册或反对注册提交证据。商标注册处收到所有证据后，便会安排双方出席聆讯，并由聆讯人员做出裁决。如申请人撤回注册申请或在反对注册的法律程序中获判败诉，申请人可能需要支付另一方的诉讼费。

⑧注册

商标注册处接纳有关商标的注册申请后，会把该商标的详细资料记入注册记录册，并向申请人发出注册证明书。此外，商标注册处会在香港知识产权公报中公布有关的注册公告。注册日期由提交申请当日起计。

由于中国将《巴黎公约》延用于香港特区，加上中国香港为世界贸易组织成员，商标申请人在香港特区提出申请，便可享有《巴黎公约》优先权。

（3）德国商标注册

德国的商标主管部门是德国专利商标局（Deustsches Patent – und Markenamt）。商标保护的对象为文字、字母、数字、图形、音像、立体等。

①需提交的商标注册申请文件

1）商标标样实例，包括指定的产品或服务。

2）注册商标图样（26.2cm×17cm）。

②商标注册申请程序

接到申请注册商标后，专利商标局先给申请人发一个文号并确定申请日期（专利商标局收到申请的日期），然后向申请人或代理人寄出受理通知书。这以后，专利商标局将不再就收到书件寄出通知书。在确定文号和付费的类别后，将对是否符合申请注册的正式要求做出审查。如果不符合要求，将通知申请人补正。如果补正在规定期限内做出，将继续申请程序，否则，将驳回申请。如果申请存在以下缺陷，将以补正后的日期为申请日期：缺少申请人身份的信息，没有商标图样，没有指定商品或服务项目。如果没有驳回的绝对理由，商标就能获得注册。如果有绝对理由，申请人将接到通知书，并有机会在专利局规定的时间内就此陈述意见。考虑申请人意见后，如果专利商标局认为仍有必要维持驳回，将由更高一级的审查员来决定能否注册。如果注册被最终驳回，申请人可以向专利商标局提出反对，反对无效，可以向联邦专利法院上诉。提出反对，不用另外收费。如果专利商标局没有在6个月内就反对做出答复，申请人可以提出裁定请求，如果请求在两个月后还没有做出，申请人可以直接提出上诉。如果申请资料符合规范，不存在绝对理由，商标将被注册和公告。必须注意的是，注册后，商标获得的只是临时性权利，还有可能遭到基于在先权利的异议。

③商标注册异议

商标注册公告后，在先权利人可以在3个月内提出异议。如果异议成立，注册将被撤销。如果这3个月内没有异议，商标就被正式注册了，只有通过撤销程序才能撤销商标权。

④商标注册保护

保护期为10年，从申请日算起至10年后申请日所在月的最后一日为止。以后每次续展10年。续展必须在保护期最后一日前做出，如果在这一天还没有缴纳费用，专利商标局将通知注册人其商标将被撤销。在此通知送达后6个月内，注册人仍然可以提出续展，但必须多交一笔费用。

（六）制订方案

制订方案是指有关进出口公司根据国家的政策、法令，对其所经营的出口商品做出一种业务计划安排。出口商品经营方案一般包括以下6项内容。

1. 商品的国内货源情况

包括商品的生产地、主要消费地、商品的特点、品质、规格、包装、价格、产量、库存情况，主要生产厂商的生产能力、出口情况等。

2. 国外市场情况

包括市场容量，生产、消费、贸易的基本情况，主要是进出口国家的交易情况，以及今后的发展趋势，对商品品质、规格、包装、性能、价格等各方面的要求，国外市场经营该商品的基本做法和销售渠道。

3. 确定出口地区和客户

在第一步行情研究、信息分析的基础上，选择最有利的出口地区和合作伙伴。

4. 经营历史情况

包括我国出口商品目前在国际市场上所占地位、主要销售地区及销售情况、主要竞争对手、经营该种商品的主要经验和教训等。

5. 经营计划安排和措施落实

包括销售数量和金额，增长速度，采用的贸易方式，支付手段，结算办法，销售渠道，运输方式等。

6. 国家对该商品出口的政策规定

要了解该商品出口是否需要出具出口许可证，是否实行配额管理，如何申请配额管理等。

第二节 交易磋商

交易磋商是指买卖双方就交易条件进行洽商，以求达成一致协议的具体过程。它是国际货物买卖过程中不可缺少的环节，也是签订买卖合同的必经阶段和法定程序。

一、交易磋商的内容

交易磋商的内容通常包括合同条款的主要内容，即品质、数量、包装、装运、价格、支付、保险、检验检疫、索赔、不可抗力和仲裁等交易条件。其中品质、数量、包装、装运、价格和支付6项常常被视为主要交易条件，是国际货物买卖合同中不可或缺的条款，也是进出口交易磋商的必谈内容。保险、检验检疫、索赔、不可抗力和仲裁等交易条件，涉及的是合同履行过程中可能发生问题或发生争议的解决办法，并非合同成立不可或缺的内容，往往被视为一般交易条件。一般交易条件，事先就印在合同格式的正面下部或背面，双方若无异议，就不必逐条磋商。

交易磋商的形式有两种：口头磋商和书面磋商。口头磋商是指买卖双方在广交会、华交会等国际交易会上或客户来访或出国小组拜访客户时直接磋商，以及交易双方通过电话交谈磋商。书面磋商是指交易双方通过信函、电报、电传、传真、电子邮件（E-mail）和网上洽谈等方式磋商。

二、交易磋商的环节

交易磋商有询盘、发盘、还盘和接受 4 个环节,其中发盘和接受是达成交易,合同成立必不可少的两个基本环节和必经的法律步骤。

(一)询盘(inquiry)

询盘是指买方(或卖方)为了购买(或出售)商品而向潜在的供货人(或买主)询问该商品的成交条件或交易的可能性的业务行为。询盘的内容可以涉及某种商品的品质规格、数量、包装、价格和装运等成交条件,也可以索取样品。其中多数是询问成交价格,因此,在实际业务中,也有人把询盘称作询价。

在国际业务中,发出询盘的目的除了探询价格或有关交易条件外,有时还表达了与对方进行交易的愿望,希望对方接到询盘后及时发盘,以便考虑接受与否,这种询盘实际上属于邀请发盘。

询盘不具有法律上的约束力,也不是每笔交易必经的程序。

(二)发盘(offer)

发盘是指买方(或卖方)为了购买(或出售)商品向潜在的供货人(或买主)提出有关交易条件,并愿意按照这些条件达成交易和订立合同的一种口头或书面的肯定表示。

发盘又称发价或报价,在法律上称为要约。发盘既可由卖方提出,也可由买方提出,由卖方向买方发盘称为售货发盘(selling offer),由买方向卖方发盘称为购货发盘(buying offer,又称为递盘)。

在发盘有效期内,发盘人受到发盘的约束,不得单方面撤销或修改发盘内容。发盘经受盘人有效接受后,合同即告成立,在买卖双方当事人之间就产生了具有法律约束力的合同。

在通常的情况下,发盘都具体地规定一个有效期,作为对方表示接受的时间限制,超过发盘规定时限,发盘人即不受约束。

(三)还盘(counter-offer)

还盘是指受盘人不完全同意发盘内容,而提出修改意见或变更交易条件的一种口头或书面表示。还盘又称还价,在法律上称为反要约。受盘人的答复,如果在实质上变更了发盘条件,就构成对发盘的拒绝,其在法律上是否定了原发盘,原发盘即告失效,原发盘人就不再受其约束。

还盘既可能是受盘人对发盘的拒绝,又可能是受盘人以发盘人的地位提出的新的发盘,若经原发盘人接受,合同即告成立。

还盘并非交易磋商的必备环节,一项发盘可不经还盘而由受盘人直接接受。

(四) 接受 (acceptance)

接受在法律上称为承诺,是指受盘人在发盘规定时限内,无条件同意发盘内容并愿意按这些条件与对方达成交易,订立合同的行为。

发盘一经接受,交易即告达成,合同即告成立。

以下是出口交易磋商来往函电实例。

上海长润信息技术有限公司(以下简称"上海公司")与德国一进口商(以下简称"德国公司")就采购 STV 牌等离子平板型电视进行交易磋商,双方交换函电如下:

(1) 4 月 1 日德国公司向上海公司发来询盘电传。

对 STV 牌型号 SH-50C1 等离子平板型电视感兴趣请发盘

INTERESTED IN PLASMA DISPLAY PANEL TV SET STV BRAND MODEL SH-50C1 PLEASE OFFER

(2) 4 月 3 日上海公司向德国公司发去发盘电传。

你 1 日电传发盘限 8 日复到我方 STV 牌型号 SH-50C1 等离子平板型电视 500 纸箱装每箱 1 台每台 600 美元 CIF 汉堡 6 月装即期不可撤销信用证

YOURS FIRST OFFER SUBJECT REPLY REACHING US EIGHTH PLASMA DISPLAY PANEL TV SET STV BRAND MODEL SH-50C1 500 SETS PACKED IN CARTONS OF ONESET EACH USD600 PER SET CIF HAMBURG JUNE SHIPMENT IRREVOCABLE SIGHT CREDIT

(3) 4 月 5 日德国公司向上海公司发来还盘电传。

你 3 日电传价格太高还盘 580 美元限 8 日复

YOURS THIRD PRICE TOO HIGH COUNTEROFFER USD580 REPLY EIGHTH

(4) 4 月 7 日上海公司向德国公司发去对还盘再还盘电传。

你 5 日电传最低价 590 美元限 12 日复

YOURS FIFTH LOWEST USD590 SUBJECT REPLY TWELFTH HERE

(5) 4 月 10 日德国公司向上海公司发来接受电传。

YOURS SEVENTH WE ACCEPT

询盘、发盘、还盘和接受,构成交易磋商的 4 个环节。在国际货物买卖合同签订中，并非每一笔交易都得经过这 4 个环节。但发盘和接受是交易磋商过程中必不可少的两个基本环节。

第三节　合同的订立

一、书面合同的作用

在国际贸易中，交易双方就交易条件经过磋商，不论是口头磋商还是书面磋商，当任何一方做出的发盘为另一方接受时，合同即告成立。但是在国际贸易实践中，买卖双方往往还需另行签订一份正式的书面合同。签订书面合同意义主要包括下列三个方面。

（一）作为合同成立的证据

根据有关国家法律的规定，凡是合同都须能得到证明，提供证据。尤其是通过口头谈判达成交易的情况下，则签订一定样式的书面合同就成为不可缺少的程序。《联合国国际货物销售合同公约》第 11 条规定，销售合同无须以书面订立或书面证明，在形式方面也不受任何其他条件的限制。也就是说，无论是当事人采用口头方式还是书面方式，都不影响合同的有效性，也不影响其证据力。

（二）作为合同生效的条件

交易双方在交易磋商，如买卖双方的一方声明并经另一方同意以签订一定格式和正式书面合同为准，则正式签订书面合同时方为合同成立。

（三）作为合同履行的依据

交易双方通过口头谈判或函电往返，磋商达成交易后把彼此磋商一致的内容汇总，签订一定格式的书面合同，双方当事人指定以书面合同为准，这就有利于合同的履行。

二、书面合同的形式

国际货物买卖合同在名称或形式上没有特别的限制。从事国际贸易的买卖双方除可采用正式的合同（Contract）、确定书（Confirmation）、协议书（Agreement）之外，还可采用备忘录（Memorandum）、订货单（Order）和报价单（Quotation Sheet）等。

在我国外贸实践中，采用"合同"和"确认书"两种形式的居多。

从法律效力来看,这两种形式的书面合同没有区别,所不同的只是格式内容的繁简有所差异。合同又可分为销售合同和购货合同,前者是卖方草拟提出的合同;后者是买方草拟提出的合同。确认书是合同的形式,分为销售确认书和购货确认书。前者是卖方草拟提出的合同,后者是买方草拟提出的合同。

在我国对外贸易的业务中,合同或确认书,通常都制作一式两份,由双方合法代表分别签字后各执一份,作为合同订立的证据和履行合同的依据。

三、书面合同的内容

(一)合同的约首

约首是指合同的首部,一般包括合同名称、合同编号、缔约双方的名称和地址、签约时间、签约地点以及合同序言等内容。

(二)合同的本文

本文指合同的主体,是对交易双方经过磋商达成一致意见的交易条件以合同条款的形式予以确认。

合同基本条款包括品名、品质、规格、数量(或重量)、包装价格、交货条件、运输、保险、支付、检验检疫、索赔、不可抗力、仲裁等项内容。有时为了满足某笔交易的特殊需要也可订立特殊条款,这些特殊条款也作为合同本文的一部分。

(三)合同的约尾

约尾是指合同的尾部,通常注明合同的份数、使用的文字及其效力、双方当事人签字等项内容。

为了提高履约率,我们规定合同内容时,应当考虑周全。力求使合同的条款明确、具体、严密和相互衔接,且与磋商的内容要一致,以利于合同的履行。

第四节 合同的履行

在交易双方所订立的买卖合同中,都规定了合同双方当事人的权利和义务。虽然交易对象、成交条件及所选用的惯例不同,但从每份合同中规定的当事人的基本义务来看,却是相同的。《联合国国际货物销售合同公约》规定:卖方的基本义务是按合同规定交付货物,移交与货物有关的各项单据、转移货物的所有权；买方的基本义务是按合同规定支付货款和收取货物。

合同签订后，买卖双方都应受其约束，都要本着"重合同，守信用"的原则，切实履行合同规定的各项义务，如合同一方没有或未完全履行其在合同中所承担的义务，致使对方的权益受到损害时，受损害的一方可以采取适当的措施取得补偿。这种依法取得补偿的方法在法律上称为救济方法。

为了有利于合同的履行，现将分别介绍和说明履行进出口合同的基本程序、各环节的基本内容和履行当中的注意事项等内容。

在我国出口贸易中，按 CIF 或 CFR 条件成交的合同较多，货款收付以信用证方式为主。

履行出口合同的程序一般包括备货、催证、审证、改证、租船、订舱、报关、报验、保险、装船、制单、结汇、出口收汇核销和出口退税等工作环节。在这些工作环节中，以货（备货）、证（催证、审证和改证）、运（租船、订舱）、款（制单结汇）4 个环节的工作最为重要。

（一）备货与报验

为了保证按时、按质、按量交付约定的货物，在订立合同之后，卖方必须及时落实货源，备妥应交的货物，并做好出口货物的报验工作。

备货工作的内容主要包括按合同和信用证的要求安排生产加工或组织货源和催交货物，核实货物的加工、整理、包装和刷唛情况，对所交货物进行验收和清点。在备货工作中，应着重注意下列事项。

1. 货物的品质

出口企业要根据出口合同的要求，认真核对交付货物的品质、规格，如果发现不符合要求的，应进行筛选、加工和整理，或者给予更换，直至达到要求。

2. 货物的数量

必须按约定数量备货，而且应留有余地，以备必要时作为调换之用，如约定可以溢短装时，则应考虑满足溢装部分的需要。

3. 货物的包装

货物的包装应符合出口合同的规定，适应运输方式的要求，如发现包装不良或有破损，应及时修整或调换。在包装的明显部位，应按约定的唛头式样刷制唛头，对包装上的其他各种标志也应注意是否符合要求。

4. 发运货物的时间

为了保证按时交货，应根据合同和信用证对装运期的规定，并结合船期安排做好供货工作，使船货衔接好，以防出现船等货的情况。

报验是指卖方根据国家有关法规和出口合同的要求，在备妥货物后，向规定的检验检疫机构报请检验检疫，只有取得合格的检验检疫证书，海关才准予放行，凡检验不合格的货物，一律不得出口。

申请报验时，应填制出口报验申请单，向检验检疫局办理申请报验手续，该申请单的内容，一般包括品名、规格、数量或重量、包装、产地等项，在提交申请单时，应随附合同和信用证副本等有关文件，供检验检疫机构检验和发证时作参考。

当货物经检验合格，检验检疫局发给检验合格证书，外贸公司应在检验证规定的有效期内将货物装运出口，如在规定的有效期内不能装运出口，应向检验检疫局申请延期，并由检验检疫局进行复验，复验合格后，才准予出口。

（二）信用证落实

在履行凭信用证付款的出口合同时，应注意做好以下工作。

1. 催开信用证

在按信用证付款条件成交时，买方按约定时间开证是卖方履行合同的前提条件。如果买方不及时开出信用证，卖方将无法安排生产和组织货源。在出口业务中，由于市场行情变化或资金短缺等种种原因，买方不能按时开证的情况时有发生。为此，我们应结合备货情况做好催证工作，及时提请对方按约定时间开出信用证。

2. 审核信用证

在实际业务中，由于各种原因，买方开来的信用证常有与合同条款不符的情况，为了维护我方的利益，确保收汇安全和合同的顺利履行，我们应对国外来证，按合同条款进行认真的核对和审查。审核信用证着重审核开证行与保兑行的政治背景、资信情况、付款责任、索汇路线、信用证条款是否与买卖合同相一致。

出口企业的信用证审核依据为我国的外贸、外汇管理法规，买卖合同的约定，国际商会《跟单信用证统一惯例》（UCP600）规定的货物准备情况和运输条件等。具体要注意以下条款的内容。

（1）信用证的性质和开证行对付款的责任

要注意审查信用证是否生效，在证内，对开证行的付款责任是否加了"限制性"条款或其他"保留"条件。

（2）信用证金额

信用证金额与合同金额一致，如合同订有溢短装条款，则信用证金额还应包括溢短装部分的金额，来证采用的货币应与合同规定的货币一致。

（3）有关货物的记载

来证中对有关品名、数量或重量、规格、包装和单价等项内容的记载，是否与合同的规定相符，有无附加特殊条款，如发现信用证与合同规定不符，应酌情做出是否接受或修改的决策。

（4）有关装运期，信用证有效期和到期地点的规定

按惯例，一切信用证都必须规定一个交单付款、承兑或议付的到期日，未规定到期日的信用证不能使用。通常信用证中规定的到期日是指受益人最迟向出口地银行交单议付的日期，如信用证规定在国外交单到期日，由于寄单费时且有延误的风险，一般应提请修改，否则就必须提前交单，以防逾期。装运期必须与合同规定一致，如来证太晚无法按期装运，应及时申请国外买方延展装运期限，信用证有效期与装运期应有一定的合理间隔，以便在装运货物后有足够的时间办理制单结汇工作。信用证有效期与装运期规定在同一天的称为"双到期"，应当指出，"双到期"是不合理的，受益人是否就此提出修改，应视具体情况而定。

（5）装运单据

对来证要求提供的单据种类份数及填制方法等，要仔细审查，如发现有不适当的规定和要求，应酌情做出适当处理。

（6）其他特殊条款

审查来证中有无与合同规定不符的其他特殊条款，如发现有对我方不利的附加特殊条款，一般不宜接受，如对我方无不利之处，而且也能办到也可酌情灵活掌握。

3. 修改信用证

在审证过程中如发现信用证内容与合同规定不符，应区别问题的性质，分别同有关部门研究，做出妥善的处理。一般来说，如发现我方不能接受的条款，应及时提请开证人修改，在同一信用证上如有多处需要修改的，应当一次提出。对信用证中可改可不改的，或经过适当努力可以办到而不造成损失的可酌情处理。对通知行转来的修改通知内容，如经审核不能接受时，应及时表示拒绝，如一份修改通知书中包括多项内容，只能全部接

受或全部拒绝，不能只接受其中一部分，而拒绝另一部分。

（三）货物出运

1. 租船订舱

按 CIF 或 CFR 条件成交时，卖方应及时办理租船订舱工作，如系大宗货物，需要办理租船手续，如系一般杂货则需洽订舱位。各外贸公司洽订舱位需要填写托运单，托运单是托运人根据合同和信用证条款内容填写的向船公司或其代理人办理货物托运的单证，船方根据托运单内容并结合航线、船期和舱位情况，认为可以承运的，即在托运单上签章并留存一份，退回托运人一份，至此订舱手续即告完成，运输合同即告成立。

船公司或其代理人在接受托运人的托运申请之后，即发给托运人装货单，凭以办理装船手续。装货单的作用有三，一是通知托运人已备妥××船舶、航次，装货日期，让其备货装船；二是便于托运人向海关办理出口申报手续；三是作为命令船长接受该批货物装船的通知。

货物装船以后，船长或大副则应该签发收货单（即大副收据）作为货物已装妥的临时收据，托运人凭此收据即可向船公司或其代理人交付运费并换取正式提单，如收货单上有大副批注，换取提单时应将大副批注附在提单上。

2. 出口报关

出口货物在装船出运之前，需向海关办理报关手续、出口货物办理报关时必须填写出口货物报关单，必要时还需要提供出口合同副本、发票、装箱单、重量单、商品检验检疫证书、出口收汇核销单，以及其他有关证件，海关查验有关单据后，即在装货单上盖章放行，凭以装船出口。

3. 投买保险

凡按 CIF 条件成交的出口合同，在货物装船前，卖方应及时向中国人民保险公司办理投保手续，出口货物投保都是逐笔办理，投保人应填制投保单，将货物名称、保险金额、运输路线、运输工具、开航日期、投保险别等一一列明。为了简化投保手续，也可利用出口货物明细单或货物出运分析单来代替投保单，保险公司接受投保后，即签发保险单或保险凭证。

（四）制单结汇

按信用证付款方式成交时，在出口货物装船发运之后，外贸公司应按照信用证规定，及时备妥缮制的各种单证，并在信用证规定的交单有效期内交银行办理议付和结汇手续。在制单工作中，必须做到"单证（信用证）相符"和"单单一致"，以便及时、安全收汇。为了保证单证相符，在制单前要做好信用证分析单（见表 1-2）工作。

表 1-2 信用证分析单样式

信 用 证 分 析 单

包括修改　　次

银行编号	AD09487	合约	PO824/02/AU	受益人	SHANGHAI DONGXU IMP & EXP CORP.
证号	3204N05478				
开证银行	INDIAN OVERSEAS BANK, HONG KONG			进口商	AUTD FENK CO. LTD
开证日期	15 SEPT. 2016	索汇方式	DHL	起运口岸	SHANGHAI	目的地	HONG KONG
金额	USD35400.00	可否转运	NOT ALLOWED				
汇票付款人	APPLICANT	可否分批	NOT ALLOWED	唛头			
汇票期限	见票 90 天期	装运期限	31 OCT 2016	P. O. 824/02/AU N0.1-UP			
注意事项		效期地点	17 NOV 2016 CHINA				
		交单期	15 天				

单证名称	提单	副本提单	商业发票	领事发票	海关发票	包装单	重量单	尺码单	保险单	产地证	GSP产地证	EEC产地证	贸促会产地证	出口许可证	装船证书	投保通知	寄投保通知邮据	寄单证明	寄样证明	寄样邮据	铁路货物收据	汇票	声明	电传副本
银行		3	3			2			1+1									1				1+1	1	1
客户																								

提单	抬头								
	通知				保单	I. C. C WAR AND MARINE TRANS ALL RISKS, W/W RISKS, FREC, SHORTAGE, TPND			
	运费预付	PREPAID				保额另加 10%	赔款地点	HONG KONG	

5% MORE OR LESS IN QUANTITY & AMOUNT ALLOWED
GSP FORM A 内容有规定

如分析单内容与合约有不符或有疑问,请查核信用证原本在办理议付结汇时通常提交的单据。单据有下列几种。

(1) 汇票

汇票一般都是开具一式两份,只要其中一份付讫,则另一份自动失效。

(2) 发票

商业发票简称发票,是卖方开立的载有货物的名称、数量、价格等内容的清单,是买卖双方凭以交接货物和结算货款的主要单证,也是办理进出口报关、纳税所不可缺少的单证之一。

在托收方式下,发票内容应按合同规定并结合实际装货情况填制,在信用证付款方式下,发票内容应与信用证的各项规定和要求相符,如信用证规定由买方负担选港费或港口拥挤费等费用,可加在发票总额内,并允许凭本证一并向开证行收款,卖方可照此办理。但应注意,发票总金额不得超过信用证规定的最高金额,因按银行惯例,开证行可以拒绝接受超过信用证所许可金额的商业发票。

(3) 海关发票

在国际贸易中,有些进口国家要求国外出口商按进口国海关规定的格式填写海关发票,以作为估价完税,或征收差别待遇关税,或征收反倾销税的依据,此外,也可供编制统计资料用。

填写海关发票时,必须格外注意下列事项。

①各国使用的海关发票,都有其特定的格式,不得混用;

②凡海关发票与商业发票上共有的项目和内容,必须一致不得互相矛盾;

③对"出口国国内市场价格"一栏,应按有关规定审慎处理,因为其价格的高低是进口国海关作为是否收反倾销税的重要依据;

④如售价中包括运费或运费和保险费,应分别列明 FOB 价、运费、保险费,FOB 价加运费应与 CFR 货值相等,FOB 价加运费和保险费应与 CIF 货值相等;

⑤海关发票的签字人和证明人不能为同一个人,他们均以个人身份签字,而且必须手签才有效。

(4) 领事发票

有些进口国家要求国外出口商必须向该国海关提供该国领事签证的

发票，其作用与海关发票基本相似，各国领事签发领事发票时，均需收取一定的领事签证费。有些国家规定了领事发票的特定格式，也有些国家规定可在出口商的发票上由该国领事签证。

（5）厂商发票

厂商发票是出口厂商所出具的以本国货币计算的价格，用来证明出口国国内市场的出厂价格的发票，其作用是供进口国海关估价、核税以及征收反倾销税之用，如国外来证要求提供厂商发票，应参照海关发票有关国内价格的填写办法处理。

（6）提单

提单是各种单据中最重要的单据，它是确定承运人和托运人双方权利与义务，责任与豁免的依据，各船公司的提单格式各不相同但其内容大同小异，其中包括承运人、托运人、收货人、通知人的名称，船名及装卸港名称，有关货物和运费的记载以及签发提单的日期、地点及份数等。

（7）保险单

按 CIF 条件成交时，出口商应代为投保并提供保险单，保险单的内容应与有关单证的内容衔接。例如保险险别与保险金额，应与信用证的规定相符；保险单上的船名、装运港、目的港、大约开航日期以及有关货物的记载，应与提单内容相符；保险单的签发日期不得晚于提单日期，保险单上的金额，一般应相当于发票金额加一成的金额。

（8）原产地证明书

有些不使用海关发票或领事发票的国家，要求出口商提供产地证明书，以便确定进口货物应征收的税率，原产地证明书一般由出口地的公证行或工商团体签发，在我国，通常由出入境检验检疫局或贸促会签发。

（9）普惠制原产地证明书

新西兰、日本、加拿大和欧盟等几十个国家给我国以普惠制待遇，凡向这些国家出口的货物，须提供普惠制原产地证明书，作为对方国家海关减免关税的依据。对各种普惠制原产地证明书内容的填写，应符合各个项目的要求，不能填错，否则，就有可能丧失享受普惠制待遇的机会。

（10）优惠贸易协定原产地证书

优惠贸易协定原产地证书有亚太贸易协定优惠原产地证明书（FORM

B)、中国－东盟自贸区优惠原产地证明书（FORM E）、中国－巴基斯坦优惠证明书（FORM P）、中国－智利自贸区优惠证明书（FORM F）、中国－新西兰自贸区优惠原产地证明书（FORM N）、中国－新加坡自贸区优惠原产地证明书（FORM X）、中国－秘鲁自贸区优惠原产地证明书（FORM R）、《海峡两岸经济合作框架协议》优惠原产地证明书、中国－哥斯达黎加自贸区原产地证明书（FORM L）、中国－澳大利亚自贸区原产地证明书（FORM U）、中国－瑞士自贸区原产地证明书（FORM S）、中国－韩国自贸区原产地证明书（FORM K）等。

出口的货物若是可以享受优惠贸易协定税率的商品，出口前应向我国出口原产地证书签发机构申领原产地证书。目前原产地证书签发机构有国家出入境检验检疫局和中国国际贸易促进委员会，企业需要"优惠原产地证书注册登记表"、企业营业执照副本及复印件、自营进出口权批件（资格证书或批准证书或备案登记表）、组织机构代码证正本及复印件、企业海关代码证及复印件等资料去上述机构办理。

（11）检验检疫证书

检验证书包括品质检验证书、重量检验证书、数量检验证书、兽医检验证书、卫生检验证书、价值检验证书和残损检验证书等。需提供何种检验证书，应事先在检验条款中做出明确规定。

（12）装箱单和重量单

装箱单又称花色码单，它列明每批货物的逐件花色搭配。重量单则列明每件货物的净重和毛重。这两种单据可用来补充商业发票内容的不足，便于进口国海关检验和核对货物。

提高单证质量对保证安全迅速收汇有着十分重要的意义，特别是在信用证付款条件下，实行的是单据和货款对流的原则，单证不相符或单单不一致，银行和进口商就可能拒收单据和拒付货款，因此，缮制结汇单据时，要求做到以下几点。

正确。单据内容必须正确，既要符合信用证的要求，又要能真实反映货物的实际情况。各单据的填制内容之间不能相互矛盾。在信用证业务中，单据的重要性集中体现在单据与信用证条款的一致，单据与单据之间彼此一致。

完整。单据的种类、份数应符合信用证的规定，不能短少，单据本身的内容应当完备，不能出现项目短缺情况。

及时。单据制作应及时,以免错过交单日期或信用证有效期。

简明。单据内容应按信用证要求和国际惯例填写,力求简明,切勿加列不必要的内容。

整洁。单据的布局要美观大方,缮写或打印的字迹要清楚醒目,单据表面要洁净,更改的地方要加盖校对章。一些重要单据如提单、汇票以及单据的主要项目如金额、件数、数量和重量等,不宜改动。

规范。采用标准单据格式。单据的布局,字体改大小,内容的填制都必须规范。

在履行凭信用证付款的 CIF 出口合同时,上述四个基本环节是不可缺少的,但是在履行按其他付款方式或其他贸易术语成交的出口合同时,其工作环节则有所不同。例如在采用汇付或托收的情况下,就没有我方催证、审证和改证的工作环节。在履行 CFR 出口合同时,就没有我方负责投保的工作。在履行 FOB 出口合同时,我方既无负担租船订舱的任务,也无投保货物运输险的责任。由此可见,履行出口合同的环节和工作内容,主要取决于合同的类别及其所采用的支付方式。

此外,在履行出口合同过程中,如因国外买方未按时开证或未按合同规定履行义务,致使我方遭受损失,我们应根据不同对象、不同情况及损失程度,有理有据地及时向对方提出索赔,以维护我方的正当权益。当外商对我方交货的品质、数量、包装不符合约定的条件,或我方未按时装运,致使对方蒙受损失而向我方提出索赔时,我方应查明事实,分清责任,酌情做出适当的处理。如确属我方责任,我们应实事求是地予以赔偿;如属外商不合理的要求,我们必须以理拒赔。

(五) 货物贸易外汇管理制度和出口退税

1. **货物贸易外汇管理制度**

为大力推进贸易便利化,进一步改进货物贸易外汇服务和管理,国家外汇管理局、海关总署、国家税务总局决定,自 2012 年 8 月 1 日起在全国实施货物贸易外汇管理制度改革,并相应调整出口报关流程,优化升级出口收汇与出口退税信息共享机制。

(1) 改革货物贸易外汇管理方式

改革之日起,取消出口收汇核销单(以下简称"核销单"),企业不再办理出口收汇核销手续。国家外汇管理局分支局(以下简称"外汇局")对企业的贸易外汇管理方式由现场逐笔核销改变为非现场总量核查。外汇局通过货物贸易外汇监测系统,全面采集企业货物进出口和贸易外汇收支逐笔数据,定期比对、评估企业货物流与资金流总体匹配情况,便利合规企业贸易外汇收支;对存在异常的企业进行重点监测,必要时实施现场核查。

(2) 对企业实施动态分类管理

外汇局根据企业贸易外汇收支的合规性及其与货物进出口的一致性,将企业分为A、B、C三类。A类企业进口付汇单证简化,可凭进口报关单、合同或发票等任何一种能够证明交易真实性的单证在银行直接办理付汇,出口收汇无需联网核查,银行办理收付汇审核手续相应简化。对B、C类企业在贸易外汇收支单证审核、业务类型、结算方式等方面实施严格监管,B类企业贸易外汇收支由银行实施电子数据核查,C类企业贸易外汇收支须经外汇局逐笔登记后办理。

外汇局根据企业在分类监管期内遵守外汇管理规定情况,进行动态调整。A类企业违反外汇管理规定将被降级为B类或C类,B类企业在分类监管期内合规性状况未见好转的,将延长分类监管期或被降级为C类,B、C类企业在分类监管期内守法合规经营的,分类监管期满后可升级为A类。

(3) 调整出口报关流程

改革之日起,企业办理出口报关时不再提供核销单。

(4) 简化出口退税凭证

自2012年8月1日起报关出口的货物(以海关"出口货物报关单[出口退税专用]"注明的出口日期为准,下同),出口企业申报出口退税时,不再提供核销单,税务局参考外汇局提供的企业出口收汇信息和分类情况,依据相关规定,审核企业出口退税。

国家规定自2012年8月1日起,全国上线运行货物贸易外汇监测系统(以下简称"监测系统"),停止使用贸易收付汇核查系统、贸易信贷登记管理系统、出口收结汇联网核查系统以及中国电子口岸—出口收汇系统。外汇指定银行(以下简称"银行")和企业用户通过国家外汇管理局应用服务平台(以下简称"应用服务平台")访问监测系统,具体访问渠道如下所示。

用户类型	网络连接方式	访问地址
银行	外部机构接入网	http://asone.safe:9101/asone
企业	互联网	http://asone.safesvc.gov.cn/asone

2. 出口退税

为加强我国出口产品在国际市场上的竞争力，按照国际惯例，我国对出口产品实行退税制度。

出口退税是将出口货物在国内生产、流通环节缴纳的增值税、消费税，在货物报关出口后退还给出口企业的一种税收管理制度，是一国政府对出口货物采取的一项免征或退还国内间接税的税收政策。

（1）增值税退（免）税办法

适用增值税退（免）税政策的出口货物、劳务，按照下列规定实行增值税免抵退税或免退税办法。

①免抵退税办法。生产企业出口自产货物和视同自产货物及对外提供加工修理修配劳务，以及列名生产企业出口非自产货物，免征增值税，相应的进项税额抵减应纳增值税额（不包括适用增值税即征即退、先征后退政策的应纳增值税额），未抵减完的部分予以退还。

②免退税办法。不具有生产能力的出口企业（以下称"外贸企业"）或其他单位出口货物、劳务，免征增值税，相应的进项税额予以退还。

（2）适用消费税退（免）税或征税政策的出口货物

属于消费税应税消费品，实行下列消费税政策。

①出口企业出口或视同出口适用增值税退（免）税的货物，免征消费税，如果属于购进出口的货物，退还前一环节对其已征的消费税。

②出口企业出口或视同出口适用增值税免税政策的货物，免征消费税，但不退还其以前环节已征的消费税，且不允许在内销应税消费品应纳消费税款中抵扣。

③出口企业出口或视同出口适用增值税征税政策的货物，应按规定缴纳消费税，不退还其以前环节已征的消费税，且不允许在内销应税消费品应纳消费税款中抵扣。

第五节 进口业务流程

进口业务主要流程如图1-10所示（见下页）。

图 1-10 进口业务的主要流程图

选择客户、资信调查和市场调研与出口贸易基本相同,这里不作赘述。

一、合同的订立

进口业务中一般有两个合同,一是公司与国外出口商签订的合同,二是公司与国内客户签订的合同。两个合同的性质不同，前者是公司的"采购"行为，后者是公司的"销售"活动。

在外贸企业，"与产品有关的要求"一般主要由两种方式确定：一是销售类合同，包括标书、书面或口头等任何方式形成的合同或订单；二是其他提供产品、服务的承诺，如商品目录、说明书、服务简介等。

所谓"合同"是指供方与客户之间以任何方式传达的双方一致同意的要求。所以合同的形式可以是书面的，也可以是口头的，包括信函、电话、传真或其他电子媒体，来图、来样、技术资料或看样成交中的原样、回样、信用证、标书、订单以及公开散发的服务简介、承诺等。

二、进口合同的履行

履行进口合同的主要环节是开立信用证、租船订舱和装运、保险、审单和付汇、报关和接货、验收和拨交、进口索赔。

（一）信用证开立

在采用信用证支付方式的进口业务中，履行合同的第一个环节就是进口商向银行申请开立信用证。进口合同签订后，进口商按照合同规定填写开立信用证申请书向银行办理开证手续。该开证申请书是开证银行开立信用证的依据。进口商填写好开证申请书，连同进口合同一并交给银行，申请开立信用证，同时向开证银行交付一定比率的押金，开证申请人还应按规定向开证银行支付开证手续费。

信用证的内容要与合同条款一致，例如品质规格、数量、价格、交货期、装货期、装运条件及装运单据等，应以合同为依据，并在信用证中一一作出规定。

信用证的开证时间，应按合同规定办理。如合同规定在卖方确定交货期后开证，应当在接到卖方上述通知后开证；如合同规定在卖方领到出口许可证或支付履约保证金后开证，应在收到对方已领到许可证的通知或银行转知保证金已照收后开证。如果买卖合同中规定有开证日期，进口商应在规定的期限内开立信用证；如果合同中只规定了装运期而未规定开证日期，进口商应在合理时间内开证，一般掌握在合同规定的装运期前30~45天申请开证，以便出口方收到信用证后在装运期内安排装运货物。

信用证中对单据的条款要明确。信用证的特点之一是单据买卖，因此进口商在申请开证时，必须列明需要出口人提供的各项单据的种类、份数及签发机构，并对单据的内容提出具体要求。

信用证文字力求完整明确。进口商要求银行在信用证上载明的事项，必须完整、明确，不能使用含糊不清的文字。尤其是信用证上的金额必须具体明确，文字与阿拉伯数字的表示应一致，应避免使用"约"、"近似"或类似的词语。这样既可使银行处理信用证时或卖方履行信用证的条款时有依据，又可以此保护自己的权益。

对方收到信用证后，如提出修改信用证的请求，经我方同意后，即可向银行办理改证手续。最常见的修改内容有，展延装运期和信用证有效期、变更装运港口等。

（二）租船订舱和催装

履行FOB交货条件下的进口合同，应由买方负责派船到对方口岸接运货物。如合同规定，卖方在交货前一定时间内，应将预计装运日期通知买方。买方在接到上述通知后，应及时向运输公司办理租船订舱手续，在办妥租船订舱手续后，应按规定的期限将船名及船期及时通知对方，以便对方备货装船。为了防止船货脱节和出现"船等货"的情况，注意催促对方按时装运。数量大或重要物资，可视情况请驻外机构就地了解、督促对方履约，或派人员前往出口地点检验监督。

进口公司对租船还是订舱的选择，应视进口货物的性质和数量而定。凡需整船装运的，则需租合适的船舶承运；小批量的或零星杂货，则大都洽订班轮舱位。

装船后，卖方应及时向买方发出装船通知，以便买方及时办理保险和做好接货等项工作。

进口公司在租船订舱时应注意以下问题。

1. 班轮订舱

（1）洽商班轮舱位时，注意与信用证装船日期衔接，保证按时在装运港接运货物。

（2）应在订舱前查明班轮费率表有无附加费、有无折让回扣、计价标准是尺码吨还是重量吨。

（3）班轮运输装卸费条件有多种，应注意与进口合同中的费用负担条件相衔接。

（4）应确实了解所订班轮是否直达目的港、停靠港口多少、中途是否转船等。

2. 租用整船

（1）应注意运输市场的行情。

（2）必须了解装卸港口的情况。

（3）应根据实际情况选择船型，以保证货物安全运输并尽可能减少费用。

（4）应了解各航线港口的习惯、运输契约的格式。

（三）保险

FOB 或 CFR 交货条件下的进口合同，保险由买方办理。进口商（或收货人）在向保险公司办理进口运输货物保险时有两种做法，一种是逐笔投保方式，另一种是预约保险方式。

1. 逐笔投保方式

进口商（或收货人）在接到国外出口商发来的装船通知后，直接向保险公司提出投保申请，填写"起运通知书"，并送交保险公司。保险公司承保后，即在"起运通知书"上签章，进口商（或收货人）缴付保险费后，保险公司出具保险单，保险单随即生效。

2. 预约保险方式

进口商（或收货人）同保险公司签订一个总的预约保险合同，按照预约保险合同的规定，所有预约保险合同项下的按 FOB 及 CFR 条件进口货物的保险，都由该保险公司承保。预约保险合同对各种货物的保险险别做出具体规定，故投保手续比较简单。每批进口货物在收到国外装船通知后，即直接将装船通知寄到保险公司或填制国际运输预约保险启运通知书，将船名、提单号、开船日期、商品名称、数量、装运港、目的港等项内容通知保险公司，即作为已办妥保险手续，保险公司则对该批货物负自动承保责任，一旦发生承保范围内的损失，由保险公司负责赔偿。

支付保险费的时间和方式。预约保险方式是以"进口货物装船通知书"或其他具有保险要求的单证为依据，由保险公司每月一次计算保险费后向进口商收取。逐笔投保方式是以"进口货物国际运输预约保险起运通知书"上填明的保险金额为准，由进口商直接付给保险公司。

(四) 审单和付汇

1. 付汇赎单

进口交易的国外出口商在货物装运后,将汇票与全套货运单据经国外银行寄交我国内开证银行。开证银行收到国外寄来的汇票和单据后,根据"单证一致"和"单单一致"的原则对照信用证的条款,核对单据的种类、份数和内容,如相符即由开证银行向国外付款,并通知进口商按当日外汇牌价付款赎单。

"单证不符"和"单单不符"的处理方法:

(1) 由开证银行向国外银行提出异议,根据不同情况采取必要的处理办法;

(2) 由国外银行通知卖方更正单据;

(3) 由国外银行书面担保后付款;

(4) 拒付。

2. 审单和付汇

进口商收到开证银行通知后,在其付汇之前,首先需要审核出口商凭以议付的全套单据(发票、提单、装箱单、原产地证书等)。进口商买汇赎单后,凭银行出具的"付款通知书"进行结算。

进口商同开证银行办理付汇赎单的清算手续。

(1) 即期信用证项下的清算

开证银行清算时,先行计算汇票金额及自往来银行议付之日起至进口商赎单期间的垫款利息,扣除保证押金后,向进口商收回所垫付的外汇款项,然后将单据交给进口商凭以提货。

(2) 远期信用证项下的清算

远期信用证如规定应以进口商作为付款人而签发汇票的,则开证银行将要求进口商进行承兑,然后凭信托收据领取进口单据提货。在这一期间,等于银行贷款给进口商,所以一般开证银行会要求进口商提供抵押物或交纳相当数量的保证金,以保证银行的债权。

(五) 报关、验收和拨交货物

1. 进口商品报关

进口货物到货后,由进口商或其委托的货运代理公司、报关行根据进口单据填具"进口货物报关单"向海关申报,并随附发票、提单、装箱单、保险单、进口许可证及审批文件、进口合同、原产地证和所需的其他证件。如属法定检验的进口商品，还须随附商品检验证书。货、证经海关查验无误，才能放行。

（1）进口货物的申报

进口货物申报是指在进口货物入境时，由进口公司（收货人或其代理人）向海关申报、交验规定的单据文件，请求办理进口手续的过程。

我国《海关法》对进口货物的申报时限作了如下规定：进口货物的收货人应当自运输工具申报进境之日起 14 日内向海关申报。进口货物的收货人超过 14 日期限未向海关申报的，由海关征收滞报金。对于超过 3 个月还没有向海关申报进口的，其进口货物由海关依法提取变卖处理。如果属于不宜长期保存的货物，海关可以根据实际情况提前处理。变卖后所得价款作扣除运输、装卸、储存等费用和税款后尚有余款的，自货物变卖之日起一年内，经收货人申请予以发还；逾期无人申请的，上缴国库。

进口报关时除应提交进口货物报关单外，还应随附进口许可证和其他批准文件、提单、发票、装箱单、减税或免税证明文件，海关认为必要时，应交验买卖合同、产地证明和其他有关单证。如为"种类表"内的商品、应受动植物检疫管制的进口货物或受其他管制的进口货物，在报关时还需交验有关部门签发的证明。报关单填制必须真实、完整，报关单与随附单证数据必须一致。

（2）进口货物的查验

海关以进口货物报关单、进口许可证等为依据，对进口货物进行实际的核对和检查，一方面是为了确保货物合法进口，另一方面是通过确定货物的性质、规格、用途等，以进行海关统计，准确计征进口关税。海关查验货物时，进口货物的收货人或其代理人应当在场，并负责搬移货物，开拆和重封货物的包装。海关认为必要时，可以径行开验、复验或者提取货样。

（3）进口货物的征税

海关按照《中华人民共和国海关进出口税则》的规定，对进口货物计征进口关税。货物在进口环节由海关征收（包括代征）的税费有：进口货物关税、增值税、消费税、进口调节税、海关监管手续费等。

（4）进口货物的放行

进口货物在办完向海关申报、接受查验、缴纳税款等手续以后，由海关在货运单据上签印放行。收货人或其代理人必须凭海关签印放行的货运单据才能提取进口货物。

货物的放行是海关对一般进出口货物监管的最后一个环节，放行就是结关。但是对于担保放行货物、保税货物、暂时进口货物和海关给予减免税进口的货物来说，放行不等于办结海关手续，还要在办理核销、结案或者补办进出口和纳税手续后，才能结关。

2. 验收货物

进口货物运达港口卸货时，要进行卸货核对。

如发现短缺，应及时填制"短卸报告"交由船方签认，并根据短缺情况向船方提出保留索赔权的书面声明。

卸货时如发现残损，货物应存放于海关指定仓库，待保险公司会同出入境检验检疫局检验后做出处理。对于法定检验的进口货物，必须向卸货地或到达地的出入境检验检疫局报验，未经检验的货物不准投产、销售和使用。如进口货物经出入境检验检疫局检验，发现有残损短缺，应凭出入境检验检疫局出具的证书对外索赔。对于合同规定的卸货港检验的货物，或已发现残损短缺有异状的货物，或合同规定的索赔期即将届满的货物等，都需要在港口进行检验。

一旦发生索赔，有关单证如国外发票、装箱单、重量明细单、品质证明书、使用说明书、产品图纸等技术资料、理货残损单、溢短单、商务记录等，都可以作为重要的参考依据。

3. 办理拨交手续

在办完上述手续后，如订货或用货单位在卸货港所在地，则就近转交货物；如订货或用货单位不在卸货地区，则委托货运代理将货物转运内地并转交给订货或用货单位。关于进口关税和运往内地的费用，由货运代理向进出口公司结算后，进出口公司再向订货部门结算。

（六）进口索赔

进口商常因品质、数量、包装等不符合合同的规定，而需向有关方面提出索赔。根据造成损失原因的不同，进口索赔的对象主要有三个。

1. 向卖方索赔

凡属下列情况者，均可向卖方索赔。原装数量不足，货物的品质、规格与合同规定不符，包装不良致使货物受损，未按期交货或拒不交货等。

2. 向轮船公司索赔

凡属下列情况者，均可向轮船公司索赔。原装数量少于提单所载数量；提单是清洁提单，而货物有残缺情况，且属于船方过失所致；货物所受的损失，根据租船合约有关条款应由船方负责等。

3. 向保险公司索赔

凡属下列情况者，均可向保险公司索赔。由于自然灾害、意外事故或运输中其他事故的发生致使货物受损，并且属于承保险别范围以内的；凡轮船公司给予赔偿金额不足抵补损失的部分，并且属于承保范围内的。

在进口业务中，办理对外索赔时一般应注意以下几个方面。

(1) 关于索赔证据。对外提出索赔需要提供证据，首先应制备索赔清单，随附出入境检验检疫局签发的检验证书、发票、装箱单及副本。此外，对不同的索赔对象还要另附有关证件。向卖方索赔时，应在索赔证件中提出确切根据和理由，如系 FOB 或 CFR 合同，则随附保险单一份；向轮船公司索赔时，须另附由船长及港务局理货员签证的理货报告、船长签证、短卸或残损证明；向保险公司索赔时，须另附保险公司与买方的联合检验报告等。

(2) 关于索赔金额。索赔金额中除受损商品的价值外，有关的费用也可提出。如商品检验费、装卸费、银行手续费、仓租、利息等都可包括在索赔范围内。具体包含项目视情况而定。

(3) 关于索赔期限。对外索赔必须在合同规定的索赔有效期限内提出，过期无效。如果商检工作需要更长的时间，可向对方要求延长索赔期限。

(4) 关于卖方的理赔责任。进口货物发生了损失，除属于轮船公司及保险公司的赔偿责任外，如属卖方必须直接承担的职责，应直接向卖方要求赔偿，防止卖方制造借口向其他方面推卸理赔责任。

目前，我们的进口索赔工作，属于船方和保险公司责任的一般由货运代理或外贸运输公司代办；属于卖方责任的则由进出口公司直接办理。为了做好索赔工作，要求进出口公司、外贸运输公司、订货部门、出入境检验检疫局等各有关单位密切协作，要做到结果正确、证据属实、理由充分、赔偿责任明确，并及时向有关责任方提出，以挽回货物所受到的损失。

第六节　跨境电子商务

一、跨境电子商务的含义

跨境电子商务是利用电子商务技术进行国际贸易的一种经营方式，即电子化的国际贸易活动。根据有关定义跨境电子商务是指分属不同关境的交易主体，通过电子商务平台达成交易、进行支付结算，并通过跨境物流送达商品、完成交易的一种国际商务活动。

跨境电商有狭义和广义之分。

狭义的跨境电商实际上基本等同于跨境零售。跨境零售指的是分属于不同关境的交易主体，借助计算机网络达成交易、进行支付结算，并采用快件、小包等行邮的方式通过跨境物流将商品送达消费者手中的交易过程。跨境电商在国际上流行的说法叫"Cross – border E – commerce"，其实指的都是跨境零售。通常跨境电商从海关来说等同于在网上进行小包的买卖，基本上针对消费者。从严格意义上说，随着跨境电商的发展，跨境零售消费者中也会含有一部分碎片化小额买卖的 B 类商家用户，但现实中这类小 B 商家和 C 类个人消费者很难区分，也很难界定小 B 商家和 C 类个人消费者之间的严格界限，所以，从总体来讲，这部分针对小 B 的销售也归属于跨境零售部分。

广义的跨境电商基本等同于外贸电商，是指分属不同关境的交易主体，通过电子商务的手段将传统进出口贸易中的展示、洽谈和成交环节电子化，并通过跨境物流送达商品、完成交易的一种国际商业活动。

从更广意义上看，跨境电商指电子商务在进出口贸易中的应用，是传统国际贸易商务流程的电子化、数字化和网络化。它涉及许多方面的活动，包括货物的电子贸易、在线数据传递、电子资金划拨、电子货运单证等内容。从这个意义上看，在国际贸易环节中只要涉及电子商务应用都可以纳入这个统计范畴内。

本文中跨境电商是指广义的跨境电商，主要指跨境电子商务中商品交易部分（不含跨境电商服务部分），不仅包含跨境电商交易中的跨境零售，还包括跨境电商 B2B 部分，不仅包括跨境电商 B2B 中通过跨境交易平台实现线上成交的部分，还包括跨境电商 B2B 中通过互联网渠道线上进行交易撮合线下实现成交的部分。

● 相关链接

传统外贸和跨境电商的流程（出口）

跨境电商作为基于互联网的运营模式，正在重塑中小企业国际贸易链条。跨境电商打破了传统外贸模式下国外渠道如进口商、批发商、分销商甚至零售商的垄断，使得企业可以直接面对个体批发商、零售商，甚至是直接的消费者，有效减少了贸易中间环节和商品流转成本，节省的中间环节成本为企业获利能力提升及消费者获得实惠提供了可能。传统外贸和跨境电商的流程（出口）如图1-11所示。

图 1-11　传统外贸和跨境电商的流程（出口）

二、电子商务的分类

按照交易性和交互性分类电子商务主要有企业—企业（business - to - business，B2B）、企业—消费者（business - to - consumer，B2C）、企业—企业—消费者（business - to - business - to - consumer，B2B2C）、消费者—企业（consumer - to - business，C2B）和消费者—消费者（consumer - to - consumer，C2C）等几种类型。

按交互类型划分，跨境电子商务的主要模式可以划分为 B2B、B2C、C2C 等若干种，其中 B2C、C2C 都是面向最终消费者的，因此又可统称为跨境网络零售。从经营主体划分，跨境电子商务分为平台型、自营型、混合型（平台 + 自营）。中国主要跨境电商经营模式分类如表1-3所示。

表1-3　中国主要跨境电商经营模式分类

经营模式	平台型	自营型
跨境B2B（出口）	阿里巴巴国际站、中国制造网、环球资源网、敦煌网	略
跨境B2B（进口）	1688.com、海带网	略
跨境电商零售（出口）	速卖通、eBay、Amazon、Wish	兰亭集势、DX、米兰网
跨境电商零售（进口）	天猫国际、淘宝全球购、洋码头	网易考拉、京东全球购、聚美优品、小红书

三、跨境电子商务海关监管中有关用语的含义

（一）电子商务企业

电子商务企业是指通过自建或者利用第三方电子商务交易平台开展跨境贸易电子商务业务的境内企业，以及提供交易服务的跨境贸易电子商务第三方平台提供企业。

（二）个人

个人是指境内居民。

（三）电子商务交易平台

电子商务交易平台是指跨境贸易电子商务进出境货物、物品实现交易、支付、配送并经海关认可且与海关联网的平台。

（四）电子商务通关服务平台

电子商务通关服务平台是指由电子口岸搭建，实现企业、海关以及相关管理部门之间数据交换与信息共享的平台。

（五）电子商务通关管理平台

电子商务通关管理平台是指由中国海关搭建，实现对跨境贸易电子商务交易、仓储、物流和通关环节电子监管执法的平台。

四、跨境电商流程

从跨境电商出口的流程看，生产商或制造商将生产的商品在跨境电商企业的平台上上线展示，在商品被选购下单并完成支付后，跨境电商企业将商品交付给物流企业进行投递，经过两次（出口国和进口国）海关通关商检后，最终送达消费者或企业手中，也有的跨境电商企业直接与第三方综合服务平台合作，让第三方综合服务平台代办物流、通关商检等一系列环节，从而完成整个跨境电商交易的过程。跨境电商进口的流程除了与出口流程的方向相反外，其他内容基本相同。

跨境电商进出口的流程，如图 1-12 所示。

图 1-12　跨境电商进出口的流程

第二章

经理人必备的财务知识

> 成本核算是外贸公司经营活动中非常重要的方面。本章给出了成本核算的主要方法,特别是为外贸代理公司提供了确定其利润的计算方法。为了便于理解,本章列举了很多实例。

第一节　进出口商品价格确定

一、商品的作价原则

在确定进出口商品价格时，必须遵循下列三项原则。

（一）参考国际市场价格水平作价

国际市场价格水平是商品在国际市场上买卖的价格依据，我们可以通过下面三种途径来参考：

（1）商品交易所的价格；

（2）国际组织或国际公司在媒体上公布的价格；

（3）各国的外贸、海关统计的价格。

（二）结合国别、地区政策作价

在参照国际市场价格水平的同时，还应结合我国的外交政策，恰当地运用国别、地区政策作价。

（三）结合购销意图作价

进出口商品价格在国际市场价格水平的基础上，可根据购销意图来确定成交价格的大致水平，可略高或略低于国际市场价格。

二、成本核算

（一）加强成本核算的重要性

在价格掌握上要注意加强成本核算，以提高经济效益，防止不计成本、不计盈亏和单纯追求成交量。在出口方面，强调加强成本核算，掌握出口总成本、出口销售外汇（美元）净收入和人民币净收入的数据，并计算和比较各种商品出口的盈亏情况。

出口总成本是指出口商品的进货成本加上出口前的一切费用和税金。出口销售外汇净收入是指出口商品按 FOB 价出售所得的外汇净收入。出口销售人民币净收入是指出口商品的 FOB 价按当时外汇牌价折成人民币的数额。根据出口商品成本的这些数据，可以计算出口商品盈亏率、出口商品换汇成本和出口创汇率。

（二）主要经济指标

1. 出口商品换汇成本

出口商品换汇成本是指以某种商品的出口总成本与出口所得的外汇净收入之比，得出用多少人民币换回一美元。出口换汇成本高于外汇牌价，则出口亏损；反之，则说明出口有赢利。计算公式如下：

$$出口商品换汇成本 = \frac{出口商品总成本（人民币）}{出口外汇净收入（美元）}$$

出口外汇净收入指的是扣除运费和保险费后的 FOB 价格。

出口商品总成本（退税后）= 出口商品购进价（含增值税）+ 费用 − 出口退税收入

退税收入 = 出口商品购进价（含增值税）÷（1 + 增值税率）× 退税率

2. 出口商品盈亏率

出口商品盈亏率是指出口商品的盈亏额与出口总成本的比率。

$$出口商品盈亏率 = \frac{出口人民币净收入 - 出口总成本}{出口总成本} \times 100\%$$

出口人民币净收入 = FOB 出口外汇净收入 × 银行外汇买入价

出口盈亏额 = 出口人民币净收入 − 出口商品总成本（退税后）

3. 出口创汇率

出口创汇率是指加工后成品出口的外汇净收入与原材料外汇成本的比率。如原材料为本国产品，其外汇成本可按原料的 FOB 出口价计算。如原料是进口的，则按该原料的 CIF 价计算。通过出口的外汇净收入与原料外汇成本的对比，可以看出成品出口的创汇情况，从而确定出口成品是否有利。特别是在进料加工的情况下，核算出口创汇率更有必要。

$$出口创汇率 = \frac{成品出口外汇净收入 - 原料外汇成本}{原料外汇成本} \times 100\%$$

【实例 2-1】

某外贸公司出口一批商品，国内进货价共 10000 元人民币，加工费支出 1500 元人民币，商品流通费是 1000 元人民币，税金支出为 100 元人民币，该批商品出口销售外汇净收入为 1800 美元。试计算：（1）该批商品的出口总成本是多少？（2）该批商品的出口销售换汇成本是多少？（3）该商品的出口销售盈亏率是多少？（USD100 = RMB809.23）

解：

(1) 出口总成本 = 进货成本 + 出口前一切费用 + 出口前的一切税金
    = 10000 + 1500 + 1000 + 100 = 12600（元人民币）

(2) 已知公式：

出口商品换汇成本 = 出口总成本 ÷ 出口销售外汇净收入
    =（10000 + 1500 + 1000 + 100）÷ 1800
    = 7.00（元人民币/美元）

(3) 已知公式：出口商品盈亏率 =（出口销售人民币净收入 − 出口总成本）÷ 出口总成本 × 100%，代入公式得：

出口商品盈亏率 =［1800 × 8.0923 −（10000 + 1500 + 1000 + 100）］÷（10000 + 1500 + 1000 + 100）× 100% = 15.60%

【实例2-2】

某公司向美国出口某商品，外销价为每公吨500美元CIF纽约，支付运费65美元，保险费7美元。如果该公司收购该商品的收购价为每公吨2800元人民币，且国内直接和间接费用加17%，试计算该商品的出口总成本、出口销售外汇净收入和出口换汇成本。假若当期银行外汇牌价为1美元合8.0923元人民币，试计算该笔出口的盈亏率。

解：(1) 出口总成本 = 2800 ×（1 + 17%）= 3276（元人民币）

(2) 出口外汇净收入 = 500 −（65 + 7）= 428（美元）

(3) 出口换汇成本 = 3276 ÷ 428 ≈ 7.65（元人民币/美元）

(4) 出口人民币净收入 = 428 × 8.0923 = 3463.50（元人民币）

(5) 出口盈亏率 =（3463.5 − 3276）÷ 3276 × 100% ≈ 5.72%

【实例2-3】

某外贸公司出口一批商品1000只，出口单价17.30美元CIF伦敦，CIF总价17300美元，其中运费2160美元、保险费112美元。进价每只人民币117元，总计人民币117000元（含增值税17%），费用定额率10%，出口退税率9%，试计算：(1) 该批商品的出口销售换汇成本是多少？ (2) 该商品的出口销售盈亏额是多少？（USD100 = RMB809.23）

解：

(1) 出口商品换汇成本 = $\dfrac{117000 +（117000 \times 10\%）-［117000 \div（1 + 17\%）\times 9\%］}{17300 - 2160 - 112}$

= 119700 ÷ 15028 = 7.965（元人民币/美元）

（2）出口销售盈亏额 = （17300 - 2160 - 112）× 8.0923 - {117000 + （117000 × 10%）- [117000 ÷ （1 + 17%）× 9%]}

$$= 15028 \times 8.0923 - 119700$$

$$= 121611.08 - 119700 = 1911.08（元人民币）$$

（三）价格构成

1. 价格的表示方法

进出口合同中的价格条款，一般包括商品的单价（unit price）和总值或总金额（total amount）两项基本内容。单价通常由四个部分组成，即计量单位、单位价格金额、计价货币和贸易术语。例如，US $150 Per Metric Ton CIF New York（每公吨150美元CIF纽约）。总值或总金额是单位和数量的乘积，也就是一笔交易的货款总金额。总值所使用的货币必须与单价所使用的货币一样。总值除使用阿拉伯数字填写外，一般还用文字表示。

进出口贸易中常用的计价货币，如表2-1所示。

表2-1 常用货币名称、代码表

货币名称	货币代码
澳大利亚元	AUD
奥地利元	ATS
加拿大元	CAD
人民币元	CNY
欧元	EUR
港元	HKD
日元	JPY
挪威克朗	NOK
英镑	GBP
瑞典克朗	SEK
美元	USD

常用的计量单位，如表 2-2 所示。

表 2-2　常用的计量单位

名称	计量单位
重量	gram, g. 克；　kilogram, kg. 千克； ounce, oz. 盎司；　pound, lb. 磅； metric ton, M/T. 公吨
个数	piece, pc. 个/只；pair, pr. 对/副； dozen, doz. 打；gross, gr. 罗； set 台/套；carton, ctn. 纸箱； case 箱；package, pkg. 件
长度	metre, m. 米/公尺；foot, ft. 英尺； yard, yd. 码
面积	Square metre, sq. m. 平方米； Square foot, sq. ft. 平方英尺； Square yard, sq. yd. 平方码
体积	cubic metre, cu. m. 立方米； cubic foot, cu. ft. 立方英尺； cubic yard, cu. yd. 立方码
容积	litre, l. 升；gallon, gal. 加仑； bushel, bu. 蒲式耳

2. 价格的构成要素

出口商品价格的构成包括成本、费用和利润三大要素。

（1）成本（cost）

出口商品的成本主要包括生产成本、加工成本和采购成本。

①生产成本：制造商生产某一产品所需的投入。

②加工成本：加工商对成品或半成品进行加工所需的成本。

③采购成本：贸易商向供应商采购商品的价格，亦称进货成本。

对于自营进出口企业来说，需要了解的主要是生产成本和加工成本。对于从事出口业务的贸易公司来说，需要了解的主要是采购成本。在出口价格中，成本占的比重最大，因而成为价格中的重要组成部分。

（2）费用（expenses/charges）

由于进出口贸易通常为跨越国界的买卖，其间所要发生的费用远比一般国内所进行的交易多。在出口商品价格中，费用所占的比重虽然不大，但因其内容繁多，且计算方法又不尽相同，因而成为价格核算中较为复杂的一个方面。

出口业务中通常会发生的费用。

①包装费（packing charges）

包装费用通常包括在采购成本之中，但如果客户对货物的包装有特殊的要求，由此产生的费用就要作为包装费另加。

②仓储费（warehousing charges）

需要提前采购或另外存仓的货物往往会发生仓储费用。

③国内运输费（inland transport charges）

出口货物装运前所发生的内陆运输费用，通常有卡车运输费、内河运输费、路桥费、过境费及装卸费等。

④认证费（certification charges）

出口商办理出口许可证、配额、原产地证明以及其他证明所支付的费用。

⑤港区港杂费（port charges）

出口货物装运前在港区码头所需支付的各种费用。

⑥商检费（inspection charges）

出口商品检验机构根据国家的有关规定或出口商的请求对货物进行检验所发生的费用。

⑦捐税（duties and taxes）

国家对出口商品征收、代收或退还的有关税费，通常有出口关税、增值税等。

⑧垫款利息（interest）

出口商自国内采购至收到国外进口商付款期间因垫付资金所产生的利息。

⑨业务费用（operating charges）

出口商在经营中发生的有关费用，如通信费、交通费、交际费、出口收汇核销的有关费用等。业务费用又被称为经营管理费。

⑩银行费用（banking charges）

出口商委托银行向国外客户收取货款、进行资信调查等所支出的费用。

⑪出口运费（freight charges）

货物出口时支付的海运、陆运或空运费用。

⑫保险费（insurance premium）

出口商向保险公司购买货运保险或信用保险所支付的费用。

⑬佣金（commission）

出口商向中间商支付的报酬。

（3）预期利润（expected profit）

利润是企业赖以生存的根本，预期利润是出口价格三要素之一，在出口交易中，利润对于贸易商无疑是最重要的部分。

了解出口价格的构成要素，掌握成本、利润和出口交易中各种费用的含义和计算方法，对于准确地核算出口价格是十分重要的。

三、价格换算方法

在国际贸易中，不同的贸易术语表示其价格构成因素不同，即包括不同的从属费用。例如，FOB 术语中不包括从装运港至目的港的运费和保险费；CFR 术语中则包括从装运港至目的港的通常运费；CIF 术语中除包括从装运港至目的港的通常运费外，还包括保险费。

常用的 FOB、CFR 和 CIF 三种价格的换算方法最重要的取决于保险费的计算。

（一）FOB、CFR 和 CIF 三种术语的换算

1. FOB 价换算为其他价

（1）CFR 价 = FOB 价 + 运费

（2）CIF 价 =（FOB 价 + 运费）÷（1 - 投保加成 × 保险费率）

2. CFR 价换算为其他价

（1）FOB 价 = CFR 价 - 运费

（2）CIF 价 = CFR 价 ÷（1 - 投保加成 × 保险费率）

3. CIF 价换算为其他价

（1）FOB 价 = CIF 价 ×（1 - 投保加成 × 保险费率）- 运费

（2）CFR 价 = CIF 价 ×（1 - 投保加成 × 保险费率）

(二) FCA、CPT 和 CIP 三种术语的换算

1. FCA 价换算为其他价

(1) CPT 价 = FCA 价 + 运费

(2) CIP 价 = (FCA 价 + 运费) ÷ (1 - 保险加成 × 保险费率)

2. CPT 价换算为其他价

(1) FCA 价 = CPT 价 - 运费

(2) CIP 价 = CPT 价 ÷ (1 - 保险加成 × 保险费率)

3. CIP 价换算为其他价

(1) FCA 价 = CIP 价 × (1 - 保险加成 × 保险费率) - 运费

(2) CPT 价 = CIP 价 × (1 - 保险加成 × 保险费率)

【实例 2-4】

我方对外报价为每公吨 1000 美元 CIF 新加坡,而外商还盘为 902 美元 FOB 上海。经查该货物由上海运至新加坡每公吨运费为 88 美元,保险费率合计为 0.95%。试问单纯从价格角度上讲,我方可否接受该项还盘?

解:将我方报价 CIF 新加坡换算成 FOB 中国口岸价格,其结果是:

FOB 上海价 = 1000 - 88 - 1000 × 110% × 0.95% = 901.55(美元)

而外商报价为 FOB 上海 902 美元,二者相差无几可以接受外商还盘。

【实例 2-5】

某商品的出口价为每件 CFR 旧金山 100 美元,买方提出改报 CIF 价,并要求按 CIF 价的 110% 投保水渍险和战争险,总保险费率为 1.2%,求 CIF 报价。

解:CIF = 100 ÷ (1 - 110% × 1.2%) = 101.34(美元)

第二节 佣金和折扣

在国际贸易中,磋商交易和计算价格时,有时会涉及佣金和折扣。正确掌握并运用佣金和折扣,可达到扩大销售、增加经济效益的目的。

一、佣金(commission)

(一) 佣金的含义

佣金(commission)是代理人或经纪人(中间商)为委托人进行交易而收取的报酬。在国际货物买卖中,通常表现为出口商付给销售代理人、

进口商付给购买代理人的酬金。因此,它适用于与中间商所签订的合同含佣价。

佣金分为明佣和暗佣两种。明佣是指佣金在价格条件中标明或在附注中表示出佣金率。暗佣是指双方在洽谈交易时,对佣金的给予已达成协议,但却约定不在合同中表示出来。这种情况下的价格条款中,佣金由一方当事人按约定另付。

(二) 佣金的表示方法

1. 以文字来说明

每公吨 200 美元 CIF 纽约包括 3% 佣金。

$ 200 per metric ton CIF New York including 3% commission.

2. 在贸易术语上加注佣金的缩写英文字母"C"和佣金的百分比来表示

每公吨 200 美元 CIFC3% 纽约。

$ 200 per metric ton CIFC3% New York.

3. 用绝对数表示

每公吨佣金 25 美元。

(三) 佣金的计算与支付方法

1. 佣金的计算

按国际贸易习惯,佣金一般是以交易额(即发票金额)为基础进行计算的。在国际贸易中,计算佣金的方法不一,有的按成交金额约定的百分比计算,有的按成交商品的数量计算,即按每一单位数量收取若干佣金。在我国进出口业务中,计算方法也不一致,按成交金额和按成交商品的数量计算的都有。在按成交金额计算时,有的以发票总金额作为计算佣金的基数,有的则以 FOB 总值为基数来计算佣金。如按 CIF 成交,而以 FOB 值为基数计算佣金时,则应从 CIF 中减去运费和保险费,求出 FOB 值,然后以 FOB 值乘以佣金率,即得出佣金额。

关于计算佣金的公式如下:

佣金额 = 含佣价 × 佣金率

净价 = 含佣价 − 佣金额

上述公式也可写成:

净价 = 含佣价 × (1 − 佣金率)

假如已知净价,则含佣价的计算公式应为:

$$含佣价 = \frac{净价}{1 - 佣金率}$$

【实例 2-6】

以 FOB 净价为基数计算佣金的方法。

如一批出口商品的成交金额按 FOB 条件为 10000 美元,佣金率为 3%,则佣金为:10000×3%=300(美元)

【实例 2-7】

采用 CFR 价格条件的成交金额,而以 FOB 净价为基数计算佣金的方法。

佣金 =(CFR 成交金额 - 运费)×佣金率

如采用 CFR 成交的出口货物金额为 10000 美元,运费占发票金额的 10%,佣金率为 5%,那么以 FOB 净价为基数计算出来的佣金应为:

佣金 =(10000 - 10000×10%)×5% = 450(美元)

【实例 2-8】

采用 CIF 价格条件的成交金额,而以 FOB 净价为基数计算佣金的方法。

佣金 =(CIF 成交金额 - 保险费 - 运费)×佣金率

如采用 CIF 价格条件成交的金额为 10000 美元,其中运费占总金额的 10%,保险费占总金额的 5%,佣金为 3%,则以 FOB 净价为基数计算的佣金应为:

佣金 =[10000 - 10000×(10% + 5%)]×3%
　　= 8500×3% = 255(美元)

【实例 2-9】

以买卖双方的成交金额为基数计算佣金的方法。

如买卖双方以 CIF 价成交,金额为 10000 美元,佣金率为 3%,则佣金 = CIF 价×佣金率 = 10000×3% = 300(美元)

【实例 2-10】

我国某公司出口某商品 1000 箱,对外报价为每箱 20 美元 FOBC3% 广州,外商要求将价格改报为每箱 CIFC5% 汉堡。已知运费为每箱 1 美元,保险费为 FOB 价的 0.8%,请问:

(1)要维持出口销售外汇净收入不变,CIFC5% 应改报为多少?

(2)已知进货成本为 160 元人民币/箱,每箱的商品流通费为进货成本的 3%,出口退税率为 17%,该商品的出口销售盈亏率及换汇成本是多

少?（USD100 = RMB809.23）

解：（1）已知公式：含佣价=净价÷（1-佣金率），则：净价=含佣价×（1-佣金率）

$$FOB = 20 \times (1 - 3\%) = 19.40（美元）$$

（2）已知公式：含佣价=净价÷（1-佣金率），则：CIFC5% =（FOB+运费+保险费）÷（1-5%）=（19.40+19.40×0.8%+1）÷（1-5%）

$$= 21.64（美元）$$

（3）已知公式：出口商品盈亏率=（出口销售人民币净收入-出口总成本）÷出口总成本×100%，代入公式得：出口商品盈亏率=〔19.40×8.0923-（160+160×3%-160×17%）〕÷（160+160×3%-160×17%）×100% = 14.09%

（4）已知公式：出口商品换汇成本=出口总成本÷出口外汇销售净收入，代入公式得：

出口商品换汇成本=（160+160×3%-160×17%）÷19.40 = 7.09（元人民币/美元）

2. 佣金的支付方法

佣金的支付一般有两种做法，一种是由中间代理商直接从货价中扣除佣金，另一种是在委托人收清货款之后，再按事先约定的期限和佣金比率，另行付给中间代理商。中间代理商的职责是促成交易，负责联系和督促实际买家履约，协助解决履约过程中可能发生的问题，以使合同得以圆满地履行。因此，出口企业通常是在收到全部货款后再支付给中间代理商。

在实际操作中，有三种支付方式。

（1）票扣

在发票上减除佣金。在信用证上规定有扣除佣金字句的采用票扣方式。

（2）汇付

卖方收到全部货款后再向中间代理商汇付佣金。通常我国采用汇付形式，这是目前支付佣金时使用最多的一种方式。

（3）议扣

在信用证议付时扣除佣金。出口方交单时汇票上开足全部货款金额并规定议付银行在议付单据时扣除佣金。这是上述汇付形式的收后再付的简化，汇付行只汇付不含佣款，佣金由开证行径付中间商。

暗佣多采用汇付及议扣方式。

现将佣金支付的三种方式示意如表 2-3。

表 2-3 佣金支付的三种方式

种类	价格条款	出口方	付款行议付行	开证行	国 外中间商	进口方	支付方式
明佣	CIFC3%	交单	发票 货价 1000 减佣 −30 净收 970		← 30 970 →		票扣
暗佣	CIF	交单	议付行 汇票：L/C 货价 1000		← 1000		汇付
暗佣	CIF	汇付30 交单	议付申请书 1000 面函： 请扣下佣金径付中间商30	← 970 30	}	1000	议扣

说明：

1) 在明佣票扣中进口方要分别支付：将货款 970 支付给银行而将佣金 30 支付给中间商。

2) 在暗佣汇付中进口方将全额 1000 付给银行，而由出口方径将佣金 30 付给中间商，因此进口方不知道中间商拿到多少佣金或是否拿到佣金。

3) 在议扣中，出口方在请国内议付银行垫付货款时，填写 1000 并委托银行代付国外佣金 30。国内议付行在向国外开证行索款时另加一张封面函件，委托直付 30，从而国外开证行虽向进口方收取全额 1000 但只向出口方支付净货款 970，而由其将 30 径付中间商。这样，进口方对中间商所得佣金也不知情。

二、折扣（Discount）

（一）折扣的含义

折扣是指卖方按原价给予买方一定百分比的减让，即在价格上给予适当的优惠。凡在价格条款中明确规定折扣率的，叫做"明扣"；凡交易双方就折扣问题已达成协议，而在价格条款中都不明示折扣率的，叫做"暗扣"。

折扣直接关系到商品的价格，货价中是否包括折扣和折扣率的大小都影响商品价格，折扣率越高，则价格越低。

（二）折扣的规定办法

1. 用文字明确表示

CIF 东京每公吨 100 美元，折扣 3%。

＄100 per metric ton CIF TOKYO less 3% discount.

2. 用绝对数表示

每公吨折扣 3 美元。

（三）折扣的计算和支付方法

1. 折扣的计算

折扣通常是以成交额或发票金额为基础计算出来的。例如，CIF 东京，每公吨 100 美元，折扣 2%，则卖方的实际净收入为每公吨 98 美元。

其计算方法如下：

折扣额 = 总价（或含折扣价）×折扣率

净价 = 总价 – 折扣额

2. 折扣的支付方法

折扣一般是在买方支付货款时预先予以扣除，也有的折扣金额不直接从货价中扣除，而按暗中达成的协议另行支付给买方，这种做法通常在给"暗扣"或"回扣"时采用。

【实例 2-11】

某商品以每公吨 520 美元 CIF 东京，含折扣 2% 的价格对外成交，请算出每公吨扣除折扣的净收入为多少？

解：我方单位商品净收入 = 520 ×（1 – 2%） = 509.6（美元）

【实例 2-12】

某商品以每公吨 1000 美元 CIF 东京，折扣 2%，求卖方实际支付给买方的折扣和卖方实际收回的净收入。

解：折扣 = 1000 × 2% = 20（美元）

净收入 = 1000 – 20 = 980（美元）

有关价格对含佣或给予折扣未作表示，通常应理解为不含佣或不给折扣的价格。不含佣或不给折扣的价格称为"净价"（net price），即卖方可照价全数收款，不需另外支付佣金或扣除折扣。有时需加上"净价"

(net) 字样。

每公吨 200 美元 CIF 纽约净价。

$ 200 per metric ton CIF New York net.

【实例 2-13】

我方某出口商品对外报价为每公吨 1200 美元 FOB 上海,对方来电要求改报 CIFC5% 伦敦,试求:CIFC5% 伦敦价为多少?(已知保险费率为 1.68%,运费合计为 9.68 美元,USD100 = RMB809.23)

解:先利用"CIF =(FOB + 运费)÷(1 - 投保加成 × 保险费率)",可求得 CIF 价为:

CIF =(1200 + 9.68)÷(1 - 110% × 1.68%)= 1232.46(美元)

再利用"含佣价 = 净价 ÷(1 - 佣金率)",可求得 CIFC5% 价为:

CIFC5% = CIF ÷(1 - 佣金率)= 1232.46 ÷(1 - 5%)= 1297.32(美元)

第三节 代理出口业务中的各类计算办法

外贸经营都是自营制、收购制和代理制三者并存的。新《外贸法》于 2004 年 7 月 1 日颁布实施,一是使外贸代理制所有潜在的委托方都具备了选择权,外贸企业的相对垄断地位丧失。二是对实行外贸代理制有了新的明确规定,提供了进一步推行外贸代理制的基本法律依据。

外贸企业由于在外销渠道、信息、经验、信誉、人才等方面拥有优势,具有开拓市场的能力和积极性。就生产企业而言,随着其合作方式的选择空间扩大和经营资金等条件的改善,更愿意委托外贸公司代理出口,实现优势互补。

一、代理出口销售

代理出口销售是外贸企业的中介服务业务,而不是主体购销行为。它是指经营进出口业务的企业接受其他单位的委托,代办对外销售及交单结汇或同时代办出运、制单等工作。

受托的出口企业办理代理出口业务的原则是不垫付商品资金,不负担基本费用,在业务经营中发生的一切费用、佣金、理赔责任等均由委托单位承担。出口退税全部归属委托单位,经营盈亏由委托单位负责。

受托的出口企业，按照出口发票的金额及规定的手续费率，向委托方收取一定比例的手续费，作为办理代理出口业务的管理费用开支和收益。

【实例2-14】

外销发票金额 USD10000，代理费为1%，汇率为 1USD = 8.0923 元人民币，计算利润。

解：利润 = 外销发票 × 百分比 × 汇率

$= 10000 \times 1\% \times 8.0923 = 809.23$（元人民币）

二、代理买断制出口

代理买断制有两种主要形式：（1）两方参与；（2）三方参与。

（一）两方参与

两方参与的代理买断制的双方是委托方和受托方。委托方一般是一个生产性企业，受托方一般是专业外贸公司。

委托方自己拥有外方客户渠道，为了利用专业外贸公司在业务、资金和经营管理方面的优势将已经谈妥外销价格口头成交的一笔出口业务，委托专业外贸公司代办从签约、租船订舱直至通关、结汇、收汇核销、出口退税等一系列业务并给予受托方相应报酬。

但是在形式上沿袭收购制的方式，由双方另行谈判一个折扣率（买断价）签订商品的购销合同，专业外贸公司赚取外销价和买断价之间的差额作为代理费。

在目前实践中，体现买断价的折扣率采用了买断汇率的形式。因为企业的收入有内、外两笔。"外"是指收自外商的"外汇货价×结算汇率"（银行结汇的买入价）。"内"是指收自财政的退税收入。把这两者结合在一起，就可把"外汇货价×汇率+增值税退税"合成一个综合汇率。

例如，就出口每一美元为基准来说，设为7.97（某日银行结汇的买入价），又设退税为1.08，则每一美元外销的人民币总收入为9.05，这就是综合汇率。假定谈判后买断汇率为8.8元，这就隐含佣金率为2.76%，即(9.05 - 8.8) ÷ 9.05。与以往的定率代理费（例如1.5%）相比，不同点是现在是逐笔议定的弹性代理费；以往的计算是外汇收入，现在则包括了退税收入。

(二) 三方参与

三方参与的三方是:

(1) 委托方, 一般是一个非生产性企业 (包括贸易性企业);

(2) 货源 (生产) 企业, 一般为委托方所联系的供货企业;

(3) 受托方, 一般是专业外贸公司。

委托方自己拥有外方客户渠道, 由其选定货源生产企业后, 为了利用专业外贸公司的优势而委托受托方代办从签约起的出口业务。现在由委托方和受托方签订代理出口协议, 再由受托方与供货单位签订商品购销合同。

在购销合同签订前先要由委托方与供货企业谈定"开票汇率"("开票汇率"要低于买断汇率, 其差额就形成委托方佣金), 按"外销发票价×开票汇率"收购。此时生产企业也要将增值税发票交付给受托方。

三者之间的利益关系如图 2-1 所示。

图 2-1 三者之间的利益关系图

这里形式上是"买断", 但最终盈亏仍由生产企业承担, 这说明其实质是代理制。其后两环节都只是收取佣金而不负担出口买卖的盈亏, 即由委托方代理谈判外销价并口头成交, 由受托方代理从签约开始的全程业务。

(三) 代理买断制的特点

(1) 国外客户渠道为委托方所有, 供货单位由委托方指定。

(2) 外销价和货物收购价由委托方确定, 受托方按委托方要求办理"收购"业务, 并对外签约。

(3) 受托方不负担基本费用, 不承担出口销售盈亏, 收到国外货款后对工厂支付货款,不垫付货款资金,但要垫付退税资金,一切费用由委托方承担。

(4) 受托、委托双方事先签订代理出口协议,明确规定经营商品、商品交接、费用负担、买断汇率、货款的结算时间,索赔处理以及双方其他有关职责等。

(5) 受托方办理出口退税,退税资金由受托方垫付。

(6) 受托方赚取的收入是银行外汇结汇额、退税款,买断外汇折合额两者之间的差额,也就是代理出口手续费。

(四) 买断汇率的确定

代理买断制中的买断汇率的确定是极为关键的问题。对受托方而言,买断汇率有一个上限,即受托方的盈亏临界点。如高于上限,受托方就没有利润。买断汇率的上限由银行外汇买入价和货物出口退税率两个因素决定。

以增值税税率17%为例,通行的计算公式如下:

买断汇率的上限 = 银行外汇的买入价 × (1 + 17%) ÷ (1 + 17% - 出口退税率) = 银行外汇的买入价 × 1.17 ÷ (1.17 - 出口退税率)

设美元银行买入价为7.97。

1. 退税率为17%时

买断汇率的上限 = 7.97 × 1.17 ÷ (1.17 - 17%) = 9.32

2. 退税率为15%时

买断汇率的上限 = 7.97 × 1.17 ÷ (1.17 - 15%) = 9.14

3. 退税率为13%时

买断汇率的上限 = 7.97 × 1.17 ÷ (1.17 - 13%) = 8.97

4. 退税率为11%时

买断汇率的上限 = 7.97 × 1.17 ÷ (1.17 - 11%) = 8.80

以上是受托方在不承担任何费用的情况下所能接受的最高买断汇率。受托方不承担国内外直接费用,但必须要承担间接费用。因此,在代理业务中如何确定买断汇率,受托方和委托方通过协商解决。对受托方而言,希望买断汇率定得低,而委托方则希望买断汇率定得高。买断汇率的高低是委托、受托双方洽谈业务的关键。

【实例 2-15】

上海仪表厂出口一批仪器,对外成交 30000 美元,委托上海东浩商务有限公司出口,增值税征退均为 17%。议定买断汇率为 9.10,美元买入价为 7.97,问出口每美元受托方的毛利是多少?总的毛利是多少?

解:

$$出口每美元毛利 = 外汇买入价 - \frac{(1.17 - 出口退税率) \times 买断汇率}{1.17}$$

$$= 7.97 - \frac{(1.17 - 17\%) \times 9.10}{1.17} = 0.192 (元/美元)$$

总的毛利 = 30000 × 0.192 = 5760(元)

在买断汇率中须剔除退税因素按货价成本轧计毛利,因为代理费部分不能退税,须扣除。

第四节 运费计算办法

一、海运运费

(一)班轮运费

1. 班轮运费的构成

运费 = 运费基数 × 分级运费率 + 附加费

基本运费和附加费如图 2-2 所示。

图 2-2 基本运费和附加费

班轮运输费用是班轮公司为运输货物而向货主收取的费用。它包括货物从装运港至目的港的海上运费以及货物的装卸费,简称班轮运费。班轮运费包括基本运费和附加费两部分。基本运费是指货物在预订航线的各基本港口之间进行运输所规定的运价，它是构成全程运费的主要部分，基本运费的计收标准，通常按不同商品分为下列几种。

（1）按货物的毛重计收。以重量吨（weight ton）为计算单位计收，在运价表内用"W"字母表示。

（2）按货物的体积计收。以尺码吨（measurement ton）为计算单位计收，在运价表内用"M"表示。

以上两种计算运费的重量吨和尺码吨统称为运费吨（freight ton）。

（3）按商品的价格（FOB总值）计收，即按从价运费收取，在运价表内用"A. V."或"Ad Val."（拉丁文 ad valorem，意即从价）表示。

（4）按货物的毛重或体积，由船公司选择两者中收费较高的一种计收运费，在运价表中用"W/M"表示。

（5）按货物的重量、体积或价值三者中选较高的一种计收运费，在运价表中用"W/M or A. V."表示。

（6）按货物的毛重或体积选择其高者，再加上从价费计收，在运价表中用"W/M plus ad val."表示。

（7）按货物的件数计收。

（8）对大宗低值货物，采用船、货双方临时议定运价的办法。

此外，班轮公司对同一包装、同一票货物或同一提单内出现混装情况时，计收运费的原则是就高不就低，具体收取办法如下。

（1）不同商品混装在同一包装内，全部运费一般按其中收费较高者收取。

（2）同一票货物，如包装不同，其计费标准和等级也不同。如托运人未按不同包装分别列明毛重和体积，则全票货物均按收费较高者计收运费。

（3）同一提单内有两种以上的货名，如托运人未分别列明不同货物的毛重和体积，则全部货物均按收费较高者计收运费。

按运费吨计价的货物一般分为20个等级，第1级货物运费率最低，第20级货物运费率最高。

班轮运费中的附加费的名目繁多，其中包括超长附加费、超重附加费、选择卸货港附加费、变更卸货港附加费、燃油附加费、港口拥挤附加费、绕航附加费、转船附加费和直航附加费等。上述基本运费和各种附加费，均按班轮运价表计算。

【实例 2-16】

上海东浩国际商务公司出口柴油机一批，共 15 箱，每箱重量 0.49 公吨，总体积为 10.676 立方米。由上海装中国远洋运输公司轮船（班轮），经香港转船至苏丹港。

查阅货物分级表，柴油机属于 10 级货，计算标准为 W/M。在中国—香港航线费率表中查出 10 级货从上海运至香港的费率为 25 美元，香港中转费为 13 美元，再从香港—红海航线费率表中查出 10 级货的费率为 95 美元，最后查附加费率表，了解到苏丹港要收港口拥挤附加费，费率为基本运费的 10%。试计算 A 公司应付船公司运费多少？

解：总毛重 = 15 × 0.49 = 7.35（公吨）

运费吨的运价 = 25 + 13 + 95 + 95 × 10%

＝ 142.5（美元）

总运费 = 10.676 × 142.5 = 1521.33（美元）

2. 集装箱货物运费

运费率表内的集装箱整箱运费除另有说明外均为 CY/CY 费率。

（1）整箱货运费

整箱（Full Container Load，FCL）是指货方自行将货物装满整箱以后，以箱为单位托运的集装箱。这种情况通常在货主有足够货源装载一个或数个整箱时采用，除有些大的货主自己置备集装箱外，一般都是向承运人或集装箱租赁公司租用一定的集装箱。空箱运到工厂或仓库后，在海关人员的监管下，货主把货装入箱内、加锁、铅封后交承运人并取得站场收据，最后凭收据换取提单或运单。

整箱货不论集装箱内所装货物数量多少，均按箱内货物的等级及计费标准计收集装箱运费。但有一种包箱费率，论箱计费不论货物，称为混统包箱费率，另一种大类包箱费率，则只粗分为四个等级。

两种或两种以上不同等级、不同计费标准或相同等级、不同计费标准或不同等级、相同计费标准的货物，作为整箱货装在同一集装箱内，其包箱运费按运费收入高者计收。

以"W/M"为计费标准的货物，其包箱运费按较高者计收。

以"Ad Val"为计费标准的货物，其包箱运费按箱内货物离岸价值的从价运费计收，但不应低于 20 级货物的运费。

（2）拼箱货运费

拼箱（Less Than Container Load，LCL）是指承运人（或代理人）接收货主托运的数量不足整箱的小票货运后，根据货类性质和目的地进行分类整理。把去同一目的地的货，集中到一定数量拼装入箱。由于一个箱内有不同货主的货拼装在一起，所以叫拼箱。这种情况在货主托运数量不足装满整箱时采用。拼箱货的分类、整理、集中、装箱（拆箱）、交货等工作均在承运人码头集装箱货运站或内陆集装箱转运站进行。

拼箱货按其等级和计费标准计收运费，不足 1 吨者按其商品等级的一运费吨计收运费。以"Ad Val"为计费标准的货物，其拼箱货运费按箱内货物 FOB 价格的从价货运费计收，但应不低于 20 级货物的运费。

（3）特种箱运费

挂衣箱运费，承运人接受场到场（CY/CY）挂衣箱的运输。由承运人提供挂衣箱，箱子具备挂装服装所必备的木制或金属横梁、箱内壁衬垫及绳索，挂衣箱运费较普通货箱运费高 10%。

（4）集装箱站处理费（CFS Handling Charge）

由承运人或其代理人在集装箱站接货，并提取空箱、装箱、积载、理货、铅封并将重箱送至装货港集装箱堆场，此间发生的费用为集装箱站处理费。例如 USD 120/20'，USD 240/40'，USD 5/FT。

该费用可根据国内各港口具体情况浮动。

【实例 2-17】

A 公司出口商品共 100 箱，每箱的体积为 30cm×60cm×50cm，毛重为 50 千克，查运费表得知该货为 9 级，计费标准为 W/M，基本运费为每运费吨 105USD，另收燃油附加费 25%，港口拥挤费 15%，货币贬值附加费 10%，试计算该批货物的运费是多少美元？

解：$30cm \times 60cm \times 50cm = 0.09 m^3$，因为 $0.09 > 0.05$

且基本运费的计收方法是 W/M，所以应选择 $0.09 m^3$ 来计算运费。代入公式：

运费 = 计费标准×基本运费×商品数量×（1 + 各种附加费率）
　　　= 0.09 × 105 × 100 ×（1 + 25% + 15% + 10%）
　　　= 1417.50（美元）

【实例 2-18】

A 公司出口货物共 200 箱，对外报价为每箱 340 美元 CFR 神户，日本商人要求将价格改报为 FOB 价,试求每箱货物应付的运费及应改报的 FOB 价为多少?(已知该批货物每箱的体积为 45cm×35cm×30cm,毛重为 40 千克,商品的计费标准为 W/M,每运费吨基本运费为 100 美元,到神户港需加收燃油附加费 20%,货币贬值附加费 10%,港口拥挤费 20%)

解:

(1) $45\text{cm} \times 35\text{cm} \times 30\text{cm} = 0.04725\text{m}^3$,因为 $0.04725 > 0.04$

且基本运费的计收办法是 W/M,所以应选择 0.04725m^3 计算运费。

单位运费 = 计费标准 × 基本运费 × (1 + 各种附加费率)

　　　　= 0.04725 × 100 × (1 + 20% + 20% + 10%)

　　　　= 7.0875 (美元)

(2) 应该报的 FOB 价是:FOB = CFR − 运费 = 340 − 7.0875

　　　　　　　　　　　　　　= 332.9125 (美元)

【实例 2-19】

A 公司向纽约某进口商出口自行车 100 箱,每箱一件,每箱体积是 20cm×50cm×120cm,计收运费的标准为 M,基本运费为每运费吨 280HKD,另加收燃油附加费 33%,港口拥挤费 10%,该批商品的运费是多少?

解:该批货物的运费为:

运费 = 计费标准 × 基本运费 × 商品数量 × (1 + 各种附加费率)

　　= 0.2 × 0.5 × 1.2 × 280 × 100 × (1 + 30% + 10%)

　　= 0.12 × 280 × 100 × 1.4 = 4704 (港元)

(二) 租船运输

租船通常是指包租整船而言,大宗货物一般都采用租船运输。租船方式主要包括定程租船和定期租船两种,前者是指按航程租赁船舶,后者是指按期限租赁船舶,不论是按航程或按期限租船,船、租双方都要签订租船合同,以明确双方的权利和义务。

1. 定程租船

在定程租船方式下,船方必须按租船合同规定的航程完成货物运输任务,并负责船舶的经营管理及其在航行中的各项费用开支。租船人则应支付双方约定的运费,定程租船的运费一般按装运货物的数量计算,也有按航次包租总金额计算的,至于货物在港口的装卸费用,究竟由船方或租方负担，应在租船合同中做出明确规定。

2. 定期租船

按期限租船时，船租双方的权利与义务应在定期租船合同中订明，船方应提供适航的船舶，关于船员薪金、伙食等费用以及保持船舶具有适航价值而产生的有关费用，均由船方负担。在船舶的出租期间，租船人可根据租船合同规定的航行区域自由使用和调动船舶，但船舶经营过程中产生的燃料费、港口费、装卸费和垫舱物料费等项开支，均应由租船人负担，关于定期租船的租金，一般是按租期每月每吨若干金额计算。

3. 程租船运输费用

（1）程租船的装卸费

程租船运输情况下，有关货物的装卸费用由租船人和船东协商确定后在程租船合同中做出具体规定。具体做法主要有以下四种。

①船方负担装货费和卸货费，又可称为"班轮条件"。

②船方管装不管卸（free out – F. O.），即船方负担装货费，不负担卸货费。

③船方管卸不管装（free in – F. I.），即船方负担卸货费而不负担装货费。

④船方装和卸均不管（free in and free out – F. I. O.）。

（2）装卸时间、滞期费和速遣费

程租船运输情况下，装卸货时间的长短影响到船舶的使用周期和在港费用，直接关系到船方利益。因而在程租船合同中，除需规定装卸货时间外，还需规定一种奖励处罚措施，以督促租船人实现快装快卸。

装卸时间或称装卸期限是指租船人承诺在一定期限内完成装卸作业，它是程租船合同的一项重要内容。装卸期限可用若干日表示，也可用装卸率表示，即平均每天装卸若干吨。此外，还要规定哪些时间应算为工作日，哪些时间除外。装卸时间的计算通常有以下几种。

①按日（days）或连续日或时（running or consecutive days/hours），是指时间连续满24小时就算一日或连续日。

②按工作日（working days），是指按港口习惯，属于正常工作的日子。

③按晴天工作日（weather working days），是指既是工作日，又是适宜装卸的天气才计算为装卸时间。

④连续24小时晴天工作日（weather working days of consecutive 24 hours）。

在规定的装卸期限内，如果租船人未能完成装卸作业，为了弥补船方的损失，对超过的时间租船人应向船方支付一定的罚款。这种罚款称为"滞期费"或"延滞费"。反之，如果租船人在规定的装卸期限内，提前完成装卸作业，则所节省的时间船方要向租船人支付一定的奖金。这种奖金称为"速遣费"，后者一般为前者的二分之一。

【实例2-20】

A公司出口化肥120000公吨，租船合同对装卸条件的规定如下。①连续24小时晴天工作日，星期六、日和节假日除已使用的不算。②每一工作日装货2000公吨，6天装卸完毕。滞期一天罚款5000美元，速遣奖励减半。

装货时间表

日期	星期	工作记录
7月15日	四	8时到24时工作
7月16日	五	0时到24时工作
7月17日	六	0时到18时工作
7月18日	日	8时到24时加班（有4小时下雨停工）
7月19日	一	8时到24时加班（有3小时下雨停工）
7月20日	二	0时到5时装货

试计算应付的滞期费或应得的速遣费是多少？

解：约定工作时间 = $6 \times 24 = 144$（小时）

实际工作时间 = $16 + 24 + 18 + 12 + 13 + 5 = 88$（小时）

速遣费 = $(144 - 88) \div 24 \times 2500 \approx 5833.33$（美元）

答：应得的速遣费为5833.33美元。

二、航空运费

国际贸易中的航空运费是在国际航空运输协会（IATA）的控制之下制定的，全世界主要航空公司都是它的会员。国际空运业务有98%是服从IATA规则的，这可能使空运费率方面不存在竞争。

国际航空货运按计价重量收费，即按实际毛重或体积折合重量两者中孰高来计算。这时一种货物重1千克，而其体积大于7000立方厘米（合427立方英寸）时为标准密度，凡货物密度低的（即相对来说体积大而重量轻的），则每7000立方厘米即算作1千克。但这一折算率在各个航空公司是不同的。在某些国家，例如中国，是 6000 立方厘米或 366 立方英寸折合 1 千克的。

（一）空运费率形式

（1）特别商品费率（代号 SCR）。150 多种在费率表上列名的运量较大经常承运的货运，在特定起运空港和到达空港之间的航线上可以享受较低的费率。

（2）商品分级费率（代号 CCR）。凡不适用 SCR 的，就采用此费率，例如新闻报纸、书籍、期刊、商品目录、某些形式的金和铂、钻石、活动物、人类尸体等。

（3）普通货物费率（代号 GCR）。凡不属于 SCR 及 CCR 的一般货物适用的基本费率。

由于竞争激烈，尽管运费率是明确的，但仍秘密地存在着暗扣。不仅如此，还有一些空运代理人帮助发货人把货物拼凑成一个较大的托运批次，以求获得更便宜的运费。这一实践相似于海运中拼箱货进集散站的运作。

（二）普通货物运价计算

普通货物运价（General Cargo Rate，GCR）是指除了等级货物运价和指定商品运价以外的适合于普通货物运输的运价。该运价公布在"TACT Rates Books Section 4"中。

通常，普通货物运价根据货物重量不同，分为若干个重量等级分界点运价。例如"N"表示标准普通货物运价（Normal General Cargo Rate），是指 45 公斤以下的普通货物运价（如无 45 公斤以下运价时，N 表示 100 公斤以下普通货物运价）。同时，普通货物运价还公布有"Q45"、"Q100"、"Q300"等不同重量等级分界点的运价。这里"Q45"表示 45 公斤以上（包括 45 公斤）普通货物的运价，依此类推。对于 45 公斤以上的不同重量分界点的普通货物运价均用"Q"表示。

用货物的计费重量和其适用的普通货物运价计算而得的航空运费不得低于运价资料上公布的航空运费的最低收费标准（M）。

这里，代号"N""Q""M"在 AWB 的销售工作中，主要用于填制货运单运费计算栏中"RAT CLASS"一栏。

1. 计算步骤的术语解释

Volume：体积

Volume Weight：体积重量

Chargeable Weight：计费重量

Applicable Rate：适用运价

Weight charge：航空运费

2. 计算

Routing：BEIJING，CHINA（BJS）

　　　　 to TOKYO，JAPAN（TYO）

Commodity：Sample

Gross Weight：25.2 kgs

Dimensions：82cm×48cm×32cm

计算该票货物的航空运费。

公布运价如下：

BEIJING	CN		BJS
Y. RENMINBI	CNY		KGS
TOKYO	JP	M	230.00
		N	37.51
		45	28.13

解：

Volume：$82cm \times 48cm \times 32cm = 125952 cm^3$

Volume Weight：$125952 cm^3 \div 6000 cm^3/kg = 20.99 kgs \approx 21.0 kgs$

Gross Weight：25.2 kgs

Chargeable Weight：25.5 kgs

Applicable Rate：GCR N 37.51 CNY/KG

Weight charge：$25.5 \times 37.51 = CNY 956.51$

航空货运单运费计算栏填制如下：

No. of Pieces RCP	Gross Weight	Kg Lb	Rate Class		Chargeable Weight	Rate/ Charge	Total	Nature and Quantity of Goods (Incl dimensions Volumn)
			N	Commodity Item No.				
1	25.2	K			25.5	37.51	956.51	SAMPLE DIMS：82cm× 48cm×32cm

【实例 2-21】

Routing：BEIJING，CHINA（BJS）
　　　　 to AMSTERDAM，HOLLAND（AMS）

Commodity：Toys

Gross Weight：38.6 kgs

Dimensions：101cm×58cm×32cm

计算该票货物的航空运费。

公布运价如下：

BEIJING Y. RENMINBI	CN CNY		BJS KGS
AMSTERDAM	NL	M	230.00
		N	50.22
		45	41.53
		300	37.51

解：

（1）按实际重量计算

Volume：101cm×58cm×32cm = 187456cm^3

Volume Weight：187456cm^3÷6000cm^3/kg = 31.24kgs≈31.5kgs

Gross Weight：38.6 kgs

Chargeable Weight：39.0 kgs

Applicable Rate：GCR N 50.22 CNY/KG

Weight charge：39.0×50.22 = CNY1958.58

（2）采用较高重量分界点的较低运价计算

Chargeable Weight：45.0 kgs

Applicable Rate：GCR Q 41.53CNY/KG

Weight Charge：41.53×45.0 = CNY1868.85

（1）与（2）比较，取运费较低者。

Weight charge：CNY1868.85

航空货运单运费计算栏填制如下：

No. of Pieces RCP	Gross Weight	Kg Lb	Q	Rate Class / Commodity Item No.	Chargeable Weight	Rate/ Charge	Total	Nature and Quantity of Goods (Incl dimensions Volume)
1	38.6	K			45.0	41.53	1868.85	Toys 101cm×58cm×32cm

三、公路运费

在欧、亚、中东的国际公路拖车运输市场近年来有了显著的发展。国际公路货运商索取的运费率是根据货物的体积或重量中较高者计算。运费还和商品的等级、产地和目的地等有关。货物体积每3立方米折算为1吨后采用 W/M（孰高）计算。

【实例2-22】

香港某进口商向大连服装厂询问一批西服的 CIF 伦敦价，并要求单独报出使用海、陆、空三种运输方式的运费以作决定。

已知：

从大连发货到香港，全部打包为6只3层纸箱，每一纸箱的尺码是 120×80×80 立方厘米，重50千克。

运费率为：

空运：每收费重量千克为 W/MUSD2.50

海运：每吨 USD100

公路：每收费重量1000千克为 USD200

收费重量/体积比率分别假定如下：

空运：6立方米=1000千克

海运：1立方米=1000千克

公路：3立方米=1000千克

解：

（1）空运形式：

重量吨：6×50千克 = 300千克

体积吨：

$$6 \text{ 箱} = 6 \times \frac{120 \times 80 \times 80}{1000000} \times \frac{1000 \text{ 千克}}{6 \text{ 立方米}}$$

$= 6 \times 128$ 千克 $= 768$ 千克

W/M：

空运总运费 = 体积折重 768 千克 × 2.50 = USD1920

（2）海运形式：

重量吨：6×50 千克 $= 300$ 千克

体积吨：

$$6 \text{ 箱} = 6 \times \frac{120 \times 80 \times 80}{1000000} \times \frac{1000 \text{ 千克}}{1 \text{ 立方米}}$$

$= 6 \times 768$ 千克 $= 4608$ 千克

W/M：

海运总运费 = 体积折重 4608 千克 × 100 ÷ 1000 千克 = USD460.80

（3）公路形式：

重量吨：6×50 千克 $= 300$ 千克

体积吨：

$$6 \text{ 箱} = 6 \times \frac{120 \times 80 \times 80}{100^3 \times 3} \times 1000 \text{ 千克}$$

$= 1536$ 千克

W/M：

公路总运费 = 1536 千克 × 0.20 = USD307.20

第五节　保险费计算办法

一、保险金额（Insured Amount）

按照国际保险市场的习惯做法，出口货物的保险金额一般按 CIF 货价另加 10% 计算，这增加的 10% 叫保险加成，也就是买方进行这笔交易所付的费用和预期利润。保险金额计算的公式是：

保险金额 = CIF 货值 × （1 + 加成率）

二、保险费（Premium）

保险费率（Premium Rate）是由保险公司根据一定时期、不同种类货物的赔付率，按不同险别和目的地确定的。

保险费则根据保险费率表按保险金额计算，其计算公式是：保险费

= 保险金额 × 保险费率。

【实例 2-23】

长润进出口公司以每件 15 美元向美国杰盛公司出口女连衣裙 2000 打。货物出口前，由东海进出口公司向中国人民保险公司投保水渍险、包装破裂险及淡水雨淋险。水渍险、包装破裂险及淡水雨淋险的保险费率分别为 0.6%、0.1% 和 0.3%，按发票金额 110% 投保。试计算该批货物的投保金额和保险费。

解：投保金额 = CIF 总值 × 110%
　　　　　　 = 15 × 12 × 2000 × 110%
　　　　　　 = 396000（美元）

保险费 = 投保金额 × 保险费率
　　　 = 396000 ×（0.6% + 0.1% + 0.3%）
　　　 = 3960（美元）

答：该批货物的投保金额是 396000 美元，保险费是 3960 美元。

第六节　进出口税费的计算

海关征收的关税、进口环节税、滞纳金、滞报金等一律以人民币计征。税款的起征点为人民币 50 元。进出口货物应当适用海关接受该货物申报进口或者出口之日实施的税率。

一、进出口关税税款的计算

（一）进口关税税款的计算

进口关税计征方法包括从价税、从量税、复合税和滑准税等。

1. 从价税

（1）从价税计税依据

从价税是以进口货物的完税价格作为计税依据，以应征税额占货物完税价格的百分比作为税率，货物进口时以此税率和实际完税价格相乘计算应征税额。

（2）计算公式

应征税额 = 进口货物的完税价格 × 进口从价税税率

减税征收的进口关税税额 = 进口货物的完税价格 × 减按进口关税税率

(3) 计算程序

①按照归类原则确定税则归类,将应税货物归入适当的税号。

②根据原产地规则和税率适用规定,确定应税货物所适用税率。

③根据完税价格审定办法的有关规定,确定应税货物的 CIF 价格。

④根据汇率适用规定,将以外币计价的 CIF 价格折算成人民币(完税价格)。

⑤按照计算公式正确计算应征税款。

(4) 计算实例

【实例 2-24】

国内某公司从日本购进轿车 10 辆,成交价格合计为 FOB 东京 120000.00 美元,实际支付运费 5000 美元,保险费 800 美元。计算应征进口关税。(1 美元 = 人民币 6.82 元)

解:

确定税则归类,汽缸容量 2000cc 的小轿车归入税号 8703.2314;

原产国日本适用最惠国税率 25%;

审定完税价格为 125800 美元(120000.00 美元 + 5000 美元 + 800 美元);

将外币价格折算成人民币为 857956 元(125800 美元 × 6.82)

应征进口关税税额 = 完税价格 × 法定进口关税税率

$$= 857956 \times 25\%$$

$$= 214489.00（元）$$

【实例 2-25】

国内某公司从美国购进柴油船用发动机 4 台,成交价格合计为 CIF 广州 1360000.00 美元。经批准该发动机进口关税税率减按 1% 计征。实际支付运费 5000 美元,保险费 800 美元。计算应征进口关税。(1 美元 = 人民币 6.82 元)

解:

确定税则归类,该发动机归入税号 8408.1000;

原产国美国适用最惠国税率 5%,减按 1% 计征;

审定 CIF 价格为 1360000.00 美元;

将外币价格折算成人民币为 9275200 元(1360000 美元 × 6.82)

应征进口关税税额 = 完税价格 × 减按进口关税税率

= 9275200 × 1%
= 92752.00（元）

2. 从量税

（1）从量税的计征方法

从量税是以进口商品的数量、体积、重量等计量单位计征关税的方法。计算时以货物的数量（体积、重量）乘以每单位应纳税金额即可得出该货物的关税税额。

（2）计算公式

应征税额 = 进口货物数量 × 单位税额

（3）计算程序

①按照归类原则确定税则归类，将应税货物归入适当的税号。

②根据原产地规则和税率适用规定，确定应税货物所适用税率。

③确定其实际进口量。

④如计征进口环节增值税，根据完税价格审定的有关规定，确定应税货物的 CIF 价格。

⑤根据汇率适用规定，将外币折算成人民币（完税价格）。

⑥按照计算公式正确计算应征税款。

（4）计算实例

【实例 2-26】

国内某公司从香港进口柯达胶卷 100800 卷（宽度 35 毫米，长度 1.8 米），成交价格为 CIF 青岛 10 港币/卷，规格 "135/36" 的彩色胶卷 1 卷 = 0.05775 平方米，计算应征进口关税。（100 港币 = 人民币 87.91 元）

解：

确定税则归类，彩色胶卷归入税号 3702.5410；

原产地香港适用最惠国税率 28 元/平方米；

审定其实际进口量 100800 卷 × 0.05775 平方米/卷 = 5821.20 平方米；

应征进口关税税额 = 货物数量 × 单位税额

= 5821.20 平方米 × 28 元/平方米

= 162993.60（元）

审定完税价格为 100800 卷 × 10 港币/卷 = 1008000 港币，将外币折算成人民币为 1008000 港币 × 0.8791 = 886132.80 元（计征进口环节增值税时需要)。

3. 复合税

(1) 复合税的概念

复合税是在《进出口税则》中,一个税目中的商品同时使用从价、从量两种标准计税,计税时以两者之和作为应征税额征收的关税。

我国目前对录像机、放映机、摄像机、非家用型摄录一体机、部分数字照相机等进口商品征收复合关税。

(2) 计算公式

应征税额 = 进口货物数量 × 单位税额 + 进口货物的完税价格 × 进口从价税税率

(3) 计算程序

①按照归类原则确定税则归类,将应税货物归入适当的税号。

②根据原产地规则和税率适用规定,确定应税货物所适用税率。

③确定其实际进口量。

④根据完税价格审定的有关规定,确定应税货物的完税价格。

⑤根据汇率适用规定,将外币折算成人民币。

⑥按照计算公式正确计算应征税款。

(4) 计算实例

【实例 2-27】

国内某公司,从日本购进广播级电视摄像机 40 台,其中 20 台成交价格为 CIF 宁波 4000 美元/台,其余 20 台成交价格为 CIF 宁波 5200 美元/台,计算应征进口关税。(1 美元 = 人民币 6.82 元)

解:

确定税则归类,该批摄像机归入税号 8525.8012;

货物原产国为日本,关税税率适用最惠国税率,经查关税税率为:完税价格不高于 5000 美元/台的,关税税率执行单一从价税 35%,完税价格高于 5000 美元/台的,每台征收从量税,税额为 12960 元,再加 3% 的从价税;

确定后成交价格合计为 80000 美元(每台 4000 美元的 20 台)和 104000 美元(每台 5200 美元的 20 台);

将外币价格折算成人民币为 545600 元和 709280 元;

按照计算公式分别计算进口关税税款。

单一从价进口关税税额 = 完税价格 × 进口关税税率
$$= 545600 \times 35\%$$
$$= 190960.00 （元）$$
复合进口关税税额 = 货物数量 × 单位税额 + 完税价格 × 关税税率
$$= 20 \times 12960 \text{ 元/台} + 709280 \times 3\%$$
$$= 259200.00 + 21278.40$$
$$= 280478.40 （元）$$
合计进口关税税额 = 从价进口关税税额 + 复合进口关税税额
$$= 190960.00 + 280478.40$$
$$= 471438.40 （元）$$

4. 滑准税

（1）滑准税的概念

滑准税是在《进出口税则》中预先按产品的价格高低分档制定若干不同的税率，然后根据进口商品价格的变动而增减进口税率的一种关税。当商品价格上涨时采用较低税率，当商品价格下跌时则采用较高税率，其目的是使该种商品的国内市场价格保持稳定。

（2）计算公式

2007年我国对关税配额外进口的一定数量的棉花（税号5201.0000）实行6%~40%的滑准税。当关税配额外进口棉花完税价格高于或等于11.397元/千克时，暂定关税税率为6%；当关税配额外进口棉花完税价格低于11.397元/千克时，暂定关税税率按下述公式计算：

$$R_i = \frac{\text{INT}\left[\left(\frac{P_t}{P_i \times E} + \alpha + P_i \times E - 1\right) \times 1000 + 0.5\right]}{1000} (R_i \leq 40\%)$$

其中：R_i 为暂定关税税率，当 R_i 按上式计算值高于40%时，取值40%

P_t 为常数，为8.8元/千克

P_i 为关税完税价格，CIF价格，单位为"美元/千克"

E 为美元汇率

α 为常数，为2.526%

INT 为取整函数（即：小数点后面的数一律舍去）

应征税款计算公式为：

应征进口关税税额 = 完税价格 × 关税税率

(3) 计算程序

①按照归类原则确定税则归类,将应税货物归入适当的税号。
②根据原产地规则和税率适用规定,确定应税货物所适用的税率种类。
③根据完税价格审定的有关规定,确定应税货物的完税价格。
④根据关税税率计算公式计算关税税率。
⑤根据汇率适用规定,将外币折算成人民币。
⑥按照计算公式正确计算应征税款。

(4) 计算实例

【实例 2-28】

国内某公司购进配额外未梳棉花 1 吨,原产地为美国,成交价格为 CIF 上海 900 美元/吨。企业已向海关提交由国家发改委授权机构出具的"关税配额外优惠关税税率进口棉花配额证",经海关审核确认后,征收滑准关税。计算应征进口关税税款。(1 美元 = 人民币 7.71 元)

解:

确定税则归类,未梳棉花归入税目税号 5201.0000.08;

确定关税税率,审定完税价格 $900 \times 7.71 \div 1000 = 6.939$ (元/千克),将此完税价格与 11.397 元/千克作比较,鉴于 6.939 (元/千克) 低于 11.397 元/千克,该进口货物原产国适用最惠国税率,根据"当关税配额外进口棉花完税价格低于 11.397 元/千克时,暂定关税税率为 ≤40%(滑准关税税率),即:当计算的关税税率小于 40%,按照计算的关税税率计征关税;若计算的关税税率大于 40%,则按照 40% 的关税税率计征关税的规定和进口暂定关税税率(滑准关税税率)公式,计算该货物的暂定关税税率:

$$暂定关税税率 = \frac{\text{INT}\left[\left(\frac{8.8}{0.9 \times 7.71} + 2.526\% \times 0.9 \times 7.71 - 1\right) \times 1000 + 0.5\right]}{1000}$$

$$= \frac{443}{1000} = 44.3\%$$

该滑准关税税率计算后为 44.3%,大于 40%,按照 40% 的关税税率计征关税。

应征进口关税税额 = 完税价格(美元)× 汇率 × 暂定关税税率
= $900 \times 7.71 \times 40\%$
= 2775.60 (元)

【实例 2-29】

国内某公司购进配额外未梳棉花 1 吨,原产地为美国,成交价格为 CIF 上海 1000 美元/吨。企业已向海关提交由国家发改委授权机构出具的"关税配额外优惠关税税率进口棉花配额证",经海关审核确认后,征收滑准关税。计算应征进口关税税款。(1 美元 = 人民币 7.71 元)

解:

确定税则归类,未梳棉花归入税目税号 5201.0000.08;

确定关税税率,审定完税价格 1000 × 7.71 ÷ 1000 = 7.710(元/千克),将此完税价格与 11.397 元/千克作比较,鉴于 7.710(元/千克)低于 11.397 元/千克,该进口货物原产国适用最惠国税率,根据"当关税配额外进口棉花完税价格低于 11.397 元/千克时,暂定关税税率为≤40%(滑准关税税率),即:当计算的关税税率小于 40%,按照计算的关税税率计征关税;若计算的关税税率大于 40%,则按照 40% 的关税税率计征关税的规定和进口暂定关税税率(滑准关税税率)公式,计算该货物的暂定关税税率:

$$暂定关税税率 = \frac{INT\left[\left(\frac{8.8}{1 \times 7.71} + 2.526\% \times 1 \times 7.71 - 1\right) \times 1000 + 0.5\right]}{1000}$$

$$= \frac{336}{1000} = 33.6\%$$

该滑准关税税率计算后为 33.6%,小于 40%,按照实际计算的关税税率计征关税。

应征进口关税税额 = 完税价格(美元)× 汇率 × 暂定关税税率
= 1000 × 7.71 × 33.6%
= 2590.56(元)

【实例 2-30】

国内某公司购进配额外未梳棉花 1 吨,原产地为美国,成交价格为 CIF 上海 1500 美元/吨。企业已向海关提交由国家发改委授权机构出具的"关税配额外优惠关税税率进口棉花配额证",经海关审核确认后,征收滑准关税。计算应征进口关税税款。(1 美元 = 人民币 7.71 元)

解:

确定税则归类,未梳棉花归入税目税号 5201.0000.08;

确定关税税率,审定完税价格 1500 × 7.71 ÷ 1000 = 11.565(元/千克),将此完税价格与 11.397 元/千克作比较,鉴于 11.565(元/千克)

高于11.397元/千克，该进口货物原产国适用最惠国税率，根据"当关税配额外进口棉花完税价格高于或等于11.397元/千克时，暂定关税税率为6%"的规定，该货物的暂定关税税率6%。

$$应征进口关税税额 = 完税价格（美元）\times 汇率 \times 暂定关税税率$$
$$= 1500 \times 7.71 \times 6\%$$
$$= 693.90（元）$$

（二）反倾销税税款的计算

1. 反倾销税的概念

反倾销税是为抵制外国商品倾销进口，保护国内生产而征收的一种进口附加税，即在倾销商品进口时除征收进口关税外，再征收反倾销税。

2. 计算公式

$$反倾销税税额 = 完税价格 \times 适用的反倾销税税率$$

3. 计算程序

（1）按照归类原则确定税则归类，将应税货物归入适当的税号。
（2）根据反倾销税有关规定，确定应税货物所适用的反倾销税税率。
（3）根据完税价格审定的有关规定，确定应税货物的完税价格。
（4）根据汇率适用规定，将外币折算成人民币。
（5）按照计算公式正确计算应征反倾销税税款。

4. 计算实例

【实例2-31】

国内某公司从韩国购进厚度为0.7毫米的冷轧板卷200吨，成交价格为CIF大连560美元/吨，生产厂商为韩国××制钢株式会社，计算应征的反倾销税税款。（1美元 = 人民币6.82元）

解：

确定税则归类，厚度为0.7毫米的冷轧卷板归入税号7209.1790；

根据有关规定，进口韩国厂商韩国××制钢株式会社生产的冷轧卷板反倾销税税率为14%；

审定完税价格为112000美元；

将外币价格折算成人民币为763840.00元；

$$反倾销税税额 = 完税价格 \times 反倾销税税率$$
$$= 763840.00 \times 14\%$$
$$= 106937.60（元）$$

(三)出口关税税款的计算

目前,我国仅对一小部分关系到国计民生的重要出口商品征收出口关税。

我国出口关税有从价和从量征收两种计征标准。此处只介绍实行从价计征标准的出口关税的计算方法。

1. 计算公式

应征税额 = 出口货物完税价格 × 出口关税税率

$$出口完税价格 = \frac{成交价格}{1 + 出口关税税率}$$

2. 计算程序

(1)按照归类原则确定税则归类,将应税货物归入适当的税号。
(2)根据完税价格审定的有关规定,确定应税货物的成交价格。
(3)根据汇率适用规定,将外币折算成人民币。
(4)按照计算公式正确计算应征出口关税税款。

3. 计算实例

【实例2-32】

国内某企业从厦门出境合金生铁一批,申报出口量95吨,每吨成交价格为96美元,计算出口关税。(1美元 = 人民币6.82元)

解:

确定税则归类,该批合金生铁归入税号7201.5000,税率为20%;

审定FOB为9120美元;

将外币价格折算成人民币为62198.40元;

$$出口关税税额 = \frac{成交价格}{1 + 出口关税税率} \times 出口关税税率$$

$$= \frac{62198.40}{1 + 20\%} \times 20\%$$

$$= 51832 \times 20\%$$

$$= 10366.40 \ (元)$$

二、进口环节海关代征税的计算

(一)消费税税款的计算

1. 计算公式

(1)从价征收的消费税按照组成的计税价格计算。其计算公式为:

应纳税额 = 消费税组成计税价格 × 消费税税率

$$消费税组成计税价格 = \frac{关税完税价格 + 关税税额}{1 - 消费税税率}$$

（2）从量征收的消费税的计算公式为：

应纳税额 = 应征消费税消费品数量 × 单位税额

（3）同时实行从量、从价征收的消费税是运用上述两种征税方法计算的税额之和，其计算公式为：

应纳税额 = 应征消费税消费品数量 × 单位税额 + 消费税组成计税价格 × 消费税税率

2. 计算程序

（1）按照归类原则确定税则归类，将应税货物归入适当的税号。

（2）根据有关规定，确定应税货物所适用的消费税税率。

（3）根据完税价格审定的有关规定，确定应税货物的 CIF 价格。

（4）根据汇率适用规定，将外币折算成人民币（完税价格）。

（5）按照计算公式正确计算消费税税款。

3. 计算实例

【实例 2-33】

某进出口公司进口丹麦产啤酒 3800 升，经海关审核其成交价格总值为 CIF 上海 1672 美元。现计算应征的税款。（1 美元 = 人民币 6.82 元）

解：

确定税则归类，啤酒归入税号 2203.0000；

消费税税率为从量税，进口完税价格 ≥ 370 美元/吨的消费税税率为 250 元/吨，进口完税价格 ＜ 370 美元/吨的消费税税率为 220 元/吨；

进口啤酒数量：3800 升 ÷ 988 升/吨 = 3.846 吨，计算完税价格单价：1672 美元 ÷ 3.846 吨 = 434.74 美元/吨（进口完税价格 ＞ 370 美元/吨），则消费税税率为 250 元/吨。

按照计算公式计算进口环节消费税。

进口环节消费税税额 = 应征消费税消费品数量 × 单位税额

= 3.846 吨 × 250 元/吨

= 961.50 元

(二) 增值税税款的计算

1. 计算公式

应纳税额 = 增值税组成价格 × 增值税税率

增值税组成价格 = 进口关税完税价格 + 进口关税税额 + 消费税额

2. 计算实例

【实例 2-34】

某公司进口货物一批,经海关审核其成交价格为 1200 美元,已知该批货物的关税税率为 12%,消费税税率为 10%,增值税税率为 17%,计算应征增值税税额。(1 美元 = 人民币 6.82 元)

解:

首先计算关税税额,然后计算消费税税额,最后再计算增值税税额。将外币价格折算成人民币为 8184.00 元。

计算关税税额:

应征关税税额 = 完税价格 × 关税税率

$$= 8184 \times 12\%$$

$$= 982.08 \text{(元)}$$

计算消费税税额:

$$应征消费税税额 = \frac{关税完税价格 + 关税税额}{1 - 消费税税率} \times 消费税税率$$

$$= \frac{8184 + 982.08}{1 - 10\%} \times 10\%$$

$$= 10184.53 \times 10\%$$

$$= 1018.45 \text{(元)}$$

计算增值税税额:

应征增值税税额 = (关税完税价格 + 关税税额 + 消费税额) × 增值税税率

$$= (8184 + 982.08 + 1018.45) \times 17\%$$

$$= 10184.53 \times 17\%$$

$$= 1731.37 \text{(元)}$$

【实例 2-35】

某进出口公司进口某批不用征收进口消费税的货物,经海关审核其成交价格总值为 CIF 连云港 800 美元。已知该批货物的关税税率为 35%,

增值税税率为17%。现计算应征增值税税额。(1美元=人民币6.82元)

解：

首先计算关税税额，然后再计算增值税税额。

计算关税税额：

应征关税税额 = 完税价格 × 关税税率

　　　　　　= 800 × 6.82 × 35%

　　　　　　= 5456 × 35%

　　　　　　= 1909.60（元）

计算增值税税额：

应征增值税税额 =（完税价格 + 关税税额）× 增值税税率

　　　　　　　=（5456 + 1909.60）× 17%

　　　　　　　= 7365.60 × 17%

　　　　　　　= 1252.15（元）

三、滞纳金的计算

按照规定，海关征收的关税、进口环节增值税和消费税、船舶吨税，如纳税义务人或其代理人逾期缴纳税款的，应缴纳税款滞纳金。其计算公式为：

关税滞纳金金额 = 滞纳关税税额 × 0.5‰ × 滞纳天数

进口环节海关代征税滞纳金金额 = 滞纳的进口环节海关代征税税额 × 0.5‰ × 滞纳天数

根据《海关法》的规定，进出口货物的纳税义务人，应当自海关填发税款缴款书之日起15日内缴纳税款；逾期缴纳的，由海关征收滞纳金。在实际计算纳税期限时，应从海关填发税款缴款书之日的第二天起计算，当天不计入。缴纳期限的最后一日是星期六、星期日或法定节假日，则关税缴纳期限顺延至周末或法定节假日过后的第一个工作日。如果税款缴纳期限内含有星期六、星期日或法定节假日则不予扣除。滞纳天数按照实际滞纳天数计算，其中的星期六、星期日或法定节假日一并计算。

【实例2-36】

国内某公司从日本进口轿车一批，已知该批货物应征关税税额为人民币352793.52元，应征进口环节消费税为人民币72860.70元，进口环节增值税税额为人民币 247726.38 元。海关于 2008 年 5 月 15 日填发海关专用缴款书，该公司于 2008 年 6 月 10 日缴纳税款。现计算应征的滞纳金。

计算方法：

首先确定滞纳天数，然后再计算应缴纳的关税、进口环节消费税和增值税的滞纳金。

税款缴款期限为 2008 年 5 月 30 日（星期五），5 月 31 日～6 月 10 日为滞纳期，共滞纳 11 天。

按照计算公式分别计算进口关税、进口环节消费税和增值税的滞纳金。

关税滞纳金 = 滞纳关税税额 × 0.5‰ × 滞纳天数
　　　　　= 352793.52 × 0.5‰ × 11
　　　　　= 1940.36（元）

进口环节消费税滞纳金 = 进口环节消费税税额 × 0.5‰ × 滞纳天数
　　　　　　　　　　= 72860.70 × 0.5‰ × 11
　　　　　　　　　　= 400.73（元）

进口环节增值税滞纳金 = 进口环节增值税税额 × 0.5‰ × 滞纳天数
　　　　　　　　　　= 247726.38 × 0.5‰ × 11
　　　　　　　　　　= 1362.50（元）

第七节　进出口报价

一、出口报价核算

上述分别对成本核算的相关内容进行了阐述，下面就有关出口报价进行练习。所谓出口报价是出口商向国外客户出售某商品报出的价格。在计算价格时，首先需要明确价格的构成，即所报价格将由哪些部分组成，然后则需要清楚了解各组成部分的计算方法，也就是出口成本、各项费用以及利润的计算依据，最后将各部分加以合理地汇总即可。

由于在国际贸易中，FOB、CIF 和 CFR 价格是最常用的贸易术语，因此就这三种价格核算进行阐述。

（一）FOB 价格核算

FOB 价 = 出口成本 + 预期利润额

=实际购货成本+单位产品国内总费用+预期利润额

或：

FOB 价=实际购货成本+单位产品国内总费用+佣金+预期利润额

（二）CFR 价格核算

CFR 价格=出口成本+出口运费+预期利润额

或：

CFR 价=实际购货成本+单位产品国内总费用+单位产品出口运费+佣金+预期利润额

（三）CIF 价格核算

CIF 价=出口成本+出口运费+运输保险+预期利润额

或：

CIF 价=实际购货成本+单位产品国内总费用+单位产品出口运费+运输保险费+佣金+预期利润额

下面通过一个具体的案例，来说明出口报价核算操作。

二、出口报价核算应用实例

长润进出口公司收到韩国进口商求购 18 吨香菇的询盘，该商品国内的进货价为每吨 5800 元人民币（含增值税 17%），出口包装费每吨 520 元，该批货物国内运杂费计 1150 元，出口商检费 320 元，报关费 100 元，港区港杂费 980 元，其他各种费用共计 1500 元。长润进出口公司向银行贷款的年利率为 7.5%，预计垫款时间为两个月，银行手续费率为 0.5%（按成交价格计），出口香菇的退税率为 3%，海洋运费从装运港上海至韩国釜山一个 20 英尺集装箱的包箱费率是 1000 美元，用户要求按成交价的 110% 投保，保险费率 0.85%，韩国商人要求在报价中包括 3% 的佣金。若长润进出口公司的预期利润是 10%（以成交金额计），人民币对美元汇率为 7.97：1，试报出每吨出口商品的 FOB、CFR 和 CIF 价格。为保持数据的相对准确性，运算过程保留四位小数，最终报价保留两位小数。

解：

（1）实际购货成本=购货价格-出口退税额

$$=5800 \times (1+17\% - 退税率) \div (1+17\%)$$

$$=5800 \times (1+17\% - 3\%) \div (1+17\%)$$

$$=5800 \times 1.14 \div 1.17 = 5651.2821 \text{ 元/吨}$$

费用：

国内费用 = 520 + （1150 + 320 + 100 + 980 + 1500）÷ 18 + 5800 × 7.5% × (2 ÷ 12)

$\qquad$ = 520 + 225 + 72.5

$\qquad$ = 817.50 元人民币/吨（注：贷款利息通常根据进货成本来核算）

银行手续费 = 报价 × 0.5%

客户佣金 = 报价 × 3%

出口运费 = 1000 ÷ 18 = 55.5556 美元 = 55.5556 美元 × 7.97

$\qquad$ = 442.7781 元

出口保费 = CIF 价 × 110% × 0.85%

利润 = 报价 × 10%

（2）FOB 报价（折成美元）

FOB 报价 = (实际购货成本 + 国内费用 + 佣金 + 银行手续费 + 预期利润)

$\qquad$ = (5651.2821 + 817.50 + 报价 × 3% + 报价 × 0.5% + 报价 × 10%)

FOBC3% = (5651.2821 + 817.50) ÷ (1 - 3% - 0.5% - 10%) ÷ 7.97

$\qquad$ = 6468.7821 ÷ 0.865 ÷ 7.97

$\qquad$ = 938.31 美元/吨

（3）CFR 报价

CFR 报价 = (实际购货成本 + 国内费用 + 出口运费 + 佣金 + 银行手续费 + 预期利润)

$\qquad$ = (5651.2821 + 817.50 + 442.7781 + 报价 × 3% + 报价 × 0.5% + 报价 × 10%)

CFRC3% = (5651.2821 + 817.50 + 442.7781) ÷ (1 - 3% - 0.5% - 10%) ÷ 7.97

$\qquad$ = 6911.5602 ÷ 0.865 ÷ 7.97

$\qquad$ = 1002.54 美元/吨

（4）CIF 报价

CIF 报价 = (实际购货成本 + 国内费用 + 出口运费 + 出口保险费 + 佣金 + 银行手续费 + 预期利润)

$\qquad$ = (5651.2821 + 817.50 + 442.7781 + 报价 × 110% × 0.85% + 报价 × 3% + 报价 × 0.5% + 报价 × 10%)

CIFC3% = (5651.2821 + 817.50 + 442.7781) ÷ (1 - 110% ×

0.85%−3%−0.5%−10%）÷7.97

   =6911.5602÷0.85565÷7.97

   =1013.50 美元/吨

通过以上计算，18 吨香菇的出口报价如下：

＄938.31 PER METRIC TON FOBC3% SHANGHAI

＄1002.54 PER METRIC TON CFRC3% BUSAN

＄1013.50 PER METRIC TON CIFC3% BUSAN

【实例 2-37】

出口价格核算

品名：餐具		货号：ART.158	
\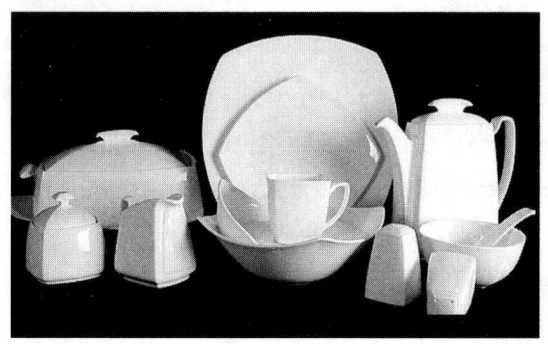			
计量单位：	套	包装：	纸箱
包装方式：	1pc/inner box, 4pc/carton		
每个纸箱尺码：	60cm（长）	50cm（宽）	40cm（高）
每个纸箱毛重/净重：	G.W.：15kg	N.W.：13kg	
报价数量：	160 套		

核算数据

采购成本：150 元人民币/套（含增值税）

出口费用：单位商品出口的包干费约为：￥2.50

    件杂货/拼箱海运费率为：（计费标准"M/W"）US＄60.00（每运费吨）

出口定额费率为：（按采购成本计）3.50%

垫款周期为：30 天

银行贷款年利率为：（1 年按 360 天计）8.00%

海运货物保险费率为：0.70 %

投保加成率为：10.00%

增值税率为：17.00%

出口退税率为：13.00%

国外客户的佣金为：（按报价计）3.00%

银行手续费率为：（按报价计）0.35%

汇率为：（1 美元兑换人民币）￥6.90

预期利润：销售利润率为：10.00%

要求：每一步计算都保留 4 位小数，且四舍五入。计算的每一步都填在下列表中。FOB 报价、CFR 报价和 CIF 报价均为美元/套。

参考答案及报价核算如下：

计算项目	计算过程	计算结果	单位
货物总体积	160÷4×（60×50×40）÷1000000	4.8	立方米
货物总毛重	160÷4×15÷1000	0.6	公吨
实际成本	150×（1+17%-13%）÷（1+17%）	133.33	人民币元/套
退税收入	150×13%÷（1+17%）	16.67	人民币元/套
贷款利息	150×8%×30÷360	1	人民币元/套
海洋运费	4.8×60÷160×6.90	12.42	人民币元/套
海运保险费	26.0728×（1+10%）×0.7%×6.90	1.3852	人民币元/套
出口业务定额费	150×3.50%	5.25	人民币元/套
包干费		2.50	人民币元/套
FOB 报价	（133.33+1+5.25+2.5）÷（1-3%-0.35%-10%）÷6.90 =142.08÷0.8665÷6.90	23.7638	美元/套

续表

计算项目	计算过程	计算结果	单位
CFR 报价	（133.33＋1＋5.25＋2.5＋12.42）÷（1－3%－0.35%－10%）÷6.90 ＝154.5÷0.8665÷6.90	25.8411	美元/套
CIF 报价	（133.33＋1＋5.25＋2.5＋12.42）÷［1－（1＋10%）×0.70%－3%－0.35%－10%］÷6.90 ＝154.5÷0.8588÷6.90	26.0728	美元/套

【实例 2-38】
出口价格核算

品名：餐具　　ART. 560			
计量单位：	套	包装：	纸箱
包装方式：	6 套/纸箱		
每个纸箱尺码：	49.5cm（长）	42cm（宽）	58cm（高）
每个纸箱毛重/净重：	G.W.：22kg	N.W.：19.5kg	
报价数量：	一个 20 英尺整箱可装 1100 套，一个 40 英尺整箱可装 2400 套		
报价数量/起订量：	一个 20 英尺集装箱		

核算数据

采购成本：88 元人民币/套（含增值税）

出口费用：单位商品出口的包干费为：￥2.50

20 英尺集装箱包干费为：￥850.00

40 英尺集装箱包干费为：￥1500.00

件杂货/拼箱海运费率为：（计费标准"M/W"）US $ 68.00（每运费吨）

20 英尺集装箱的海运包箱费为：US $ 1300.00

40 英尺集装箱的海运包箱费为：US $ 2250.00

出口定额费率为：（按采购成本计）3.50%

垫款周期为：60 天

银行贷款年利率为：（1 年按 360 天计）7.00%

海运货物保险费率为：0.75%

投保加成率为：10.00%

增值税率为：17.00%

出口退税率为：13.00%

银行手续费率为：（按报价计）0.35%

汇率为：（1 美元兑换人民币）￥8.01

预期利润：销售利润率为：8.00%

要求：每一步计算都保留 4 位小数，小于 1 的数值保留 5 位小数，且四舍五入。计算的每一步都填在下列表中。FOB 报价、CFR 报价和 CIF 报价均为美元/套。

参考答案及报价核算如下：

计算项目	计算过程	计算结果	单位
实际成本	88÷（1+17%）×（1+17%-13%）	78.2222	人民币元/套
退税收入	88÷（1+17%）×13%	9.7778	人民币元/套
贷款利息	88×7%×60÷360	1.0267	人民币元/套
包干费	850×1÷1000	0.7727	人民币元/套
海洋运费	1300×1÷1100×8.01	9.4664	人民币元/套
海运保险费	12.6635×（1+10%）×0.75%×8.01	0.8368	人民币元/套

计算项目	计算过程	计算结果	单位
FOB 报价	(78.2222 + 1.0267 + 88×3% + 0.7727) ÷ (1 − 0.35% − 8%) ÷ 8.01	11.2600	美元/套
CFR 报价	(78.2222 + 1.0267 + 88×3% + 0.7727 + 9.4664) ÷ (1 − 0.35% − 8%) ÷ 8.01	12.5495	美元/套
CIF 报价	(78.2222 + 1.0267 + 88×3% + 0.7727 + 9.4664) ÷ [1 − (1 + 10%) × 0.75% − 0.35% − 8%] ÷ 8.01	12.6635	美元/套

还价核算1：出口商报价后收到客户还价，表示其能够接受的单价为 US $11.80CIF，订购数量为一个40英尺集装箱。试根据客户的还价进行利润核算（按总量计）。

计算项目	计算过程	计算结果	单位
销售收入	2400 × 11.8 × 8.01	226843.2000	人民币元
退税收入	2400 × 88 ÷ (1 + 17%) × 13%	23466.6667	人民币元
实际成本	2400 × 88 ÷ (1 + 17%) × (1 + 17% − 13%)	187733.3333	人民币元
采购成本	88 × 2400	211200.0000	人民币元
贷款利息	211200 × 7% × 60 ÷ 360	2464.0000	人民币元
定额费	211200 × 3%	6336.0000	人民币元
包丁费	1500 × 1	1500.0000	人民币元
海洋运费	2250 × 1 × 8.01	18022.5000	人民币元
海运保险费	2400 × 11.8 × 8.01 × (1 + 10%) × 0.75%	1871.4564	人民币元
银行费用	11.8 × 8.01 × 0.35% × 2400	793.9512	人民币元
利润额	226843.2 − 187733.3333 − 2464 − 6336 − 1500 − 18022.5 − 1871.4564 − 793.9512	8121.9591	人民币元
销售利润率	8121.9591 ÷ 226843.2	3.58%	（百分比）
成本利润率	8121.9591 ÷ 211200	3.85%	（百分比）

还价核算2：如果接受客户还价，同时出口商又必须保持8%的销售利润率，在其他费用和订购数量保持不变的情况下，试进行还价成本核算（按单位商品计）。

计算项目	计算过程	计算结果	单位
销售收入	11.8×8.01	94.5180	人民币元/套
退税收入	83.511÷（1+17%）×13%	9.2790	人民币元/套
海洋运费	2250×1÷2400×8.01	7.5094	人民币元/套
海运保险费	11.8×（1+10%）×0.75%×8.01	0.7798	人民币元/套
银行费用	11.8×8.01×0.35%	0.3308	人民币元/套
包干费	1500×1÷2400	0.6250	人民币元/套
利润额	11.8×8.01×8%	7.5614	人民币元/套
贷款利息	85.511×7%×60÷360	0.9743	人民币元/套
定额费	85.511×3%	2.5053	人民币元/套
实际成本	85.511÷（1+17%）×（1+17%-13%）	74.2320	人民币元/套
采购成本	（94.518-7.5094-0.7798-0.3308-0.625-7.5614）÷［1-13%÷（1+17%）+3%+7%×60÷360］	83.5110	人民币元/套

注意：还价成本（采购成本）=收入（销售收入+退税收入）-各项费用-利润

=销售收入+退税收入-贷款利息-定额费-包干费-海洋运费-海运保险费-银行费用-利润

成交核算：经过磋商，买卖双方最终以每套 US＄12.20CIF 达成交易，成交数量为一个40英尺集装箱。试根据成交条件进行利润核算（按总量计）。

计算项目	计算过程	计算结果	单位
成交数量	2400×1	2400.0000	套
销售收入	2400×12.20×8.01	234532.8000	人民币元
退税收入	2400×88÷（1+17%）×13%	23466.6667	人民币元
实际成本	2400×88÷（1+17%）×（1+17%-13%）	187733.3333	人民币元

计算项目	计算过程	计算结果	单位
采购成本	88×2400	211200.0000	人民币元
贷款利息	88×2400×7%×60÷360	2464.0000	人民币元
定额费	88×2400×3%	6336.0000	人民币元
包干费	1500×1	1500.0000	人民币元
海洋运费	2250×1×8.01	18022.5000	人民币元
海运保险费	2400×12.20×8.01×(1+10%)×0.75%	1934.8960	人民币元
银行费用	12.20×8.01×0.35%×2400	820.8648	人民币元
利润额	234532.8-187733.3333-2464-6336-1500-18022.5-1934.896-820.8648	15721.2100	人民币元
销售利润率	15721.21÷234532.8	6.70%	（百分比）
成本利润率	15721.21÷211200	7.44%	（百分比）

【实例 2-39】

进口价格核算

品名：成套化妆品 ART.9988			
计量单位：	套	包装：	纸箱
包装方式：	8 套/纸箱		
每个纸箱尺码：	62cm（长）	42cm（宽）	56cm（高）
每个纸箱毛重/净重	G.W.：17kg	N.W.：15kg	

国外客户报价：$48.00/套（FOB 价），拟购 320 套

进口费用：进口包干费（不含税收）为：￥2560.00

　　　　　航空运费为每箱：$52.00

　　　　　银行费用为每笔交易：$180.00

公司业务费用总额为：¥6510.00

保险费率为：0.90%

投保加成率为：10.00%

进口关税税率为：10.00%

增值税税率为：17.00%

消费税税率为：30.00%

汇率为：1美元=8.01元人民币

预期利润率：进口成本的12.00%

要求：每一步计算都保留4位小数，小于1的数值保留5位小数，且四舍五入。

参考答案及报价核算如下：

计算项目	计算过程	计算结果	单位
进口运费	52×8.01÷8	52.0650	人民币元/套
进口保险费	(48×8.01+52.065)÷(1-1.1×0.9%)×1.1×0.9%	4.3650	人民币元/套
进口包干费	2560÷320	8.0000	人民币元/套
业务费用	6510÷320	20.3438	人民币元/套
银行费用	180×8.01÷320	4.5056	人民币元/套
关税完税价格	(48×8.01+52.0650)÷(1-1.1×0.9%)	440.9100	人民币元/套
关税额	440.91×10%	44.0910	人民币元/套
消费税完税价格	(440.91+44.091)÷(1-30%)	692.8586	人民币元/套
消费税额	692.8586×30%	207.8576	人民币元/套
代缴增值税完税价格	440.91+44.091+207.8576	692.8586	人民币元/套
代缴增值税额	692.8586×17%	117.7860	人民币元/套
进口利润额	48×8.01×8%	30.7584	人民币元/套
国内销售价格	(440.91+44.091+207.8576+8+20.3438+4.5056+30.7584)×1.17	885.0657	人民币元/套
销售税款	885.0657÷1.17×0.17	128.5993	人民币元/套
实缴增值税额	128.5993-117.786	10.8133	人民币元/套

计算项目	计算过程	计算结果	单位
销售利润率	30.7584÷894.0625	3.44%	（百分比）

　　还价核算1：进口商向国内用户报价后，国内用户还价为每套860.00元人民币，订购数量为320套。试根据客户还价进行利润核算（按总量计）。

计算项目	计算过程	计算结果	单位
销售收入	860×320	275200.0000	人民币元
销售税款	275200÷1.17×17%	39986.3248	人民币元
采购成本	48×8.01×320	123033.6000	人民币元
进口包干费	2560	2560.0000	人民币元
进口运费	52×8.01×320÷8	16660.8000	人民币元
进口保险费	（123033.6+16660.8）÷（1-1.1×0.9%）×1.1×0.9%	1396.8029	人民币元
银行费用	180×8.01	1441.8000	人民币元
业务费用	6510	6510.0000	人民币元
关税完税价格	（123033.6+16660.8）÷（1-1.1×0.9%）	141091.2029	人民币元
关税税额	141091.2029×10%	14109.1203	人民币元
消费税完税价格	（141091.2029+14109.1203）÷（1-30%）	221714.7474	人民币元
消费税额	221714.7474×30%	66514.4242	人民币元
代缴增值税完税价格	141091.2029+14109.1203+66514.4242	221714.7474	人民币元
代缴增值税额	221714.7474×17%	37691.5071	人民币元
进口利润额	275200-39986.3248-123033.6-2560-16660.8-1396.8029-1441.8-6510-14109.1203-66514.4242	2987.1278	人民币元
销售利润率	2987.1278÷275200	1.09%	（百分比）

　　还价核算2：根据客户还价，同时由于进口商经营管理的需要，要求将原来的8%的成本利润率提高到10%的成本利润率，在其他费用和订购数量保持不变的情况下，试进行还价成本核算（按单位商品计）。

计算项目	计算过程	计算结果	单位
销售税款	860÷（1+17%）×17%	124.9573	人民币元/套
进口利润率	45.8457×8.01×10%	36.7224	人民币元/套
包干费用	2560÷320	8.0000	人民币元/套
业务费用	6510÷320	20.3438	人民币元/套
进口保险费	（45.8457×8.01+52.065）÷（1−1.1×0.9%）×1.1×0.9%	4.1925	人民币元/套
银行费用	180×8.01÷320	4.5056	人民币元/套
关税完税价格	（45.8457×8.01+52.065）÷（1−1.1×0.9%）	423.4815	人民币元/套
关税额	423.4815×10%	42.3482	人民币元/套
消费税完税价格	（423.4815+42.3482）÷（1−30%）	665.4710	人民币元/套
消费税额	665.471×30%	199.6413	人民币元/套
代缴增值税完税价格	423.4815+42.3482+199.6413	665.4710	人民币元/套
代缴增值税额	665.471×17%	113.1301	人民币元/套
实缴增值税额	124.9573−113.1301	11.8272	人民币元/套
FOB采购成本	860÷（1+17%）−52.0650×（1+10%）÷[1−（1+10%）×0.9%]×（1−30%）−8−20.3438−4.5056÷{（1+10%）÷[1−（1+10%）×0.9%]}×（1−30%+10%）÷8.01	45.8457	美元/套

第八节　货物贸易外汇管理指引操作规程

为进一步深化外汇管理体制改革，促进贸易便利化，国家外汇管理局、海关总署和国家税务总局决定自2012年8月1日起在全国实施货物贸易外汇管理制度改革。自2012年8月1日起，全国上线运行货物贸易外汇监测系统（以下简称"监测系统"），停止使用贸易收付汇核查系统，贸易信贷登记管理系统，出口收结汇联网核查系统以及中国电子口岸－出口收汇系统。

新的货物贸易外汇管理制度，将进一步体现优化管理手段、提升管理效率的同时便利贸易活动，全面降低社会成本，实现货物贸易外汇管理由逐笔核销向全面核查、由行为审核向主体分类监管转变，构建企业进出口综合监测、主体分类监管、部门信息共享的新型管理模式。相关文件内容详见国家外汇管理局官网中"国家外汇管理局关于印发货物贸易外汇管理法规有关问题的通知"。

依据《中华人民共和国外汇管理条例》（国务院令第532号）、《货物贸易外汇管理指引》（以下简称《指引》）、《货物贸易外汇管理指引实施细则》（以下简称《细则》），制定本操作规程。企业业务流程图如图2-3所示。

图2-3 企业业务流程图

第九节 出口退税业务

出口退税是将出口货物在国内生产、流通环节缴纳的增值税、消费税,在货物报关出口后退还给出口企业的一种税收管理制度,是一国政府对出口货物采取的一项免征或退还国内间接税的税收政策。

出口退税与跨国经济贸易紧密地联系在一起,是作为一种涉外宏观经济政策被世界各国所认同,逐渐发展成为一种国际惯例。出口退税政策作为一国对于出口的一项优惠措施,最初的目的在于鼓励出口,但在发展演变当中,由于国家对外经济贸易战略目标的需要,又成为国家对于出口商品结构的一种导向性调节工具。由于出口退税与企业产品的生产成本密切相关,因此出口退税率的降低或提高必然会使企业出口产品成本增大或缩小,影响企业产品在国际市场上的竞争力,进而影响企业的出口量。另外,出口退税是生产和流通各环节中已经缴纳的国内流转税,在实行增值税的国家里它着重于对实物经济而不是金融经济的影响,它与产出水平(或经济活动水平)的联系更为密切。

我国的出口退税政策实行普遍优惠与产业政策税收优惠相结合的原则。普遍优惠政策能够降低出口成本,提高国际竞争力,推动出口贸易规模的增长。在出口退税普遍优惠的基础上,推行第二层次的产业政策税收优惠原则,即对不同行业、不同效益的出口产品实行差别性的税收政策,以促使企业优化出口产品结构,提高出口产品质量和单位附加值。

一、出口退税的现行基础性法律法规

(一)《关税和贸易总协定》关于出口退税的相关规定

《关税和贸易总协定》第六条规定:"一缔约国领土的产品输出到另一缔约国领土,不得因其免纳相同产品在原产国或输出国用于消费时所须完纳的税捐或因这种税捐已经退税,即对它征收反倾销税或反补贴税。"这里所说的用于消费时缴纳的税捐是指货物应纳的间接税,目前我国主要包括增值税、消费税两个税种。因此,在实行间接税的国家和地区,出口货物退(免)税通常被称为对出口货物免征或退还在国内已缴纳的间接税。尽管各国的具体做法不尽相同,但其基本内容都是一致的。由于这项制度比较公平合理,因此它已成为国际社会通行的惯例。

(二) 我国现行的《中华人民共和国增值税暂行条例》关于出口退税的相关规定

《中华人民共和国增值税暂行条例》第二条第三款中的表述是"纳税人出口货物，税率为零"。

(三) 我国现行的《中华人民共和国消费税暂行条例》关于出口退税的相关规定

《中华人民共和国消费税暂行条例》第十一条中的表述是"对纳税人出口应税消费品，免征消费税"。

(四) 我国现行的《出口货物退（免）税管理办法（试行）》

国家税务总局于 2005 年 3 月 16 日颁布了《出口货物退（免）税管理办法（试行）》（国税发〔2005〕51 号），是自 1994 年国家税务总局颁布的《出口货物退（免）税管理办法》（国税发〔1994〕31 号）之后又一次对出口退税的全面归纳整理，是目前出口退税管理方面最基本的指导性文件。

对出口产品实行退税政策是国际惯例，是国家支持外贸出口的重要手段。根据 WTO 规则要求，各成员国可以对本国出口产品实行退税，但退税的最大限度不能超过出口产品在国内已征的税款。在此范围内，各成员国可以根据自身的经济发展需要和国家财政承受能力，确定恰当的出口退税水平。我国从 1985 年开始实行出口退税政策。出口退税政策的实施，对增强我国出口产品的国际竞争力，推动外贸体制改革和出口增长发挥了重要作用。

根据《国家税务总局关于出口货物劳务增值税和消费税管理办法有关问题的公告》（国家税务总局公告〔2013〕第 12 号）、《国家税务总局关于出口货物劳务增值税和消费税管理办法的公告》（国家税务总局公告〔2012〕第 24 号）、《国家税务总局关于出口企业申报出口货物退（免）税提供收汇资料有关问题的公告》（国家税务总局公告〔2013〕第 30 号）、《国家税务总局关于发布适用增值税零税率应税服务退（免）税管理办法（暂行）的公告》（国家税务总局公告〔2013〕第 47 号）、《国家税务总局关于调整出口退（免）税申报办法的公告》（国家税务总局公告〔2013〕第 61 号）和《国家税务总局关于出口货物劳务增值税和消费税有关问题的公告》（国家税务总局公告〔2013〕第 65 号），以及相应业务需求，税务总局对现行出口退税申报系统进行升级调整。

二、出口退税相关规定

（一）适用增值税退（免）税政策的出口货物劳务

1. 出口企业出口货物

出口企业是指依法办理工商登记、税务登记、对外贸易经营者备案登记，自营或委托出口货物的单位或个体工商户，以及依法办理工商登记、税务登记但未办理对外贸易经营者备案登记，委托出口货物的生产企业。

出口货物指向海关报关后实际离境并销售给境外单位或个人的货物，分为自营出口货物和委托出口货物两类。

生产企业指具有生产能力（包括加工修理修配能力）的单位或个体工商户。

2. 出口企业或其他单位视同出口货物

（1）出口企业对外援助、对外承包、境外投资的出口货物。

（2）出口企业经海关报关进入国家批准的出口加工区、保税物流园区、保税港区、综合保税区、珠澳跨境工业区（珠海园区）、中哈霍尔果斯国际边境合作中心（中方配套区域）、保税物流中心（B型）（以下统称"特殊区域"）并销售给特殊区域内单位或境外单位、个人的货物。

（3）免税品经营企业销售的货物。

①中国免税品（集团）有限责任公司向海关报关运入海关监管仓库，专供其经国家批准设立的统一经营、统一组织进货、统一制定零售价格、统一管理的免税店销售的货物；

②国家批准的除中国免税品（集团）有限责任公司外的免税品经营企业，向海关报关运入海关监管仓库，专供其所属的首都机场口岸海关隔离区内的免税店销售的货物；

③国家批准的除中国免税品（集团）有限责任公司外的免税品经营企业所属的上海虹桥、浦东机场海关隔离区内的免税店销售的货物。

（4）出口企业或其他单位销售给用于国际金融组织或外国政府贷款国际招标建设项目的中标机电产品（以下称"中标机电产品"）。上述中标机电产品，包括外国企业中标再分包给出口企业或其他单位的机电产品。

（5）生产企业向海上石油天然气开采企业销售的自产的海洋工程结构物。

（6）出口企业或其他单位销售给国际运输企业用于国际运输工具上的货物。上述规定暂仅适用于外轮供应公司、远洋运输供应公司销售给外轮、远洋国轮的货物，国内航空供应公司生产销售给国内和国外航空公司国际航班的航空食品。

（7）出口企业或其他单位销售给特殊区域内生产企业生产耗用且不向海关报关而输入特殊区域的水（包括蒸汽）、电力、燃气（以下称"输入特殊区域的水电气"）。

除财政部和国家税务总局另有规定外，视同出口货物适用出口货物的各项规定。

3. 出口企业对外提供加工修理修配劳务

对外提供加工修理修配劳务，是指对进境复出口货物或从事国际运输的运输工具进行的加工修理修配。

（二）增值税退（免）税办法

适用增值税退（免）税政策的出口货物劳务，按照下列规定实行增值税免抵退税或免退税办法。

（1）免抵退税办法。生产企业出口自产货物和视同自产货物或对外提供加工、修理、修配劳务，以及列名生产企业出口非自产货物，免征增值税，相应的进项税额抵减应纳增值税额（不包括适用增值税即征即退、先征后退政策的应纳增值税额），未抵减完的部分予以退还。

（2）免退税办法。不具有生产能力的出口企业（以下称"外贸企业"）或其他单位出口货物劳务，免征增值税，相应的进项税额予以退还。

（三）增值税出口退税率

除财政部和国家税务总局根据国务院决定而明确的增值税出口退税率（以下称"退税率"）外，出口货物的退税率为其适用税率。国家税务总局根据上述规定将退税率通过出口货物、劳务退税率文库予以发布，供征纳双方执行。退税率有调整的，除另有规定外，其执行时间以货物（包括被加工、修理、修配的货物）出口货物报关单（出口退税专用）上注明的出口日期为准。

退税率的特殊规定。

（1）外贸企业购进按简易办法征税的出口货物、从小规模纳税人购进的出口货物，其退税率分别为简易办法实际执行的征收率、小规模纳税人征收率。上述出口货物取得增值税专用发票的，退税率按照增值税专用发票上的税率和出口货物退税率孰低的原则确定。

（2）出口企业委托加工、修理、修配货物，其加工、修理、修配费用的退税率，为出口货物的退税率。

（3）中标机电产品、出口企业向海关报关进入特殊区域销售给特殊区域内生产企业生产耗用的列名原材料（以下称"列名原材料"）、输入特殊区域的水电气，其退税率为适用税率。如果国家调整列名原材料的退税率，列名原材料应当自调整之日起按调整后的退税率执行。

（4）海洋工程结构物退税率的适用。适用不同退税率的货物劳务，应分开报关、核算并申报退（免）税，未分开报关、核算或划分不清的，从低适用退税率。

（四）增值税退（免）税的计税依据

出口货物劳务的增值税退（免）税的计税依据，按出口货物劳务的出口发票（外销发票）、其他普通发票或购进出口货物劳务的增值税专用发票、海关进口增值税专用缴款书确定。

（五）适用消费税退（免）税或征税政策的出口货物

属于消费税应税消费品，实行下列消费税政策。

1. 适用范围

（1）出口企业出口或视同出口适用增值税退（免）税的货物，免征消费税，如果属于购进出口的货物，退还前一环节对其已征的消费税。

（2）出口企业出口或视同出口适用增值税免税政策的货物，免征消费税，但不退还其以前环节已征的消费税，且不允许在内销应税消费品应纳消费税款中抵扣。

（3）出口企业出口或视同出口适用增值税征税政策的货物，应按规定缴纳消费税，不退还其以前环节已征的消费税，且不允许在内销应税消费品应纳消费税款中抵扣。

2. 消费税退税的计税依据

出口货物的消费税应退税额的计税依据，按购进出口货物的消费税专用缴款书和海关进口消费税专用缴款书确定。

属于从价定率计征消费税的，为已征且未在内销应税消费品应纳税额中抵扣的购进出口货物金额；属于从量定额计征消费税的，为已征且未在内销应税消费品应纳税额中抵扣的购进出口货物数量；属于复合计征消费税的，按从价定率和从量定额的计税依据分别确定。

三、增值税免抵退税和免退税的计算

（一）生产企业出口货物劳务增值税免抵退税

依下列公式计算。

（1）当期应纳税额的计算

当期应纳税额＝当期销项税额－（当期进项税额－当期不得免征和抵扣税额）

当期不得免征和抵扣税额＝当期出口货物离岸价×外汇人民币折合率×（出口货物适用税率－出口货物退税率）－当期不得免征和抵扣税额抵减额

当期不得免征和抵扣税额抵减额＝当期免税购进原材料价格×（出口货物适用税率－出口货物退税率）

（2）当期免抵退税额的计算

当期免抵退税额＝当期出口货物离岸价×外汇人民币折合率×出口货物退税率－当期免抵退税额抵减额

当期免抵退税额抵减额＝当期免税购进原材料价格×出口货物退税率

（3）当期应退税额和免抵税额的计算

①当期期末留抵税额≤当期免抵退税额，则

当期应退税额＝当期期末留抵税额

当期免抵税额＝当期免抵退税额－当期应退税额

②当期期末留抵税额＞当期免抵退税额，则

当期应退税额＝当期免抵退税额

当期免抵税额＝0

当期期末留抵税额为当期增值税纳税申报表中"期末留抵税额"。

（4）当期免税购进原材料价格包括当期国内购进的无进项税额且不计提进项税额的免税原材料的价格和当期进料加工保税进口料件的价格，其中当期进料加工保税进口料件的价格为组成计税价格。

当期进料加工保税进口料件的组成计税价格＝当期进口料件到岸价格＋海关实征关税＋海关实征消费税

①采用"实耗法"的,当期进料加工保税进口料件的组成计税价格为当期进料加工出口货物耗用的进口料件组成计税价格。其计算公式为:

当期进料加工保税进口料件的组成计税价格=当期进料加工出口货物离岸价×外汇人民币折合率×计划分配率

计划分配率=计划进口总值÷计划出口总值×100%

实行纸质手册和电子化手册的生产企业,应根据海关签发的加工贸易手册或加工贸易电子化纸质单证所列的计划进出口总值计算计划分配率。

实行电子账册的生产企业,计划分配率按前一期已核销的实际分配率确定;新启用电子账册的,计划分配率按前一期已核销的纸质手册或电子化手册的实际分配率确定。

②采用"购进法"的,当期进料加工保税进口料件的组成计税价格为当期实际购进的进料加工进口料件的组成计税价格。

当期不得免征和抵扣税额抵减额=当期出口货物离岸价×外汇人民币折合率×(出口货物适用税率－出口货物退税率)

(二)外贸企业出口货物劳务增值税免退税

依下列公式计算。

(1)外贸企业出口委托加工修理修配货物以外的货物:

增值税应退税额=增值税退(免)税计税依据×出口货物退税率

(2)外贸企业出口委托加工修理修配货物:

出口委托加工修理修配货物的增值税应退税额=委托加工修理修配的增值税退(免)税计税依据×出口货物退税率

退税率低于适用税率的,相应计算出的差额部分的税款计入出口货物劳务成本。

出口企业既有适用增值税免抵退项目,也有增值税即征即退、先征后退项目的。增值税即征即退和先征后退项目不参与出口项目免抵退税计算。出口企业应分别核算增值税免抵退项目和增值税即征即退、先征后退项目,并分别申请享受增值税即征即退、先征后退和免抵退税政策。用于增值税即征即退或者先征后退项目的进项税额无法划分的,按照下列公式计算。

无法划分进项税额中用于增值税即征即退或者先征后退项目的部分=当月无法划分的全部进项税额×当月增值税即征即退或者先征后

退项目销售额÷当月全部销售额（营业额合计）

四、消费税退税的计算

消费税应退税额＝从价定率计征消费税的退税计税依据×比例税率＋从量定额计征消费税的退税计税依据×定额税率

五、出口退税业务操作

（一）出口退税的方法

1. 出口货物退增值税的方法

现行出口货物增值税的退（免）税办法主要有以下五种。

（1）"免"即对出口货物免征增值税。这种方法主要适用于以来料加工贸易方式出口的货物、小规模纳税人出口的货物、有出口卷烟经营权的企业出口国家计划内的卷烟以及计算机软件出口（海关出口商品码9803），还有国家统一规定免税的货物（如军品、古旧图书等）。

（2）"免、退"即对本环节增值部分免税，进项税额退税。这种方法主要适用于外贸企业和实行外贸企业财务制度的工贸企业、企业集团等。

（3）"免、抵"即免征本企业生产销售环节增值税，出口货物所耗用的原材料、零部件、燃料、动力等所含的进项税额，抵顶内销货物的应纳税额，未抵顶完的部分留抵下期继续抵扣，不予退还。这种方法主要适用于列名钢铁企业向加工出口企业销售的国产钢材（自2005年7月1日起停止执行），以及生产型出口企业自首笔货物出口之日起12个月内出口的货物。

（4）"免、抵、退"。"免"税是指对生产企业出口的自产货物，免征本企业生产销售环节增值税；"抵"税是指生产企业出口自产货物所耗用的原材料、零部件、燃料、动力等所含应予退还的进项税额，抵顶内销货物的应纳税额；"退"税是指生产企业出口的自产货物在当月内应抵顶的进项税额大于应纳税额时，对未抵顶完的部分予以退税。

这种方法主要适用于生产型出口企业，自2002年1月1日起，生产型出口企业全部实行免抵退税管理办法。

（5）"先征后退"即先对出口货物计提销项税额予以征税，然后再计算退税的方法。这种方法主要适用于生产型出口企业，但自2002年1月1日起，不再使用该方法。

2. 出口货物退消费税的方法

现行出口货物消费税的退（免）税办法主要有以下两种。

（1）"免税"：生产企业出口自产的属于应征消费税的产品，实行免征消费税办法。

（2）"退税"：对外贸企业收购后出口的应税消费品实行退税。

（二）外贸企业退税办理

1. 外贸企业退税申报流程图

图 2-4　外贸企业退税申报流程图

2. 申报资料

外贸企业向退税机关办理退税申报时，应提供下列资料。

（1）申报表

①出口货物退税汇总申报表；

②出口货物退税申报明细表；

③出口退税货物进货凭证申报明细表。

出口货物退税汇总申报表上报两联，由退税机关受理签收后返企业收执一联，退税机关留存备查一联。出口货物退税申报明细表和出口退税货物进货凭证申报明细表上报两联，随单证资料装订报送一联，退税机关留存备查一联。

（2）装订成册的报表及对应配套凭证

对出口货物退税申报明细表应配套提供以下凭证：

①加盖海关验讫章的出口货物报关单（出口退税专用）（原件）；

②经外汇管理部门签章的出口收汇核销单（出口退税专用）（原件）或有关部门出具的中远期收汇证明（原件）；

③企业签章的出口发票（复印件加盖企业章）；

④有代理出口业务的，提供代理出口货物证明（原件）和对应配套的受托企业的出口货物报关单（出口退税专用）（原件）、出口收汇核销单（出口退税专用）（原件）或中远期收汇证明（原件）；

⑤其他规定的资料，如保税区国际贸易企业除②不提供外，还需提供加盖海关验讫章的离境备案清单、外汇收入凭证。

利用外国政府贷款或国际金融组织贷款，通过国际招标机电产品中标的国内企业，应提供下列凭证资料：

1）招标单位所在地主管税务机关签发的"中标证明通知书"（原件）；

2）由中国招标公司或其他国内招标组织签发的中标证明正本（原件）；

3）中标人与中国招标公司或其他招标组织签订的供货合同、协议（复印件加盖企业章）；

4）中标人按照标书规定及供货合同向用户发货的发货单（复印件加盖企业章）；

5）销售中标机电产品的普通发票或外销发票（复印件加盖企业章）；

6）中标机电产品用户收货清单（复印件加盖企业章）；

7）国外企业中标再分包给国内企业供应的机电产品，还应提供与中标人签署的分包合同、协议（复印件加盖企业章）。

对"出口退税货物进货凭证申报明细表"应配套提供以下凭证。

①增值税专用发票抵扣联（原件），或经退税机关审定的外贸企业出口退税进货分批申报单（简称分批单）（原件）。

②出口专用税票（原件），包括增值税（消费税）税收（出口货物专用）缴款书、出口货物完税分割单。

③外贸企业出口退税存货动用单（原件）。

④出口属从小规模纳税人购进的抽纱、工艺品、香料油、山货、草柳竹藤制品、渔网渔具、松香、五倍子、生漆、鬃尾、山羊板皮、纸制品12种货物可提供普通发票（原件）、不提供增值税专用发票抵扣联（原件）。

⑤主管退税机关要求提供的其他资料，如要求企业提供的计量单位换算表、有关说明报告等。

3. 单证电子信息的办理事项

目前对外贸企业出口退税申报审核需进行比对的单证电子信息主要有出口报关电子信息、出口收汇核销电子信息、代理出口证明电子信息、增值税专用发票认证电子信息、出口专用税票电子信息。

企业退税申报电子信息与上述单证电子信息审核比对不符的，不得退税。

第三章

经理人必备的管理知识

> 外贸业务经理人是外贸企业的管理者。管理者通过协调其他人的活动达到与别人一起或者通过别人实现组织目标的目的。
>
> 外贸业务的管理通常是通过制度来进行的,从手段上讲,一般通过外贸 ERP 系统实施管理。

第一节　外贸业务人员的岗位责任和管理者的职责

一、外贸业务人员的岗位责任

进出口贸易业务要经过贸易合同的磋商、商定、备货、办理货物运输、货运保险、出入境商品检验检疫、进出口货物报关和制单结汇等多个环节。从业的岗位主要有业务员、跟单员、单证员、报检员、报关员和外贸会计人员等。这些岗位在外贸业务的流程中有着一定的关联性，但就工作内容的重点来看，有着明显的差异。外贸业务人员的岗位职责及相关岗位的工作关系，详见图3-1。

二、外贸业务管理者的职责

20世纪早期，法国工业家亨利·法约尔（Henri Fayol）就曾提出所有的管理者都在从事五种管理职能，即计划、组织、指挥、协调和控制。到了20世纪50年代中期，管理教科书中首次使用了计划、组织、人员配备、指导和控制职能作为框架。至今绝大多数管理教科书仍然按照管理职能来组织内容，只不过这些管理职能被进一步压缩为四个非常重要的基本职能，即计划、组织、领导和控制（见图3-2）。

国际贸易业务经理的职责就是根据企业国际化战略，制定目标市场战略，领导业务部门、监督指挥具体作业人员完成部门工作目标。其主要工作内容是确定目标市场战略，制订本部门工作方案，合理调配业务资源，指导监督本部门具体作业人员完成业务个案，策划、承接并指导部门人员执行重要业务个案。

高级国际贸易经理的职责就是在开展国际贸易业务的企业中，根据国际经济形势和企业发展目标，制定并监督推进企业国际化战略。其主要工作内容是制定并完善企业国际化战略，制订企业国际贸易业务规划和作业程序，主导国际商务策划，指导企业各部门实施业务方案，承接并监督执行重大贸易个案。

图 3-1 外贸业务人员的岗位职责及相关岗位的工作关系

中华人民共和国国家标准《国际贸易的职业分类与资质管理》（GB/T 28158-2011）结合国际贸易从业人员各项职业的工作内容，将国际贸易从业人员各项职业分为如表3-1所示的四个类别和四个等级。四个类别为国际贸易业务运营类、国际贸易单证类、国际贸易财会类、国际贸易翻译类。四个等级为一级、二级、三级、四级。外贸业务职业经理人主要是国际贸易业务运营类中的高级国际贸易师或国际贸易师，同时他们领导和管理着外贸业务中的其他人员。

表3-1　国际贸易从业人员职业类别与等级

	国际贸易业务运营类	国际贸易单证类	国际贸易财会类	国际贸易翻译类
一级	高级国际贸易师	高级国际贸易单证师	高级国际贸易会计师	高级国际贸易翻译
二级	国际贸易师	国际贸易单证师	国际贸易会计师	国际贸易翻译
三级	助理国际贸易师	助理国际贸易单证师	助理国际贸易会计师	助理国际贸易翻译
四级	国际贸易业务员	国际贸易单证员	国际贸易会计员	
	国际贸易跟单员	加工贸易报审员	外汇业务核销员	
	国际贸易秘书		出口退税办税员	

计划	组织	领导	控制	
定义目标，制定战略，开发分计划及协调活动	决定需要做什么，怎么做，谁去做	指导和激励所有的群体和个人，解决冲突	监控活动以确保他们按计划完成	实现组织宣布的目标

图3-2　管理职能

第二节　外贸业务管理的各项规定

外贸业务管理是通过各项制度实现的，本节的内容参照了一些外贸公司管理的制度要求,其中一些管理权限的金额规定仅供参考。

一、业务管理

(一) 自营出口流程

(1) 客户询价。

(2) 资信调查。

(3) 准备样品,对外报价。

(4) 成交,订立售货确认书,按照公司既定版本,不要任意增加其他条款。

(5) 付款方式。

①前T/T是最安全的付款方式。

②信用证是比较安全的付款方式。收到信用证后,必须对信用证进行审证,审核信用证是否符合跟单信用证统一惯例第600号出版物规定(UCP600),条款是否正常,有没有软条款,出运日期和信用证到期日是否正常合理。

③如果是大客户,信誉好,本笔业务利润好,但是要放账的业务如D/P、D/A、OA等应考虑购买出口信用保险,以规避风险。

(6) 收到信用证或预付款后,与工厂签订收购合同。

(7) 如果需要支付预付款,则按照公司规定的管理办法执行。

(8) 业务员(跟单员)必须下厂跟单,督促工厂按质按量生产,准时交货。

(9) 办理出口货物保险(如有)。

(10) 办理出口货物报验(如有)。

(11) 托船订舱,报关出运。

(12) 结汇单证制作,按合约规定及时、安全收汇。

(13) 按合同规定与工厂清算。

(14) 接受并配合外汇局对本企业货物贸易外汇收支进行监督检查。

(15) 财务办理清算和出口退税。

(二) 代理出口流程

1. 接受工厂委托的出口流程

(1) 签订代理出口协议一式两份,其中一份归档。

(2) 与国外客户联系。

(3)收到信用证后认真审证,就可能产生的风险向工厂提出合适的建议。

(4)按工厂提供的出货资料,托船订仓、报关出运。

(5)制作结汇单证,按合约规定及时安全收汇。

(6)按合同与工厂清算。

(7)财务办理外汇监管和退税有关手续。

2. 接受中间商委托的出口流程

(1)签订出口协议一式两份,双方各执一份。

(2)与国外客户联系。

(3)收到信用证后要认真审证,并就可能出现的风险向中间商提出合理的建议。如果收款方式有风险,建议客户购买出口信用保险。

(4)按中间商提供的出货资料,托船订舱,报关出运。

(5)制作结汇单证,按合约规定及时安全收汇。

(6)与代理客户清算,支付佣金。

(7)财务办理外汇监管和退税有关手续。

(8)财务办理出口收汇核销和出口退税。

所有出口业务在合同执行完毕后,须按备案单证要求,每月底将资料交公司档案室归档,归档的资料与业务员留底资料要一致。

注:公司可按实际情况签订格式合同。

(三)代理进口流程

(1)受理委托进口业务,开展资信调查。

①了解委托方情况。

②了解委托方进口商品情况。

③了解供货方的情况。

④了解具体业务情况。

(2)与委托方签订代理进口协议。

①长期代理进口协议。

②每笔业务代理进口协议。

(3)与国外供货方签订进口合同。

(4)履约。

①开证。

②通关。

③商品验收。

④放单放货。

⑤对外付汇。

⑥纠纷处理。

(5) 进口结算。

(6) 外汇核销。

(7) 进口业务归档保存。

(四) 加工贸易

根据国家对外经济贸易和海关加工贸易的有关规定，做好加工贸易的各个环节工作，使加工贸易业务健康发展。

(1) 在政策规定的范围内，努力开拓加工贸易业务。凡从事加工贸易的部门和业务员，应熟悉国家海关和税务的政策法规，熟悉加工贸易的流程和要求，严格手续，避免违规和不规范操作现象。

(2) 认真签订对外合同（进料加工、来料加工）和工厂加工合同。合同标的、品名、数量、规格、价款、质量要求、交货期明确且无歧义。

(3) 进料加工和来料加工资料在网上预录后，经商务主管部门审核通过后，须将领到的加工贸易企业经营状况和生产能力证明及进出口合同复印件交总经理办公室备案。

(4) 业务员对工厂提供的材料图、工艺流程图要仔细审核，为核销做好准备。要认真仔细填妥进料加工或来料加工手册和公司用印单。手册加盖公司印章后，准备好进料加工和来料加工的全部资料，向海关申报。

(5) 进料加工须到税务局备案，来料加工须到税务局办理暂免税证明（第一批料件进口后20个工作日内），填报料件加工免税申报明细表。手册到期90天内要办理好税务核销。工厂免税证明根据税务局规定办理。

(6) 进料或来料若有余料需要征税时，必须在手册有效期内及时办妥，不得延误。

(7) 合同履行完毕，应及时办理进料或来料加工手册核销，不得拖延。若因业务需要延长手册有效期，应提前向海关申请延长有效期，并同时向总经理办公室备案。

(五) 出口信用保险管理

为有效地规避业务风险，公司对于放账的出口业务，均要求购买出口信用保险。

各业务部门对外放账必须在公司批准的额度内，且获得保险公司额度批复内运作放账前，要向财务部提供合同、发票、装箱单、提单复印件、出口信用保险公司保险费通知书，财务部收到上述文本核对无误后，方可办理放账手续。

保险公司赔付要同时符合三个条件：支付方式、出口信用保险期限、限额。因此，各投保的业务部门应注意以下问题。

（1）货物出运后，超过收汇期限未收汇的，第二批货物出运仍然要向保险公司申报，而且第二批货物出运后风险不能得到赔付，待第一批出运收汇后，第二批出运后的风险自动纳入保险公司赔付责任。

（2）同一客户投保，不能出现漏保、跳保情况，否则出现风险后，保险公司将酌情降低赔付比例，而且应在出运3天内投保申请，最迟申报于出运后不超过15天。

（3）同一客户若超出保险限额，其超出部分仍要申报，并及时向保险公司提交追加限额申请。如果前面出运的货物正常收汇，超出限额的部分自动纳入赔付责任，若超出限额部分不申报，之前已经出运申报部分发生风险，该部分赔付比例将受影响。

（4）若客户有破产情况，必须在10天内向保险公司申报。

（5）对逾期收汇的情况要引起足够重视，应及时向客户催收货款，否则后一批出运的风险将得不到赔付。

（6）对已经申请到保险限额，因故无业务发生，应立即向保险公司注销。

财务部应指定专人负责放账、把关工作，对是否放账亦可在信保通网站查询各投保的业务部门申报是否被保险公司受理的情况，若未被受理申报而放账，由负责人承担责任。

二、风险管理评审小组议事规则

（一）风险管理评审小组组成人员

由总经理担任组长，副总经理一人，财务一人，部门经理一人。

（二）公司风险管理评审小组议事规则

（1）预付账款一律由申请人员提出书面申请报告，在人民币5万元（含5万元）以下，由公司部门经理审批；在5万元至100万元（含100万元）之间，由公司总经理审批。经批准后，到公司财务部办理相关付款手续。

（2）预付账款在人民币100万元（不含100万元）以上，由申请人员提交书面申请报告，报公司风险管理评审小组审批，该小组日常工作由财务部办理，审批方式有3种。

①在定期业务例会中进行预付账款等风险管理评审工作。由财务部形成会议纪要，交风险管理评审小组成员签字通过方可生效，然后交公司财务部办理相关付款手续。

②日常工作较忙，不能召开专题会议时，财务部将申请流转给公司风险管理评审小组成员审批，经风险管理评审小组成员签字通过生效后，交公司财务部办理相关付款手续。

③年初以风险小组开会确认的方式，对部分老客户的放账金额进行确认。

（3）风险管理评审小组通过以下方式对公司放账额度进行管理。

①一年一次对业务部提出的放账申请进行核查并审批。

②对不属额度管理的10万美元以上（不含10万美元）的放账业务进行核查并审批。

③放账额度的核查及审批程序同预付款的核查及审批程序。

④经公司同意的D/A，D/P，OA等业务必须要买出口信用保险，并必须经公司风险管理小组同意后方可对外签约。

（4）申请人应密切关注放账对方的经营情况，一旦发现对方有异常情况可能造成公司损失的，应及时通知公司风险管理小组采取相应的措施。

三、信用风险管理办法

公司根据业务经营需要，对符合条件的国外客户的放账业务，实行放账额度管理。放账额度的申请和审批一年一次，由相关业务部门提出申请，公司视客户资信、业务往来、经济能力等具体业务经营情况予以审批。

属于额度管理的放账业务,若放账金额在核定额度内,由相关业务部经理审批放行。若超额度或未超额度但发生逾期,则须总经理审批。

不属额度管理的对外放账出口业务,必须由业务经营部门提前3天填写"无证托收放行单"并附相关资料,送交财务部。财务部在"无证托收放行单"上提供必要的财务数据,经相应的审批程序同意后,业务部方可办理出运事宜。信用评定结果的最终审批权限为:

(1) 无逾期且金额1万美元以下的由部门经理审批;

(2) 无逾期且金额1万~10万美元或有逾期且金额小于10万美元的由总经理审批;

(3) 金额10万美元以上的由风险管理小组审核决定。

业务部门进行信用风险的事中管理工作。经营放账业务的业务部门要认真、完整地履行出口销售合同,并始终了解放账客户的经济情况。

财务部提供各业务部每笔业务的收汇情况。对当月出现收汇异常情况的部门,财务部将会同该部门寻找产生原因,确定解决措施。

财务部每月初提供"逾期财款分析表",供业务部门了解逾期应收账款的账龄及余额情况。业务部门将相关情况在"逾期财款分析表"上予以说明并明确具体的收汇日期后,将该表反馈给财务部,同时落实预期账款催收工作。财务部根据业务部反映的情况,编制"逾期业务情况说明表",并报送公司总经理。

四、合同、法律事务管理

(一) 合同管理

1. 合同签约

(1) 各业务部门在业务运作中,应按公司授权权限规定,对外签约。签约人对合同的合法性、可行性、真实性负责。

(2) 对重大、复杂的合同签约,由公司聘请律师参与谈判、签约全过程。

(3) 签订合同的双方当事人必须具有法律主体资格,以双方当事人提供的有关法律文本为依据。

(4) 签订合同的内容要素齐备,文字清晰,应避免模棱两可或产生歧义的情况。

2. 合同审查

一般合同由部门经理审查,重大复杂的合同须经公司风险管理小组审查或由公司聘请的律师审核,然后报公司领导审批。

3. 合同履约

(1) 坚持诚信真实原则,双方当事人应认真履行各自的权利和义务。若在履行合同过程中确有困难,影响合同履行,应及时以书面方式告知对方,以取得对方谅解,同时取回双方确认的书面材料。

(2) 对方若不能全面或部分履行合同或有违约行为,应及时向主管领导汇报,同时积极采取相应措施,以避免可能发生的损失。

(3) 各部门履约合同应自始至终认真保管好所有与对方往来的函件、传真等相关材料。

(4) 对履行完毕的合同,应整理立卷,移交总经理办公室归档,同时做好交接手续。

(二) 合同诉讼

各业务员对有合同纠纷的情况,应在案发的第一时间内向部门经理汇报,并及时上报总经理。无论发生何种合同诉讼,都必须及时到总经理办公室登记备案。

涉案部门应视案情聘请律师,注意收集有关证据材料,了解熟悉相关法律法规,分析研究案情,制定应对措施,力争胜诉。

诉讼完毕,涉案部门应将诉讼材料整理好,并认真做好书面总结,为以后的业务发展提供经验教训。全部材料交总经理办公室归档。

第三节　外贸管理信息系统建设

传统的外贸公司主要从事进出口贸易,从国内的工厂或商家收购货物出口到国外,或从国外进口货物提供给国内的厂商。由于外贸进出口业务牵涉的环节比较多,业务流程复杂,所以每家公司必须备有相当数量的经过专业培训的业务员。随着中国改革开放特别是中国加入了WTO,越来越多的企业都能从事国际贸易,所以简化贸易环节,提高贸易效率,帮助大批中小企业直接进入国际贸易领域,就显得非常重要。

通常,一个良好的企业信息化基础设施,可以通过其运营的应用系统为企业带来投资回报。

（1）以一个国际化企业的形象参与全球市场竞争，获得更多的商业机会；

（2）优化市场供应链，密切与上游供应商和下游分销商之间的联系；

（3）优化内部操作和过程控制；

（4）改善客户服务质量，有利于维持和扩展客户群体；

（5）提高企业的决策水平，规避投资和经营风险；

（6）使企业明显降低成本，实现企业利益最大化。

作为外贸进出口企业来说，外贸进出口管理信息系统的建设不仅是重要的，而且是十分必要的。

一、外贸进出口管理信息系统应具有的功能

外贸进出口管理信息系统的功能主要有以下几个方面。

（1）尽可能及时全面地提供信息和数据，以支持达到系统目标的决策；

（2）准备和提供统一格式的信息，使各种统计工作简化；

（3）利用指定的数学方法分析数据，可以根据过去的数据预测未来的情况；

（4）对不同的管理层次给出不同细度的报告，以期最快地分析解释报告并及时做出决策。

外贸进出口管理信息系统应该分成两大模块：业务管理模块、各级各层管理模块，含企业内部经营状况信息和预测功能及决策分析支持功能。有条件的还应同时建成企业内部网（Intranet），实现公司自己的信息发布系统。

这些功能可细划为如下功能。

（1）建成基本完整的外贸经营管理系统。以进出仓、进出口、报运业务为基础，辅以统计、报表、决策分析等功能，基本覆盖外贸公司经营管理的领域。

（2）提供多种统计报表，为企业高层管理人员提供具体、及时、准确的经营状况信息和决策分析支持（包括销售排行榜）。

（3）拓展外贸企业办公自动化领域。把贸易活动中大量的单证、报表通过计算机实现，方便用户起草、修改、签发、打印和查询。实现单证不经打印而直接通过网络传送。

(4) 形成企业内部网（Intranet）并开发电子公告功能，使公司下属部门能及时通过内部网浏览通知、公告、内部文件、外贸行情和外贸业务案例等内容，并为将来公司加入国际互联网打下基础。

二、外贸进出口管理信息系统的流程

外贸进出口管理信息系统主要围绕外贸业务展开，系统流程从获得订单开始，接着制定合同、合同评审、发票制作、单证制作，同时要进行商品管理、国外客户管理、供应商评审、库存管理、货物出运、财务付款等一系列其他工作。具体步骤如图 3-3 所示。

三、系统建设中要注意的几个问题

管理信息系统的多学科性、综合性决定了信息系统建设周期长、投资多、风险大，比一般技术工程有更大的难度和复杂性。这是因为：

(1) 信息系统技术手段复杂；
(2) 信息系统内容复杂，目标多样；
(3) 信息系统投资密度大，效益难以计算；
(4) 信息系统所处环境复杂多变；
(5) 参与者的沟通效果影响系统的开发；
(6) 信息系统建设受人文因素影响。

总结四十年外贸管理信息系统的经验和教训，笔者认为有下列几点可供参考。

1. 要从企业的战略基础建设的高度来架构管理信息系统

检查企业的战略基础最主要的是评估企业自身是否具有核心竞争力。评估企业有没有核心竞争力，应主要围绕以下方面进行：产品竞争力、市场竞争力、技术竞争力、人才竞争力、制度竞争力。

要想适应瞬息万变的国际市场，没有一套很好的信息管理系统，是很难做到的。因此要从企业的战略高度来抓好管理信息系统。

2. 要有一个有权威的领导核心

外贸管理信息系统的大量信息都在业务员手里，信息是业务员最大的资源。如果没有非常权威的领导亲自来抓，无法将信息入库，系统也就无从谈起。

3. 要有一个很好的合作伙伴

企业决策者最关注的问题是如何保持企业平稳运转和业务增长，管

图 3-3 外贸进出口管理信息系统的流程

理信息系统的建设是为业务的发展和管理服务的,并不是为建设信息化基础平台而建设。另外,由于计算机技术和网络技术的飞速发展,企业也无力依靠自己的力量整合多个供应商的新技术。因此,企业要建设企业信息系统,构建企业基础设施,最重要的事情是选择一个最合适的合作伙伴。

4. 系统的稳定性和安全性比单纯追求技术先进性更重要

对于企业网的规划和建设,绝对不只是一个技术问题,企业应当同时考虑业务管理和技术实现两个方面,并选择最合理的方式来实现。

一个有竞争力的企业应该能够确保业务运作的安全性和连续性,企业网应用软件对于最终用户应该有很强的实用性。

5. 一个好的系统应该是本好的教材

对新企业和老企业两方面来讲,都很重要。对老企业,一个好的系统能够规范企业的业务运作。有不少老外贸公司的业务部门甚至部门中的业务人员操作方式都不一样,长期以来无法规范趋于统一。只有用了管理信息系统才真正实行规范化。这是对原有业务系统的优化和再造。

对新企业来说,万事开头难,再加上外贸业务流程复杂,很难理出头绪。用了一个好系统,从头就规范了业务运作,可以说是事半功倍。

6. 系统的柔软性一定要好

外贸管理信息系统的使用是外贸企业信息化的基础,电子商务、电子数据交换是企业发展的必经之路,一定要考虑系统的可扩展性。

第四节　一次综合的出口业务和管理案例

一、案例介绍

韩国 ABC 公司向上海东铭松进出口有限公司发来询价函,要求该公司对下列产品报 FOB SHANGHAI 价:文具盒 300 万只,劳防手套 100 万副,儿童排球 2 万只。

经过发盘还盘后,最终成交价格如下:

1. 文具盒 300 万只,FOB SHANGHAI USD 0.06/PCS。一只文具盒装一只 PP 袋,1000 只装一个小纸箱,1×20 英尺柜,可装 150 万只,总计美元 180000.00,2×20 英尺柜。

2. 劳防手套 100 万副,FOB SHANGHAI USD 0.096/PAIR。50 副装一

个小纸箱，1×20英尺柜，可装50万副，总计美元96000.00，2×20英尺柜。

3. 儿童排球2万只，FOB SHANGHAI USD 1.136/PCS。50只装一个小纸箱，1×20英尺柜，可装20000只，总计美元22720.00，1×20英尺柜。

4. 这些箱子共装在600个大纸箱内。

二、业务办理

1. 订立售货确认书

收到L/C后，与工厂签订收购合同，支付30%预付款。业务员到工厂全程跟单，保证工厂按质按量生产，准时交货。

2. 报关出运

业务员应到现场验货并监督装运，确保装运的货物与报关申报的货物一致。

3. 制作结汇单证

发票、装箱单、海运提单。

4. 结算、付款

按合同与工厂清算。财务付款须准备的资料如下：

（1）工厂开具的增值税发票（必须盖有发票专用章）；

（2）进出仓单；

（3）内外销合同；

（4）付款联系单；

（5）核算清单；

（6）外销发票。

上述票据中显示的数据必须与出口报关单上的一致。

5. 计算利润

（1）结汇美元298720.00，国家汇率8.0923，合计人民币2417331.86元。

（2）退税：文具盒13%，劳防手套13%，儿童排球13%。

（3）工厂货款人民币：2500000.00元

（4）退税款人民币：277777.78元

（5）银行费：USD4500

(6) 包干费人民币：7500元

(7) 毛利润 =（298720 – 4500）× 8.0923 + 277777.78 – 2500000 – 7500 = 151194.29 元人民币（未去除利息及人员费用）

6. 所需单据

合同、发票、装箱单、明细单、收购合同、进出仓单、付款联系单、成本核算清单。

第 四 章

国际结算

国与国之间,由于商品贸易及非贸易往来而发生的债权债务的了结,称为国际结算(International Settlement)。本章只叙述国际贸易的结算。国际结算远较国内结算复杂,这不仅因为使用的货币不同,而且在做法上也有很大的差别,同时还涉及不同国家的有关法律、国际惯例和银行习惯等。

在进出口业务中，国际结算是非常重要的环节。本章从国际结算的角度来分析，不同的结算方式会有不同的业务流程，通过图示和表格的方式进行汇总对比，比较清晰明了，如图 4-1 和表 4-1 所示。

表 4-1　三种贸易货款结算方式的比较

货款结算方式 比较方面	信用证付款方式	托收方式	汇付方式
付款	基于付款承诺，由 L/C 开证行支付	托收条件（D/A 或 D/P）下由进口商付款	利用电传、邮政、银行汇（支）票方式支付
信用	开证行的信用	进口商的信用	进口商的信用
有关货运单据的寄送方法	经由银行转送	经由银行转送	直接由出口商寄给进口商
对进口商的利弊	即使货物品质不良，只要货运单据与信用证条款相符，就必须付款	省去了申请开立L/C的繁杂手续与费用（但须获得出口商方面的融资协助）	货款预付对进口商不利，后付则有利
对出口商的利弊	很容易利用出口融资（信用证一到便可确定该批买卖已做成）	在资金融通上较困难	货款预收有利，后收则有风险性
相关国际惯例	《信用证统一惯例》	《托收统一规则》	尚无

第一节　票据

一、票据的基本概念

（一）票据的定义

票据是社会经济生活中的重要支付手段，是以支付金钱为目的的几种证券，是由出票人在这些票据之上签名，无条件地约定由其本人或其指定的另一人支付确定的金额，并可以流通转让。

在国际货款结算中，基本上都采用票据作为结算工具。国际贸易中使用的票据包括汇票、本票及支票，以使用汇票为主。

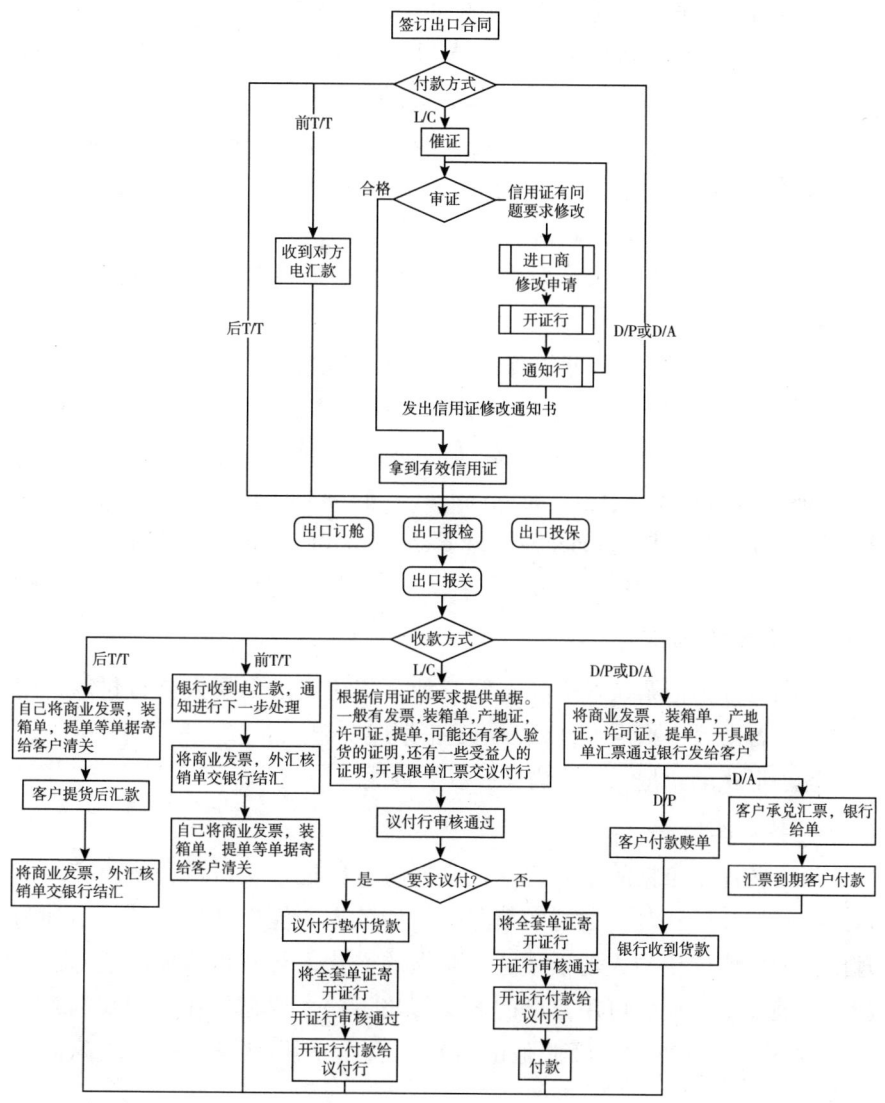

图 4-1 不同结算方式的业务流程

票据有 3 个基本关系人,即出票人(Drawer)、付款人(Drawee)和收款人(Payee)。除 3 个基本关系人外,票据上还经常出现持票人、背书人和承兑人。

出票人是指开出票据的人,即指示付款人在一定日期履行付款责任的人。出票人一旦在票据上签名,即已发出指令,对收款人或持票人承担该项票据提示时，一定付款或承兑的保证责任。

付款人是指根据出票人的指令支付票款的人，付款人对票据承担付款责任。票据一经付款人承兑，付款人必须承担到期付款的责任。

收款人是指接受票据的人，是票据的主债权人。收款人有权向付款人要求付款，如被拒绝，有权向出票人追索票款。

持票人是指占有票据的人。

背书人是指收款人或持票人在收到票据后通过背书又将票据转让给第三者的人。

承兑人是指付款人经承兑保证票据到期付款的人。

票据是可以转让流通的一种信用证券，票据自出票到兑付之间产生一系列票据行为，主要有出票（to draw）、背书（endorsement）、提示（presentation）、承兑（acceptance）、付款（payment）、拒绝承兑和拒付（refusal of acceptance and dishonour of payment）和追索（recourse）等。

（二）票据的特性

票据可分为汇票、本票和支票三种，若约定由出票人自行付款，则是本票，若由另一指定人付款，则是汇票或支票。

各种形式的票据，一般均具有以下特性。

1. 转让性

流通转让是票据的基本特性，票据所有权通过交付或背书及交付即可进行转让，转让时不必通知债务人，债务人不能以未接到转让通知为理由拒绝向票据权利人清偿债务。票据的受让人可获得票据的全部法律权利，他完成受让后可用自己的名义提出诉讼。票据受让人的权利是通过支付对价后获得的，因此他的权利不会因前手票据权利的缺陷而受影响。

2. 无因性

出票人签发票据给收款人即是保证将由自己或第三人支付票据上列明的款项。出票人之所以让收款人去收款，是因为对收款人负有债务，两者间产生了票据的权利义务关系，两者间的这种关系称为对价关系。如果收款人再将此票据转让出去，那么他和受让人之间也必定存在对价关系。第三人作为付款人之所以代出票人付款，是因为出票人在他处有存款或是他愿意向出票人提供贷款，两者间的这种关系称为资金关系。票据债权人在行使其票据权利时，不必证明票据的原因，只需凭票据上的文字记载，即可要求票据债务人支付票据规定的金额。

3. 要式性

各国票据法都非常强调票据的要式性。票据的要式性就是指对票据的必要项目必须齐全，票据的形式和内容必须符合规定。

票据是一种要式凭证，票据行为是一种要式法律行为。票据和票据行为的生效，必须以票据上记载的事项为依据。汇票、本票、支票上的记载事项可以分为必须记载事项、任意记载事项、不发生票据法律效力的记载事项和不得记载事项四类。

4. 文义性

文义即文字上的含义或其思想内容，指票据的效力是由文字的含义来决定的，债权人和债务人只受文义的约束，债权人不得以票据上未记载的事项向债务人有所主张，债务人也不能用票据上未记载的事项对债权人有所抗辩。

二、汇票

（一）汇票的定义

汇票（bill of exchange，简称 draft 或 bill）是出票人签发的，委托付款人在见票时或者在指定日期无条件支付确定金额给收款人或持票人的票据。汇票是国际货款结算中使用最多的票据。

英国票据法中汇票的定义是"由一人签发给另一人的无条件书面命令，要求受票人见票时或于未来某一规定的或可以确定的时间，将一定金额的款项支付给某一特定的人或其指定人，或持票人"。

（二）汇票的种类

常见的出口贸易结算的汇票从不同的角度分类，可分成以下几种。

1. 银行汇票（banker's draft）和商业汇票（commercial draft）

从出票人的角度来分，汇票可分为银行汇票和商业汇票。

银行汇票的出票人和付款人都是银行。例如在汇款业务中，汇款人请求汇出行把款项交收款人，这时汇出银行开立汇票交给汇款人以便寄交收款人向付款行领取款项，这种汇票其出票人是银行开具，所以叫银行汇票。银行汇票一般为光票，不随附货运单据。

银行汇票的样张，如图 4-2 所示。

```
中国银行

BANK OF CHINA
                                              号码 20003513
本汇票有效期为一年                              No.
This draft is valid for one                   金额
year from the date of issue                   AMOUNT_____

致:
TO_____

请 付
PAY TO_____

金 额
THE SUM OF_____

请凭本汇票付款划我    行账                     中国银行上海分行
PAY AGAINST THIS DRAFT TO THE                  BANK OF CHINA SHANGHAI
DEBIT OF OUR      ACCOUNT
```

图 4-2　银行汇票的样张

商业汇票的出票人是商家或个人，付款人可以是商家或个人，也可以是银行。进出口贸易结算中的托收支付方式和信用证项下的支付方式所开具的汇票就属于商业汇票。商业汇票大都附有货运单据。

商业汇票的样张一，如图 4-3 所示：

号码　　　汇票金额　　　　　　　　　　　中国　上海　　年　月　日
No. ....Exchange for .... Shanghai, China................20........
凭票　　　　　　　　　　　　日后（本汇票之副本未付）付交
At..........................sight of this FIRST of Exchange (Second of Exchange being
Unpaid) Pay to the order of
金　　额
the sum of ....

against shipment of: ....

....
此致
To..
    ....
              ....

号码　　　　汇票金额　　　　　　　　　中国　上海　　年　月　日
No. ....Exchange for........................Shanghai, China........................20..........
见票　　　　　　　　日 后（本汇票之副本未付）付交
At........................sight of this SECOND of Exchange (First of Exchange being
Unpaid) Pay to the order of
金　额
the sum of ....
....
against shipment of: ....
....
此致
To..
....

图 4-3　商业汇票的样张一

商业汇票的样张二，如图 4-4 所示：

凭　　ROYAL BANK OF CANADA　　　　　　　信用证
Drawn under　CANADA　　　　　　　　　　　L/C No.1736830M05401
日期
dated　　160328　　支取　Payable with interest @ ____%　按　息　付款
号码　　　　　　　　　　　　　　　　　　　　　上海
No. IEB160305113 Exchange for USD39652.86　Shanghai..................20......
见票　　　　　　日 后（本 汇 票 之 副 本 未 付）付交　　　金额
At_____sight of this FIRST of Exchange (Second of exchange
being unpaid) Pay to the order of BANK OF CHINA　　the sum of
SAY U.S. DOLLARS THIRTY-NINE THOUSAND SIX HUNDRED AND FIFTY-TWO AND CENTS
EIGHTY-SIX ONLY
款 已 收 讫
Value received ....
....
此致　ROYAL BANK OF CANADA　　　　上海东浩国际商务有限公司
To　　TRADE SERVICE CENTRE　　　　SHANGHAI EAST BEST INTERNATIONAL
　　　TORONTO ONTARIO M5J 1J1　　　BUSINESS DEVELOPMENT CO., LTD.
　　　　　　　　　　　　　　　　　　　　　　　　　（签字）

图 4-4　商业汇票的样张二

2. 商业承兑汇票（commercial acceptance bill）和银行承兑汇票（banker's acceptance bill）

从承兑人的角度来分，汇票可分为商业承兑汇票和银行承兑汇票。在商业汇票中，远期汇票的付款人为商家或个人，并经付款人承兑，这种汇票叫做商业承兑汇票。银行承兑汇票则是由银行承兑的远期汇票。银行承兑汇票是建立在银行信用的基础之上的。

3. 跟单汇票（documentary draft）和光票（clean draft）

汇票按是否跟随货运单据及其他单据来分，可以分为跟单汇票和光票。

跟单汇票是指附有货运单据的汇票，又称为押汇汇票。"Credit available by your drafts at sight on us to be accompanied by the following documents."这个我们经常在信用证上见到的条款就是跟单汇票条款。开立这种汇票必须跟随有关货运单据（提单、发票、保险单等）及其他相关单据才能生效。汇票的付款人要取得货运单据提取货物，必须付清货款或提供担保。跟单汇票采用对进出口双方钱款和单据对流的方式，比较安全，因此，在国际货物结算中成为运用最多的结算工具。

光票是指不附有货运单据的汇票，又称为净票或白票。光票的流通全靠出票人、付款人或出让人（背书人）的信用。在国际结算中，费用或佣金等的收取采取光票方式。

4. 即期汇票（sight draft）和远期汇票（time draft）

从汇票的付款期限来分，有即期汇票和远期汇票。

即期汇票是指出口商开出即期汇票，开证行见票立即付款。有的信用证免出汇票，但在偿付条款中也明确规定："我行（指开证行）收到符合信用证的全套单据后将立即实现付款。"即期汇票可以在汇票付款期限栏中填上"at sight"。这种汇票无须提示承兑。

远期汇票是指指定付款人将于见票后××天或固定某日付款。

在实际业务中，一般远期付款的期限计算有四种。

（1）规定某一个特定日期，即定日付款。

（2）付款人见票后若干天付款（at…days after sight），如见票后30天、60天、90天、180天等。

（3）出票后若干天付款（at…days after date of draft）。

（4）运输单据日后若干天付款（at…days after date of transport document），其中，较多用"提单后若干天"（at…days after date of bill of lading）。

上述四种远期付款方式中，第二种使用最多。

（三）汇票的内容及填制

1. 汇票作为一种要式证券，必须具备的内容

（1）表明"汇票"的字样；

（2）无条件支付的委托；

（3）确定的金额；

（4）付款人名称；

（5）收款人名称；

（6）出票日期；

（7）出票人签章。

汇票上未记载前款规定事项之一的，汇票无效。汇票一般不得涂改。除了上述必备内容外，可因交易需要设置其他记载事项。

（1）利息条款。

（2）复本汇票条款。按有无复本划分汇票分为正本汇票（First Exchange）和副本汇票（Second Exchange），但一定要标明付一不付二或付二不付一。

（3）无追索权条款。

（4）出票条款。

2. 汇票的具体填制要求

（1）出票依据（Drawn under）——如为信用证支付方式，应填写开证行的完整名称，如为托收方式，应填 D/P 或 D/A。

（2）信用证号码（L/C No.）——填写信用证号。

（3）开证日期（Date of issuance）——填上信用证开立的日期。

（4）年息（Payable with interest@...% per annum）——这一栏由结汇银行填写，用以清算企业与银行间利息费用。

（5）号码（No.）——一般填商业发票的号码，以核对发票与汇票中相关内容，或者填汇票本身的顺序编号。

（6）小写金额（Amount in figures）——由货币符号和阿拉伯数字组成，例如美元二千零六元三十美分，写为：USD2,006.30。

填写时应注意以下各点。

①信用证没有特别规定，其金额应与发票金额一致。无证托收的汇票金额和发票金额一般均应一致。

②如信用证金额规定汇票金额为发票金额的百分之几，例如97%，那么发票金额应为100%，汇票金额为97%，其差额3%一般理解为应付佣金。

③如信用证规定部分以贷记通知单（Credit Note）扣应付佣金，那么

发票金额开 100%，而汇票金额应是发票金额减去"贷记通知单"金额后的余额。

④如信用证规定部分信用证付款，部分托收，应各分做两套汇票。信用证下支款的按信用证允许的金额支取，以银行为付款人。托收部分的以买方为付款人，发票金额是两套汇票相加的和。

（7）汇票交单日期和地点（Date and address）——一般是提交议付的日期，该日期往往由议付行填写。该日期不能迟于信用证的有效期，也不得早于各单据的出单日期。出票地点一般应是议付地点。

（8）汇票期限（At…sight）——如为即期汇票，在 At 与 Sight 之间打下"＊＊＊＊＊"符号，如为远期汇票，则应按信用证上规定的时间填制在此。

"60 days after"：见票后 60 天付款。

"30 days after"：出票日后 30 天付款。

"45 days after"：提单日后 45 天付款。

汇票的时间不包括见票日、出票日等，即常说的"算尾不算头"。

（9）收款人（Pay to the order of…）——在信用证方式下，通常都是填由受益人或出口人所委托的某家银行（议付行）的指示作为收款人。例如通过中国银行议付的就填"Bank of China"。

（10）汇票金额的大写（Amount in words）——汇票上的金额小写和大写必须一致。由货币名称和英文文字组成，习惯上在大写数字前加"say"和大写数字后加"only"字样。

①Say U. S. Dollars Two Thousand and Six and Cents Thirty Only.

②Say U. S. Dollars Two Thousand and Six and 30/100 Only.

③Say U. S. Dollars Two Thousand and Six and Point Thirty Only.

④Say U. S. Dollars Two Thousand and Six & Cents Thirty Only.

⑤Say U. S. Dollars Two Thousand and Six & 30/100 Only.

⑥Say U. S. Dollars Two Thousand and Six & Point Thirty Only.

（11）付款人（Payer）——根据信用证汇票条款中所规定的付款人填写，如信用证规定"DRAFT DRAWN ON US"，则这里付款人应填开证行的名称及地址。如信用证规定"DRAFT DRAWN ON APPLECANT"，则这里付款人应填开证申请人的名称及地址。

（12）出票人（Drawer）——汇票右下方应由出票人签字盖章。在信用证方式下，出票人一般是信用证上指定的受益人，并应与发票上的签署人相一致。

按有无复本划分，汇票分成正本汇票（First Exchange）和副本汇票（Second Exchange），但一定要标明付一不付二（Second/First Unpaid）或付二不付一（First/Second Unpaid）。

（四）汇票的使用

汇票的使用往往需要经过出票、提示、承兑和付款等程序。当汇票发生转让时，还要办理背书手续。汇票若被拒付，还得做成拒付证书，进行追索。

1. 出票

出票（issue）是指出票人填具汇票并交付给收款人的行为。出票人要承担所签发的汇票必然被受票人承兑或付款的责任，出票人若在汇票上加注"无追索权条款"，则可免除这种责任，但这种汇票不易为受让人所接受。

2. 提示

提示（presentation）是指收款人或持票人向受票人提交汇票要求承兑或付款的行为。受票人看到汇票即为见票（sight）。即期汇票是指受票人见票即须付款，汇票的提示即为付款提示。远期汇票是指受票人见票则要办理承兑，汇票的提示则为承兑提示。收款人或持票人若未在法定的期限内提示汇票，则可能丧失对其前手追索的权利。

3. 承兑

承兑（acceptance）是指受票人在汇票上签字，承诺到期兑付汇票的行为。汇票的承兑是由受票人在汇票上签名，写上"承兑（accepted）"字样，注明承兑的日期，并交还持票人。受票人承兑汇票即意味着受票人承认汇票所体现的债务，承诺到期履行付款责任。汇票的承兑仅限于远期汇票，若是即期汇票，受票人见票即须付款。

4. 付款

付款（payment）是指受票人向持票人偿付汇票金额的行为。对于即期汇票，一经提示，受票人即须付款。对于远期汇票，经过承兑，于到期日再次提示，受票人即要履行付款。汇票一经付款，与之相关的债权债务关系即告终止。已经付款的汇票经持票人签收，留给受票人作为收据存查。

5. 背书

背书（endorsement）是指汇票的收款人或持票人在汇票背面签名或盖章，或者再加署受让人名字，并将汇票交付给受让人的行为。汇票的背书可分为记名背书和空白背书两种。记名背书的汇票若再次发生转让，须由指定的受让人再次背书。空白背书又称无记名背书，是指背书人仅在汇票背面签名，并不指定被背书人（即受让人）。空白背书的汇票可凭交付而转让，无须再次背书。我国对外贸易实践中使用最多的是空白背书的汇票。

汇票经过背书，收款的权利就转让给了受让人，由受让人行使向受票人收取票款的权利。汇票经过背书而发生转让，对于受让人来说，所有在他之前的背书人以至出票人均为他的"前手"。对于出让人来说，所有在他之后的受让人都是他的"后手"。根据有关国家票据法的规定，前手要对后手承担所签发或背书的汇票必然被承兑或付款的担保责任。出让人若不愿承担这种责任，应在背书转让时加注"免予追索（without recourse）"之类的文字。这样，持票人在行使追索权时，只得跨越该出让人而向其前手追索。

6. 拒付

拒付（dishonour）是指受票人拒绝承兑汇票或者拒绝履行付款的行为。受票人被依法宣告破产或者发生死亡或逃匿等情况，使得汇票的承兑或付款在事实上成为不可能，同样构成拒付行为。受票人虽未明示拒付汇票，但迟迟拖延不付款或不承兑，也可认为汇票已被拒付。

7. 追索

汇票被拒付，持票人有权向任何一个前手追索，并可直至出票人。持票人行使追索权利应经过下述程序。

（1）在法定期限内向受票人提示汇票。

（2）将拒付事实及时书面通知其前手。

（3）在法定期限内提供拒绝证书。拒绝证书（protest）是一种证明付款人拒付的文件，通常由付款地的法定公证人或者其他依法有权做出这种证书的机构做出，如法院、银行公会等。

三、本票

（一）本票的定义

本票（promissory note）是出票人签发的，承诺自己在见票时无条件支付确定的金额给收款人或者持票人的票据。

（二）本票的种类

本票又可分为银行本票和商业本票。

1. 银行本票

银行本票是银行签发的，承诺自己在见票时无条件支付确定金额给付款人或者持票人的票据。按照《中华人民共和国票据法》（以下简称"《票据法》"）第73条中本票的定义"本法所称本票，指的是银行本票"。

（1）银行本票的特点

银行本票都是即期的。银行本票见票即付，可以用来支取现金，也可以用于转账，但银行本票仅限于在同城范围内的商品交易、劳务供应及其他款项结算。根据我国《票据法》第79条规定，我国只允许开立自出票日起，付款期限不超过2个月的银行本票。

（2）定额银行本票

定额银行本票是银行签发的，承诺在见票时无条件支付票面金额给收款人或者持票人的票据。定额银行本票目前只在部分地区（如上海、广州等）使用，这些地区的单位和个人均可以使用定额银行本票。定额银行本票的面额有1000元、5000元、5万元和10万元四种。

2. 商业本票

商业本票是由工商企业或个人签发的本票，也称为一般本票（general promissory note）。商业本票可按付款时间分为即期和远期两种。商业本票一般不具备再贴现条件，特别是中小企业或个人开出的远期本票，因信用保证不高，因此很难流通。我国的《票据法》所定义的本票仅指银行本票，所以，本书所介绍的本票为银行本票。

（三）本票必须记载的事项

（1）表明"本票"的字样；

（2）无条件支付的承诺；

（3）确定的金额；

（4）收款人名称；

（5）出票日期；

（6）出票人签章。

本票上未记载前款规定事项之一的，本票无效。

(四) 银行本票的使用

银行本票是银行签发的，承诺自己在见票时无条件支付确定金额给付款人或者持票人的票据。本票是承诺式票据，本票的基本当事人只有出票人和收款人两个，本票的付款人就是出票人自己。

银行本票的出票人是经中国人民银行当地分支机构批准办理本票业务的银行机构。因此银行本票是以银行信用为基础的，属于银行票据，具有较高的信誉。

银行本票可以用于一般商品交易，也可以用于劳务及其他款项的结算。银行本票可以办理转账结算，符合规定条件的也可以用于支取现金。银行本票仅限于同城使用，在这一点上不同于汇票。

银行本票的申请人可以是单位，也可以是个人，可以是在出票银行开立存款账户的单位和个人，也可以是没有在出票银行开立存款账户的单位和个人，但申请人必须先足额交存一定的本票资金。

银行本票见票即付，资金转账速度是所有票据中最快最及时的。

定额银行本票的起点金额是 1000 元，可以背书转让。

银行本票的提示付款期为两个月，超过提示付款期限，经出具证明后，仍可请求出票银行付款。

填明"现金"字样的银行本票丢失，可以向银行申请挂失，或向法院申请公示催告或提起诉讼。未填明"现金"字样的银行本票丢失不得挂失。

我国普遍运作银行本票的时间并不长，银行本票还是一种较新的票据结算方式，银行本票对于企事业单位和个人在同城范围办理转账结算具有明显的优点。从长远看，随着市场经济的发展和票据使用、流通的广泛，对出票人的资格限制必定会逐步放宽。

四、支票

(一) 支票的定义

支票（cheque，check）是出票人签发的，委托办理支票存款业务的银行或者其他金融机构在见票时无条件支付确定的金额给收款人或者持票人的票据。

支票都是即期的，限于见票即付，不得另行记载付款日期。另行记载付款日期的，该记载无效。有些支票虽有时被称为期票，但仍然不是远期的。若是填迟日期，那个日期实际上应被视为出票日期，对那个日期来说，支票仍是见票即付的即期支票。

出票人签发支票时，应在付款行存有不低于票面金额的存款。如存款不足，持票人提款时会遭银行拒付，这种支票称为空头支票。开出空头支票的出票人要负法律责任。

（二）支票的种类

1. 记名支票与不记名支票

记名支票是出票人在收款人栏中注明"付给某人"，"付给某人或其指定人"。这种支票转让流通时，须由持票人背书，取款时须由收款人在背面签字。

不记名支票又称空白支票，抬头一栏注明"付给来人"。这种支票无须背书即可转让，取款时也无须收款人在背面签字。

2. 转账支票与现金支票

支票上印有"转账"字样的为转账支票，转账支票是专门制作的只能用于转账的支票，转账支票不得用于支取现金。

支票上印有"现金"字样的为现金支票，现金支票是专门制作的用于支取现金的一种支票，现金支票只能用于支取现金。

3. 普通支票与画线支票

支票上未印有"现金"或"转账"字样的为普通支票，普通支票可以用于支取现金，也可以用于转账。

收款人收到未画线支票后，可通过自己的往来银行向付款银行收款，存入自己的账户，也可以径自到付款银行提取现款。

在普通支票左上角画两条平行线的称为画线支票（crossed cheque），画线支票只能用于转账，不得用以支取现金。视需要，支票既可由出票人画线，也可由收钱人或代收银行画线。

收款人收到画线支票，或收到未画线支票自己加上画线后，收款人只能通过往来银行代为收款入账。我国目前也有在普通支票上加画线而使之成为仅限于通过银行转账之用的。

4. 保付支票

为了避免出票人开出空头支票，收款人或持票人可以要求付款行在支票上加盖"保付"印记。付款银行保付后必须付款，这样的支票就是保付支票，支票经保付后身价提高。

（三）支票必须记载的事项

（1）表明"支票"的字样；

(2) 无条件支付的委托；

(3) 确定的金额；

(4) 付款人名称；

(5) 出票日期；

(6) 出票人签章。

支票上未记载前款规定事项之一的，支票无效。

（四）支票的使用

支票是出票人签发的，委托办理支票存款业务的银行或者其他金融机构在见票时无条件支付确定的金额给收款人或者持票人的票据。

按照我国多年使用支票的习惯，并考虑国际上的通行做法，我国保留了现金支票和转账支票，并新增了普通支票和画线支票。

支票是以商业信用为基础，要求支票的出票人有较高的信誉。票据法严禁签发空头支票。

支票可以用以办理转账结算，也可以用以支取现金，但用于支取现金的必须符合《现金管理条例》的规定。

支票的部分记载事项可以由出票人授权补记。出票人在签发支票时，可能无法确定支付的金额和收款人名称，为了便利，《票据法》明确规定了支票的金额、收款人名称可以由出票人授权补记，也可以由出票人授权本单位的使用人员补记，还可以授权收款单位补记。未补记前不得背书转让和提示付款。

支票可以背书转让，但是出票人在支票上记载"不得转让"字样的支票不得转让。背书人在背书栏注明"不得转让"字样的，被背书人也不得再转让。

支票的持票人可以委托其开户银行收款或者直接向付款人提示付款。用于支取现金的支票仅限于收款人向付款人提示付款。支票见票即付，但支票持票人委托其开户银行向付款人提示付款的，进账时间在同城为经过同城票据交换系统将票款划回的时间。2007年6月25日，支票在全国通用。支票全国通用后，异地使用支票时，一般来说，款项到账时间较同一城市范围内的支票可能稍长，确切的时间则因持票人采用的提示付款方式不同而有所差异。持票人最早可在2至3小时之内收到款项，一般最长在银行受理支票之日起3个工作日内可以收到异地支票款项。如果持票人选择向出票人开户银行提示付款，支票款项最短在1小时之内可以到账,最长的可能为 1 至 2 天。

第二节 汇付

一、汇付的基本概念

(一)汇付定义

汇付(Remittance),又称汇款,是国际贸易支付方式之一,也是最简单的国际货款结算方式。采用汇付方式结算货款时,出口商(卖方)依照售货合同,将货物运给进口商(买方)后,有关货运单据由卖方直接寄给买方,买方则委托当地银行将货款按合同列明的汇款方式(如电汇、信汇、票汇),通过受托行海外代理行交付国外出口商(卖方)。

根据资金流向和结算工具传送的方向是否一致,国际结算方式可分为顺汇和逆汇两类。顺汇(Remittance)又被称为汇付法,是指债务人委托本国银行,将款项主动汇付国外债权人的汇兑业务。顺汇的特点是它的资金流向与结算工具传送方向相同。顺汇包括贸易及非贸易项下的各种汇款业务。逆汇(Reverse Remittance)又被称为出票法,指债权人委托本国银行通过签发汇票等形式,主动向国外债务人索汇的另一类汇兑业务。逆汇的特点是它的资金流向与结算工具传送方向相反。逆汇包括贸易项下的信用证议付及跟单托收业务以及非贸易项下的光票托收业务。

(二)汇付方式的当事人

汇付方式的基本当事人,即汇款人、收款人、汇出行和汇入行。

汇款人(remitter),即付款人,一般是进口商或债务人,是委托当地银行将货款交付国外出口商的人。

收款人(payee)又被称为受益人,一般是出口商或债权人,也可以是汇款人自己,是接受汇款人所汇款项的指定当事人。

汇出行(remitting bank),是应汇款人委托或申请,按汇款人指定的汇款方式将货款汇付收款人的银行,通常为进口地银行。

汇入行(receiving bank),又被称为解付行(paying bank),是接受汇出行指令,将款项交付指定收款人的银行,通常是出口地银行。

(三)汇付方式的业务流程

汇付方式的业务流程,如图 4-5 所示。

图 4-5　汇付方式的业务流程图

二、汇付方式的种类

根据汇款方式的不同，汇款方式主要有电汇、信汇、票汇三种。

（一）电汇（telegraphic transfer，T/T）

电汇是指汇出行根据汇款人的申请，通过拍发加押电报或加押电传或环球银行间金融电讯网络（SWIFT）指示汇入行解付特定款项给指定收款人的汇款方式。

电汇方式的业务流程，如图 4-6 所示。

图 4-6　电汇方式的业务流程图

电汇的优点是交款迅速安全。在三种汇款方式中电汇是最快捷的一种。通常情况下，只要汇款人资金落实，汇款申请书填制正确，汇出行与汇入行之间的工作日为港澳地区 2~3 天，其他地区 4~7 天，比信汇和票汇的流转速度快得多。因此在实务操作中，电汇方式的使用率最高。由于电汇通常是银行间的直接通信，因此风险相对较小。电汇支付方式下，汇出行收取的费用由汇款手续费和电讯费组成，如是贸易项下的电汇，有些银行还要收取无兑换手续费。

目前，SWIFT 的付款电汇均以 MT100 格式发出，MT100 标准格式见表 4-2。

表 4-2　MT100 标准格式

Status	Tag. 提示	Field Name 栏位名称	Content/Options 内容
M	20	Transaction Reference Number 汇款编号	16x
M	32A	Value Date, Currency Code, Amount 起息日/货币/金额	6n3a 15number
M	50	Ordering Customer 付款人	4*35x
O	52A	Ordering Institution 付款人银行	A or D
O	53A	Sender's Correspondent 发送行的代理行	A, B or D
O	54A	Receiver's Correspondent 收款行的代理行	A, B or D
O	56A	Intermediary 中间行	A
O	57A	Account with Institution 受益人银行	A, B or D
M	59	Beneficiary Customer 受益人	[/34x] 4*35x
O	70	Details of Payment 汇款摘要	4*35x
O	71A	Details of Charges 汇款费用	3a
O	72	Sender to Receiver Information 银行指令	6*35x
M = Mandatory（必需项目）　　O = Optional（任选项目）			

(二) 信汇 (mail transfer, M/T)

信汇是汇出行根据汇款人的申请，将信汇委托书（M/T advice）或支付通知书（payment order）通过邮政航空信函送达汇入行，授权汇入行依其指令，解付特定款项给指定收款人的汇款方式。

信汇方式的业务流程，如图4-7所示。

图4-7 信汇方式的业务流程图

由于信汇委托书需通过航空信函送达，因此途中信函有遗失或延误的可能，由于委托付款指示的送达信汇要比电汇慢，所以收款人收汇时间较长。

(三) 票汇 (remittance by banker's demand draft, D/D)

票汇是汇出行根据汇款人的申请开立的以汇出行的国外代理行为解付行的银行即期汇票，交由汇款人自行邮寄指定收款人或由其自带银行汇票出境，凭票向解付行取款的汇款方式。

票汇方式的业务流程，如图4-8所示。

图4-8 票汇方式的业务流程图

票汇方式的优点是灵活。汇票可以由汇款人自行邮寄或自行携带。除非汇出行开出的是画线汇票且同时注明"NOT NEGOTIABLE"（不能转让）字样，否则汇票可背书转让。票汇支付方式下，汇出行收取的费用一般仅为汇款手续费，如是贸易项下的票汇同样要收取无兑换手续费。汇款手续费和无兑换手续费收取标准与电汇相同。由于汇票可以自行携带或背书转让，所以可以不发生其他费用，即使采用自行邮寄的办法，费用一般也低于电汇及信汇，因此在三种汇款方式中票汇费用最低。但票汇方式的缺点是风险大。自行邮寄或自行携带使得汇票遗失或毁损的可能性大大增加，背书转让又可能引起债务纠纷。

关于国际结算的费用，参照中国银行的资费表，如表4-3所示。

表4-3　国际结算的费用

服务项目	收费标准
汇出境外汇款	
电汇	汇款金额的1‰，最低50元/笔，最高1000元/笔，另加收电讯费
票汇、信汇	汇款金额的1‰，最低100元/笔，最高1200元/笔，另加收邮费（如有）
外币光票托收	
光票托收	托收金额的1‰，最低50元/笔，最高1000元/笔，另加收邮费
买入外币票据	
买入票据	票据金额的7.5‰，最低50元/笔
现钞托收	100元/笔，另加收邮费
汇出境外汇款	
进口托收	进口代收金额的1‰，最低100元/笔，最高2000元/笔
跟单托收	代收金额的1‰，最低100元/笔，最高2000元/笔，另加收邮费

备注：

1. 本表为对公国际结算资费表。
2. 我行费用计价单位为人民币，可收取人民币或等值外汇；收取等值外汇时，按当日公布中国银行外汇买入价折算收取。
3. 除另有约定外，我行一律向业务委托方收取有关费用。
4. 凡业务发生的境外银行收费，按实收取。
5. 以上所列价格为基准价格，我行有权根据客户资信状况、交易风险程度及业务复杂性的不同进行浮动。

三、汇付业务的实务操作

根据汇款资金流向的不同，汇款业务又可分为"汇出汇款业务"和

"汇入汇款业务"。

（一）汇出汇款

汇出行处理的汇款业务称为汇出汇款（outward remittance）业务。

汇出汇款按性质可分为贸易汇款和非贸易汇款。贸易项下的汇款主要用于支付进口货款（包括贸易项下的从属费用，如运费、保险费、佣金、赔款、罚款、利息、押金、保证金、广告费等）。非贸易项下汇出的汇款有赡家费、外籍人员允许汇出的工资、外商投资企业外方利润、律师费、代理费等。

1. 正确填具汇款申请书

汇款申请书主要包括以下内容，汇款方式、汇款日期、收款人名称、收款人地址（城市名，国名）、开户行行名、银行账号、货币金额的大小写、汇款人名称、附言、汇款人签名盖章（汇款人为公司，需加盖开户时预留的印鉴）。汇款申请书上的各项内容均须用英文填写。

电汇和票汇申请书通常使用同一格式。汇款人如果是企事业单位，则应填写一式二联的汇款申请书。第一联由汇款人签名盖章，银行凭此办理汇款，并作汇出汇款科目贷方传票附件，第二联由银行加盖业务章后交汇款单位备查。私人汇款填写一联即可。

信汇汇款申请书一式三联。第一联由汇款人签名盖章，银行凭此联办理汇款，并作汇出汇款科目贷方传票附件。第二联是信汇通知书，寄送付款行。第三联由银行加盖业务章后交汇款人备查。

2. 汇款

汇款人在申请汇款时，须将所汇款项如数交纳或划付给汇出行。同时有义务付清受托行（汇出行）要求缴付的所有银行费用。汇出行根据汇款人所填汇款申请书的要求，发电（函）指示汇入行付款或开立即期银行汇票，并及时偿付汇入行。

当采用电汇或信汇方式时，如要办理汇款退汇，前提是需在汇款解付前提出撤销申请。每办理一笔退汇，汇出行需收取退汇费用人民币100元。退汇的手续是先由汇款人提出书面申请并退还原汇款凭证，然后由汇出行向付款行致电（函）要求退汇，待收到付款行同意撤销的确认电（函）且查实该款项已贷记本行的总行账户后，通知汇款人来行办理退汇。当采取票汇方式时，退汇的前提是汇款人在寄发汇票以前提出撤销申请。每办理一笔退汇，汇出行收取的退汇费用也是人民币100元。退汇的手续是先由汇款人提出书面申请并交还原汇票且在该汇票上背书，然后由汇出行在汇票上加盖"注销"（CANCEL）章并立即通知付款行将已寄出的票根退回注销。

（二）汇入汇款

汇入行处理的汇款业务称为汇入汇款（inward remittance）业务。

1. 解付

汇入行在收到国外汇出行所汇头寸或可以立即借记汇出行账户的通知后，才可办理解付。无特殊情况，银行不予以垫付头寸。

对电汇和信汇来说，汇入行接到汇出行的汇款电报、电传及信汇委托书正本后，电汇核对密押，信汇委托书核对印鉴。对票汇来说，收到汇出行的支付通知书（票根）后，汇入行核对签字样本。收款人持票前来兑取汇款时，银行还须再次核对出票行签署的有效性、汇票签发有效日期，并要求收款人在正本汇票的反面背书。

2. 退汇

收款人在汇款抵达前已经回国或收款人回国前已来授权汇入行办理退汇手续，收款人拒收汇款，款项解付前，汇出行来电（函）要求将汇款撤销并退回。款项解付后，汇出行来电（函）要求撤销汇款时，汇入行须征询收款人意见，否则无权自行退汇。

四、汇付方式的性质和实际运用

在国际贸易实务中，使用汇付方式结算货款的过程中，银行不提供信用而只提供服务。运用汇款方式结算进出口双方的债权债务，以货物与货款交付的先后来划分主要有预付货款和货到付款。

（一）预付货款

预付货款（payment in advance）是进口商先将部分货款通过汇款方式预支给出口商，出口商收到货款后，在约定时间内备货出运，货交进口商的一种结算方式。其实质是进口商向出口商预交一笔订金（down payment）。同一笔汇款，进口商称为预付货款，对出口商来说即为预收货款（advance on sales）。

预付货款的结算方式相对有利于出口商，对进口商较为不利。对于出口商来说,就资金而言,货物出运前已得到一笔货款或称之为无息贷款,出口商可以先收款后购货出运,主动权在他手里。就风险而言,一方面,预付货款的支付对于进口商日后可能出现的违约行为起到一定程度的制约作用;另一方面,一旦进口商违约,出口商也可将该预付款抵扣部分货款及费用,减少其损失。

对于进口商来说,就资金而言,货物未到手之前,先汇出货款,资金被占用时间长。就风险而言,一方面,出口商收款后,可能未按时履行交货/交单的义务或未符合合同规定的货物质量和数量的要求;另一方面,如果出口商违约,即便进口商依约向出口商提出索赔,不仅费时费力,而且丧失了稍纵即逝的商机。

进口商考虑预付货款主要是基于:(1)该商品热销而货源有限,且进口商对市场情况有一定的把握;(2)出口商是信誉良好的大公司,双方之前已有较为频繁的业务往来;(3)要求出口方银行出具预付货款保函。

(二) 货到付款

货到付款(payment after arrival of goods)是出口商先发货,进口商收到货物后,在约定期限内向出口商汇付货款的结算方式,其实质是赊账交易(open account transaction,O/A)。货到付款交易情况与预付货款恰好相反,该结算方式无疑有利于进口商而不利于出口商。

我国的进口商申请办理货到付款性质的汇款,须向银行提供证明贸易真实性的文本资料,例如贸易进口付款核销单(代申报单)、合同、发票、正本运输单据、正本进口货物报关单、进口付汇备案表、进口批文、代理协议、售(付)汇通知单等。

第三节 托收

一、托收的基本概念

(一) 托收的定义

托收(collection)是国际结算中常见的基本方式之一,通常又称无证托收,意指出口商根据双方签订的贸易合同的规定,在货物发运后,委托当地银行按其指示,明确交单条件,即凭付款及/或承兑及/或以其他条件交单,借此通过代收行向进口商提示金融单据(又称资金单据,包括汇票、本票、支票、付款收据或其他类似用于取得付款的凭证)或商业单据(指发票、运输单据、所有权凭证或其他类似的单据或其他"非金融"方面的单据,如保险单据等)而收取货款的结算方式。

(二) 托收方式的主要当事人

托收方式的主要当事人由以下几部分组成。

(1) 委托人(principal),指委托当地银行办理托收业务,代收货款的人,通常为出口商。

(2) 付款人(payer),指被代收行提示单据,并应承担付款或承兑赎单的人,通常为进口商。

(3) 托收行(remitting bank),是委托人的代理人,是接受委托人的委托,向付款人代收货款的银行,通常为出口地银行。

(4) 代收行(collecting bank)是托收行的代理人,是受托收行的委托,参与办理托收业务及/或直接向付款人提示单据而代为索款的进口地银行。通常为付款人的账户行或托收行的代理行。

(5) 提示行(presenting bank),指接受托收行或代收行的委托,直接向付款人提示单据,代为索款的进口地银行。

通常情况下,提示行就是代收行。当托收指示中的代收行与付款人地处同一国家的两个城市或两者无直接账户关系时,且托收行未指定具体的提示行,则代收行有权自行选择一家本行的代理行为该笔托收业务的提示行,而此时,单据的代收行与提示行则分别为两家各自独立的银行。

(三) 出口托收的种类

按照是否附有商业单据来划分,出口托收方式主要有两类,即光票托收和跟单托收。

1. 光票托收

光票托收(clean collection)是指仅凭金融单据向付款人提示付款,而不附带任何商业单据的一种托收方式。光票托收一般适用于货款的尾数、样品费、进口赔款等金额较小的费用的结算,而汇票的付款期限通常为即期。

2. 跟单托收

跟单托收(documentary collection)是指金融单据附带商业单据或为节省印花税而仅凭商业单据,不附带任何金融单据来提示承兑及/或付款的托收方式。

根据交付货运单据条件的不同，跟单托收结算方式又可细分为承兑交单与付款交单两种。

承兑交单（documents against acceptance，D/A）是指代收行或提示行仅凭付款人在远期汇票上"履行承兑"［在汇票正面所示的具体承兑日（acceptance date）与到期日（due date）一侧加盖公章并注明"同意承兑"字样］为唯一的交单条件。至此，作为代收行或提示行就已履行了托收指示中其应尽的责任。（实务中，汇票到期之日或之前，付款人应将已承兑款项划至代收行或提示行以便银行按时汇付。而作为一家负责的代收行，当汇票临近到期日时，应善意提醒付款人届时支付义务的履行。若届时付款人拒付，也应及时向托收行尽其通达的义务。）

付款交单（documents against payment，D/P）是指代收行或提示行须凭付款人的实质性付款为同意放单的唯一条件。

根据付款期限的远近，付款交单方式又可细分为即期付款交单（D/P at sight）与远期付款交单（D/P at ××days after sight/after B/L date）。

即期付款交单指凭即期汇票及相关商业单据或仅以相关商业单据的交付请求即期付款的托收方式。

远期付款交单指须凭远期汇票及相关商业单据或仅以相关商业单据在将来某一确定日期的交付请求届时付款的托收方式。

在实务操作中，代收行或提示行届时仍习惯以付款人的已承兑汇票作为付款提示。在此需强调的是"URC522"不鼓励采用远期付款交单的方式。

二、出口托收的一般业务程序

（一）出口托收的申请

出口企业委托其开户行或某一银行办理托收时，应填制出口申请书。出口申请书内须明确注明代收行名称及详细地址、付款人的名称及详细地址、付款金额、付款期限和交单条件、单据种类和份数、合同号码、商品名称、货款收妥后用电报或信函告知、具体联系人及电话、托收业务中发生的代收行费用由谁承担、付款人拒付或拒绝承兑时单据和货物应如何处理等所有有关托收的条件，且加盖公章为证，以便托收行执行。

另外，如果托收的价格条款是CFR，则出口企业在交单时，最好随单附一份担保通知，说明已通知买方保险。

出口企业填写托收申请并将出口货物出运的运输单据、汇票及发票等商业单据一并递交托收行，委托代收货款。

（二）出口托收的修改

出口托收寄单后，可能会因情况变化需要修改托收金额与条款等内容时，构成出口托收的修改。

1. 出口商提出的修改

出口商提出的修改，则由出口商提交书面的托收修改申请。申请书上要注明原托收单据的有关信息，即金额、发票号、合同号、商品名称、付款人，以及修改后新的委托指示及简明说明事由，加盖本司公章后交托收行审核，由托收行通过电传、SWIFT或信函方式通知国外代收行办理修改手续。

2. 付款人提出的修改

如果由代收行来函（电）通知付款人拒绝承兑或付款，要求改变交单条件或其他要求，托收行有责任立即通知出口商，由出口商研究处理。若出口商同意其要求，则出口商须拟书面修改前交托收行，由托收行转告代收行确认；若出口商不同意修改，坚持按原托收指示行事，同样须以书面形式明示托收行后，由托收行通过代收行与付款人再行交涉。

（三）出口托收的注销

若国外客户迟迟不予赎单，出口商有权向银行提出申请，注销该笔托收业务。受托银行查核后联系国外代收行退单，待托收行收妥因托收业务所产生的各项银行费用及国外退单后，该笔托收业务才告正式注销。

（四）出口托收业务流程

出口托收业务流程，如图4-9所示。

图4-9 出口托收业务流程图

三、托收统一规则

各国银行在办理托收业务时，银行与委托人之间对各方的权利、义务和责任经常因解释上的分歧而产生纠纷，影响国际贸易和结算的开展。为此，国际商会曾于1958年拟定了《商业单据托收统一规则》（Uniform Rules for Collection of Commercial Paper）（国际商会第192号出版物）。1967年5月，国际商会修订了上述规则并建议自1968年1月1日起实施（即国际商会第254号出版物），在银行托收业务中取得了统一的术语、定义、程序和原则，同时为出口人在委托代收货款时有所依循和参考。此后，随着国际贸易不断发展，国际商会于1978年对该规则作了修订，改名为《托收统一规则》，即国际商会第322号出版物（Uniform Rules for Collection, ICC Publication No. 322），简称"URC322"，于1979年1月1日起实施。在使用了17年以后，根据使用中的情况和出现的问题，国际商会于1995年4月又一次颁布了新的修订本，作为国际商会第522号出版物，名称仍为《托收统一规则》（Uniform Rules for Collection），版本为国际商会第522号出版物（ICC Publication No. 522），简称"URC522"，并于1996年1月1日起正式实施。"URC522"全文共26条，分为总则和定义、托收的形式和结构、提示方式、义务和责任、付款、利息和手续费及其他费用、其他条款共七个部分，对国际托收程序、技术和法律等方面均有所修改。新规则已被许多国家的银行采纳，并据以处理托收业务中各方的纠纷和争议。我国银行在接受托收业务时，也遵循该规则办理。

《托收统一规则》是国际商会制定的，仅次于《国际贸易术语解释通则》和《跟单信用证统一惯例》，有着重要影响的规则。该规则自公布实施以来，很快被各国银行所采用，对减少当事人之间在托收业务中的纠纷和争议起了较大作用，但由于它只是一项国际惯例，所以，只有在托收指示书中约定按此行事时，才对当事人有约束力。

托收方式对进口商来说，由于不需要预垫资金，或仅需垫付较短时间的资金，所以非常有利。如果采用承兑交单条件，进口商还有进一步运用出口商资金的机会，或者仅凭本身的信用进行交易而无需购货资金。所以，以托收方式进行结算，能调动进口商的经营积极性，提高交易商品在国际市场上的竞争力，出口商据此可以达到扩大销售的目的。因而，在国际贸易中，托收方式经常被用作一种非价格竞争的手段。

但是，对进口商非常有利的托收方式，出口商则承担着很大的风险，这是一把"双刃剑"。按照《托收统一规则》，银行在托收业务中，只提供服务，不提供信用。银行只以委托人的代理人行事，既无法保证付款人必然付款，也无检查审核货运单据是否齐全、是否符合买卖合同的义务。当发生进口商拒绝付款赎单的情况后，除非事先取得托收银行同意，代收银行也无代为提货、办理进口手续和存仓保管的义务。所以，托收方式与汇付方式一样，也属商业信用性质。出口商委托银行收取的货款能否收到全靠进口人的信用。所以，采用托收方式，出口商必须对进口商的资信情况、经营能力和经营作风，进行了解，适度掌握授信额度。原则上国外代收行一般不能由进口人指定。出口商在货物装运后，直到买方付清货款前，都要关心货物安全，在出口业务中，原则上应由我方办理保险，即争取以 CIF 或 CIP 条件成交。对贸易管制和外汇管制较严的国家，在使用托收方式时要特别谨慎，对于进口需要领取许可证的商品，在成交时应规定进口商将领得的许可证或已获准进口外汇的证明在发运有关商品前寄达，否则不予发运。填写运输单据时一般应做空白抬头并加背书，如需做代收行抬头时，应先与银行联系并经认可后办理，被通知人一栏必须详细列明进口商的名称和地址，以便承运人到货时及时通知；出口商应严格按照出口合同规定装运货物、制作单据，以防止被买方找到借口拒付货款。采用远期付款交单方式更要慎重。总之，在托收业务中，出口商的风险很大，资金负担也较重，所以，在出口业务中决定采用托收方式收款时必须慎之又慎。

当然，如果我方作为进口商时，采用托收方式支付货款则非常有利，我们应该积极争取。

第四节 信用证

一、信用证的含义及其作用

（一）信用证的含义

信用证（letter of credit，简称 L/C）又称信用状，是指开证银行应开证人的请求开具给受益人的，保证在一定条件下履行付款责任的一种书面担保文件。在国际贸易中，向银行申请开立信用证的是买方（即进口人），信用证的受益人是卖方（即出口人），开证银行在信用证中向受益人做出承诺，只要受益人按照信用证条款提交合乎信用证要求的单据，开证银行保证履行付款或承兑的责任。因此,信用证对于买方是银行授予的一种信用工具,对卖方是银行向其保证付款的一种支付手段。在信用证付款条件下,银行承担第一性付款责任,因此,信用证付款的性质属于银行信用。

信用证虽以贸易合同为基础,但信用证一经开出就成为独立于合同以外的另一种契约。开证银行只受信用证的约束而与该合同完全无关。

信用证纯粹是单据业务,银行处理的只是单据,不问货物、服务或其他行为。银行只强调从表面上确定其是否与信用证条款相符,以决定是否承担付款的责任。

(二) 信用证的作用

信用证付款方式是目前我国对外贸易结算中使用最多的支付方式。信用证的作用有以下两点。

1. 信用证的使用可促成国际贸易交易的达成

国际贸易中的买卖双方分处不同的国家或地区,对彼此的财力和商业信誉不太了解。一笔交易从磋商、成交到合同履行,往往需要经过一段相对较长的时间。在这段期间,不仅国际市场的行情可能波动,而且买卖双方的财务状况或经营条件也可能发生变化。因此,买卖双方谁先出钱或出货都会感到不安全。买方会担心在履行付款之后,卖方不交付货物或交不出货物。卖方则担心在交出货物或者代表货物的货运单据之后,买方可能拒收货物或者拒付货款。采用信用证方式付款,卖方得到银行以信用证方式做出的确切保证,只要依据信用证要求装运货物提交单据,开证银行即保证履行付款责任。买方在通过银行承兑汇票或者支付货款之后,则肯定会得到代表货物的表面合乎要求的货运单据,凭以提领货物。由于银行信用远比买卖双方之间的商业信用可靠得多,从而也更容易为买卖双方所接受,因此,可促成国际贸易交易的达成。

2. 信用证的使用有利于买卖双方的资金融通

在信用证付款条件下,出口方可以凭信用证向当地银行抵押贷款,俗称"打包放款",在出运货物之后,即可备齐单据,凭信用证向当地银行申请办理押汇,收回货款。进口方在偿付全部货款前,只需付一定的开证保证金,银行就能为进口商开立信用证。若是远期信用证付款,买方资信又不错,则可凭信托收据向银行借单,预先提领货物转售,待到约定的付款日期才向银行偿付货款。因此,以信用证方式付款利用的是银行的资金，有利于买卖双方的资金融通。

二、信用证的主要内容

在进出口业务中使用的信用证虽然没有统一的格式，但基本项目是相同的，主要有以下几方面。

（1）信用证本身的说明。如信用证的种类、性质、金额及其有效期和到期地点等。

（2）货物本身的描述。货物的品质、规格、数量、包装、价格等。

（3）货物运输的说明。装运期限、起运港（地）和目的港（地）、运输方式、可否分批装运和可否中途转船等。

（4）单据的要求。单据中主要包括商业发票、提单、保险单等。

（5）特殊条款。根据进口国政治经济贸易情况的变化或每一笔具体业务的需要，可能做出不同规定。

（6）有开证行对受益人及汇票持有人保证付款的责任文句。

使用信用证作为支付方式，出口商做到信用证与合同、信用证与单据、单据与单据、单据与货物相一致，才能安全及时收汇。

三、信用证的使用程序

信用证的基本当事人有开证申请人、开证银行和受益人。此外，还有其他关系人，有通知行、保兑行、付款行、偿付行、议付行等。

开证申请人（Applicant）是指向银行申请开立信用证的人，一般为进口人，在信用证中往往又称开证人（Opener）。如由银行自己主动开立信用证，此种信用证所涉及的当事人，则没有开证申请人。

开证银行（Opening Bank，Issuing Bank）是指接受开证申请人的委托，开立信用证的银行，一般是进口地的银行。信用证一经开出，开证行负有承担付款的责任。

受益人（Beneficiary）是指信用证上指定的有权使用该证的人，一般为出口人。受益人通常也是信用证的收件人（Addressee）。

通知银行（Advising Bank，Notifying Bank）是指接受开证行的委托，将信用证通知（或转交）受益人的银行。通知银行只证明信用证的真实性，并不承担其他义务。通知银行一般是出口人所在地银行。

议付银行（Negotiating Bank）是指愿意买入受益人交来跟单汇票的

银行。议付银行可以是指定的银行，也可以是非指定的银行，由信用证的条款来规定。议付银行又称押汇银行、购票银行或贴现银行。

付款银行（Paying Bank，Drawee Bank）是指信用证上指定的付款银行。它一般是开证行，也可以是指定的另一家银行，根据信用证的条款的规定来决定。

偿付银行（Reimbursing Bank）是指受开证行的指示或授权，对代付银行或议付银行的索偿予以照付的银行。信用证的偿付银行又称信用证的清算银行（Clearing Bank）。

保兑银行（Conforming Bank）是指开证银行请求在信用证上加具保兑的银行，它具有与开证银行相同的责任和地位。

承兑银行（Accepting Bank）是指对承兑信用证项下的单据，经审单确认与信用证规定相符时，在汇票正面签字承诺到期付款的银行。承兑银行可以是开证银行本身，也可以是通知行或其他指定的银行。

信用证的使用基本程序如图 4-10 所示。

图 4-10　信用证支付的一般程序

（1）买卖双方在合同中约定凭信用证付款。

（2）买方向当地银行申请开证，并按合同内容填写开证申请书和交纳开证押金或提供其他保证。

（3）开证行按申请内容开证，并通知通知行。

（4）通知行将信用证交与受益人（卖方）。(信用证通知书样式见相关链接)

（5）卖方收到信用证后，如审核无误，即按信用证要求发货，开出汇票并附各种单据向有关银行议付货款。

（6）议付行将汇票和单据给开证行或信用证指定的付款行索偿。

（7）付款行将货款偿付给议付行。

（8）开证行收到单据后，即通知买方付款赎单。

四、信用证的种类

（一）跟单信用证和光票信用证

根据付款凭证的不同，信用证可分为跟单信用证和光票信用证。

1. 跟单信用证（Documentary Credit）

指凭跟单汇票或单纯凭单据付款、承兑或议付的信用证。所谓"跟单"大多是指代表货物所有权或证明货物已装运的运输单据、商业发票、保险单据、商检证书、海关发票、产地证书、装箱单等。

2. 光票信用证（Clean Credit）

指开证行仅凭受益人开具的汇票或简单收据而无需附带单据付款的信用证。光票信用证在国际贸易货款的结算中主要被用于贸易总公司与各地分公司间的货款清偿及贸易从属费用和非贸易费用的结算。

（二）不可撤销信用证和可撤销信用证

在 UCP500 中根据开证银行的保证责任性质，可分为不可撤销信用证和可撤销信用证。在 UCP600 中取消了可撤销信用证。

不可撤销信用证（Irrevocable Credit）是指信用证一经通知受益人，在有效期内，非经信用证受益人及有关当事人（即开证行、保兑行）的同意，不得修改或撤销信用证。不可撤销信用证对受益人提供了可靠的保证，只要受益人提交了符合信用证规定的单据，开证行就必须履行其确定的付款义务。国际贸易结算的信用证绝大多数为不可撤销信用证。

（三）保兑信用证和非保兑信用证

不可撤销信用证中，根据有无另一家银行提供保兑可分为保兑信用证和非保兑信用证。对于卖方来说，可能因为开证行是一家己方不熟悉的国外小银行，这家银行与买方关系不一般，或者可能受到尚未可知的外汇管制的限制,因此,希望有另外一家银行,最好是由卖方当地银行给开证行的付款保证再加以保证(保兑)。

1. 保兑信用证(Confirmed Letter of Credit)

指开证行开出的信用证由另一家银行保证兑付的信用证。经保证兑付的信用证,对符合信用证条款规定的单据履行付款义务,有保兑行兑付的保证。对于保兑信用证,开证行和保兑行都承担第一性的付款责任,所以,这种有双重保证的信用证对出口商安全收汇是有利的。

开证行要求通知行或第三家保兑行的邀请或授权,常见的措辞有:

(1) We authorized to add your confirmation.

(2) Please notify beneficiary and adding your confirmation.

(3) We have requested forwarding bank to add their confirmation to this credit.

保兑行同意保兑的措辞常见的有:

(1) We confirmed the credit and thereby undertake that all drafts draw and presented as above specified will be dully honored by us at our counter on or before. . . .

(2) At the request of our correspondent, we confirm their credit and also engage with you that all drafts drawn under and in compliance with the terms of this credit will be dully honored.

通知行保兑的不可撤销信用证的流程,如图 4-11 所示。

图 4-11　通知行保兑的不可撤销信用证的流程

2. 非保兑信用证（Unconfirmed Letter of Credit）

指未经另一家银行加具保兑的信用证，即一般的不可撤销信用证。在非保兑信用证中，只有开证行承担付款责任，也就是由开证行单独负责付款。非保兑信用证一般通过卖方国家的银行通知给卖方，并且相关的运输单据和其他单据通常也是提交给这家银行以求得到最终付款。但是，最终的付款责任依旧由买方承担。通常在与发达国家的一家荣膺评估的开证行打交道时，大部分卖方很可能接受这种非保兑信用证作为较安全的支付工具。如果对开证行及其资信状况有疑问，可以通过本地银行的国际业务部门进行查询。

通知行非保兑的不可撤销信用证的流程，如图 4-12 所示。

图 4-12　通知行非保兑的不可撤销信用证的流程

（四）即期信用证和远期信用证

根据付款时间不同，信用证可分为即期信用证和远期信用证。

1. 即期付款信用证（Sight L/C）

开证行或付款行收到符合信用证条款的汇票及/或单据，立即履行付款责任的信用证。由于即期信用证可使受益人通过银行付款或议付及时取得货款，因而在国际贸易结算中被广泛使用。即期信用证一般要求出具汇票，汇票的付款人是银行，但目前由于信用证有时规定无须开立汇票，所以凡是凭单据立即付款的信用证，都是即期付款信用证。即期付款信用证付款的性质属于立即、终局性、无追索权的付款。即期付款信用证的付款银行为开证行或被指定使用信用证的银行。

即期付款信用证的常见措辞有：

（1）Credit is available by sight payment with ××× bank. (or) Credit is available with advising bank by payment at sight against the documents detailed herein and beneficiary's draft (s) drawn on advising bank.

（2）Upon receipt of documents in conformity with the L/C, we will credit your account with us.

2. 远期信用证（Usance L/C）

指开证行或付款行收到远期汇票或单据后，在规定的一定期限内付款的信用证。其主要作用是便利进口商资金融通。远期信用证主要包括延期付款信用证、承兑信用证、议付信用证。远期信用证是否必须提交汇票，是划分延期付款信用证与承兑信用证的主要标志。

（1）延期付款信用证

延期付款信用证（Deferred Payment L/C）是指开证行或被指定延期付款的银行仅凭受益人提示的满足信用证条款的单据，承担延期付款的责任，并于信用证到期日向受益人付款的信用证。

使用延期付款信用证不需要开立汇票。在实务中，如果开证申请人需要汇票，开证行可要求受益人或寄单行于延期付款信用证的到期日向其提示即期汇票。（注意，此种汇票不宜贴现。）

延期付款信用证中确定付款日的常见表述有：

①开证行见单后若干天付款（×× days after sight）

②装运日后若干天付款（×× days after B/L date or ×× days after the date of shipment）

延期付款信用证的付款属于延期、终局性、无追索权的付款。延期付款信用证的付款银行为开证行或被指定使用延期付款信用证的银行。

延期付款信用证的常见措辞有：

①Credit is available by deferred payment at ×× days after sight (or ×× days after B/L date) with ×× bank.

②We hereby engage that payment will be dully made at maturity against the documents presented in conformity with the terms of this credit.

（2）承兑信用证

承兑信用证（Acceptance L/C）是指付款银行在收到符合信用证规定的远期汇票和单据时，先在汇票上履行承兑手续，等汇票到期日再付款的信用证。

延期付款信用证和承兑信用证均属远期信用证，均是在交单以后某一个可以确定的日期付款。两者的不同点在于承兑信用证有汇票，必须有一个承兑的过程。承兑后，承兑行即承担不可推卸的到期付款的责任。经承兑的汇票，受益人便可去贴现市场贴现，获得资金周转。延期付款信用证则没有上述要求或规定，即使因开证申请人坚持，开证行允许受益人或寄单行于延期付款的到期日向其提示即期汇票，此种汇票也很难在贴现市场中获得融资。

承兑信用证一般必须要求提供远期汇票，而承兑人，即日后的付款人可以是开证行，亦可以是信用证中指定的使用该证的银行。付款日系汇票承兑日后某一可以确定的日期。付款性质属终局性、对受益人无追索权的付款。承兑后承兑行可确定并注明付款日。如向开证行电索，电报费由开证行承担，若议付行收到承兑电后又要求寄回全套已承兑汇票，则承兑行有权拒绝。

承兑信用证常用的措辞有：

①Credit available with ×× bank by acceptance of drafts at ×× days sight against the documents detailed herein and beneficiary's drafts drawn on ×× bank.

② (Undertaking clause) We hereby engage that drafts drawn in conformity with the terms of this credit will be dully accepted on presentation to drawee bank and dully honoured on maturity.

（3）议付信用证

议付信用证（Negotiation L/C）是指允许受益人向某一指定银行或任何银行交单议付的信用证。通常在单证相符条件下，银行扣取垫付利息和手续费后即付给受益人。议付是汇票流通中的一个环节，除非保兑行议付，否则议付银行对其议付行为可保留追索权。（如果汇票付款人不付款，持票人有权向其前手追索，直至出票人为止。）议付信用证可分为自由议付信用证（available by negotiation with any bank）、限制议付信用证（negotiation restricted to ×× bank）和指定议付信用证（available by negotiation with ×× bank）。

自由议付信用证亦称公开议付或流通信用证，指开证行对愿意办理议付的任何银行作公开的议付邀请和普遍的付款承诺。尽管自由议付信用证规定任何银行议付，但指的是到期地点的任何银行。如果选择非到期地点的银行交单，则该银行为受益人的交单行，并且在该信用证有效期之前，必须保证单据到达开证行。

指定议付与限制议付的相同点是两者都特定某一被授权银行的议付。不同点是两者的开证银行开立的动机不同，指定议付是为了便于受益人向该指定银行交单，开证银行开立限制议付信用证的主要目的是为被限制的银行招揽业务，被限制银行通常为开证行的代理行。

议付一般需要汇票，汇票的主要作用是开证行的支付凭证，是已履约的凭据，能维护双方利益。有些银行开立的信用证不要汇票的主要原因是为节省开具汇票而支付的印花税。所以，以发票或收据替代汇票，将汇票中应具备的要素均在发票或收据上显示。

（五）可转让信用证和不可转让信用证

按受益人是否有权将信用证转让给其他人使用，信用证可分为可转让信用证和不可转让信用证。

1. 可转让信用证（Transferable L/C）

指信用证的第一受益人将现存信用证的全部或部分金额转让给第二受益人（通常是货物的最终供货方）使用的信用证。这种信用证经常被中间商当作融资工具使用。

（1）可转让信用证的签发程序

可转让信用证的签发程序，如图 4-13 所示。

图 4-13　可转让信用证的签发程序

①中间商(第一受益人)和卖方(第二受益人)订立购货合同;
②中间商和买方订立售货合同(第一步和第二步没有先后顺序);
③买方向开证行递交开证委托书;
④开证行签发信用证并将信用证转给通知行;
⑤通知行通知中间商这笔信用证;
⑥中间商指示将信用证转让给卖方(第二受益人);
⑦通知行将信用证转让给转让行(卖方银行);
⑧转让行告知卖方(第二受益人)这笔信用证。
(2)可转让信用证转让受益的程序
可转让信用证转让受益的程序,如图4-14所示。

图4-14 可转让信用证转让受益的程序

①中间商(第一受益人)向议付行提示单据;
②议付行付款给中间商而不是卖方(第二受益人);
③议付行付款给转让行,转让行依次支付给卖方(第二受益人)转让的金额;
④议付行向开证行提交单据;
⑤开证行依据信用证条款向议付行付款或偿付;
⑥开证行向买方提示单据;
⑦买方依据信用证条款向开证行付款。

2. 不可转让信用证（Non-transferable L/C）

指受益人无权转让给其他人使用的信用证。凡在信用证上没有注明"可转让"字样的信用证，都是不可转让信用证。

（六）假远期信用证

假远期信用证（Usance Credit Payable at Sight）又称远期汇票即期付款的信用证，即出口商在货物装船并取得装运单据后，按照信用证规定开具远期汇票，向指定银行即期收回全部货款。对出口商来说，它与即期信用证无区别，但汇票到期时如被拒付则要承担被追索的风险。而进口商却可在远期汇票到期时，才向银行付款并承担利息和承兑费用，它实际上是银行对进口商的一种资金融通。

（七）循环信用证

循环信用证（Revolving L/C）是指该信用证在一定时间内利用规定金额后，能够重新恢复信用证原金额而再被利用，直至达到规定次数或规定的总金额为止。它可按时间循环和按金额循环，后者又可分为3种。

1. 自动循环（Automatic Revolving）

即在一定时期内金额被使用完毕后，不等开证行通知而恢复到原金额。

2. 半自动循环（Semi-automatic Revolving）

即金额被使用后，如开证行未在一定期限内提出不能恢复原金额而自动恢复至原金额。

3. 非自动循环（Non-automatic Revolving）

即需开证行通知后才能恢复至原金额。

（八）带电报索汇条款信用证

带电报索汇条款信用证（Credit With T/T Reimbursement）是指允许议付行在议付后用电报通知开证行，使其立即将货款用电汇拨交议付行的信用证。有此种信用证能使出口商尽快收到货款。

（九）预支信用证

预支信用证（Anticipatory L/C）是指允许受益人在货物出运前先凭光票向议付银行预支一部分货款作为备货资金，在信用证规定装运期内，受益人向议付银行提供全套货运单据，议付信用证金额将减去预支金额及利息后的差额。这种信用证预先垫款的特别条款，习惯上是用红色大写的,以引人注目,所以用了"红条款"这个名字。

(十) 对背信用证

对背信用证(Back-to-back L/C)即背对背信用证,又称转开信用证、从属信用证、桥式信用证,是指受益人要求原证的通知行或其他银行以原证为基础,另开一张内容相似的新信用证。背对背信用证的开立通常是中间商转售他人货物,从中图利,或两国不能直接办理进出口贸易时,通过第三者以此种方法来沟通贸易。背对背信用证的受益人可以是国外的,也可以是国内的。

1. 对背信用证的开立程序

对背信用证的开立程序,如图4-15所示。

图4-15 对背信用证的开立程序

(1) 买卖双方磋商订立合同;
(2) 卖方给供货商下订单;
(3) 买方向开证行递交开证委托书;
(4) 开证行签发信用证并将信用证转给通知行;
(5) 通知行通知卖方这笔信用证;
(6) 卖方指示将信用证转让给供货商;
(7) 通知行将信用证转让给供货商。

在第(7)步,通知行可以将信用证转让给第二个通知行或转让给保兑行。

2. 对背信用证的使用程序

对背信用证的使用程序，如图 4-16 所示。

图 4-16　对背信用证的使用程序

（1）最终供货商发货给卖方，并递交发票；
（2）卖方将货物发运给买方；
（3）卖方将单据转至通知行；
（4）①通知行按照卖方委托书中的金额向供货商支付；
　　②通知行将原证金额和已转让给供货商的差额支付给卖方；
（5）通知行将单据寄给开证行；
（6）开证行向通知行偿付；
（7）开证行将单据转给买方；
（8）买方向开证行偿付。

（十一）对开信用证

对开信用证（Reciprocal L/C）是指两张信用证的开证申请人互以对方为受益人而开立的信用证。开立信用证是为了达到贸易平衡，以防止对方只出不进或只进不出。第一张信用证的受益人就是第二张信用证（也称回头证）的开证申请人，第一张信用证的开证申请人就是回头证的受益人。第一张信用证的通知行往往就是回头证的开证行。两张信用证的金额相等或大致相等，两证可同时互开，也可先后开立，这种信用证一般用于来料加工、补偿贸易和易货交易。

(十二) 当地信用证

当地信用证（Local L/C）又称本地信用证，是指开证人、开证行与受益人都在同一国家的信用证。当地信用证一般作转开信用证之用。

(十三) 备用信用证

备用信用证（Standby L/C），又称担保信用证或保证信用证，是适用于跟单信用证统一惯例的一种特殊形式的信用证，是开证行对受益人承担一项独立的、第一性的义务的凭证。在备用信用证中，开证行保证在开证申请人未能履行其应履行的义务时，受益人只要凭备用信用证的规定向开证行开具汇票，并随附开证申请人未履行义务声明或证明文件，即可得到开证和偿付。此类信用证对受益人来说，是备用于开证申请人发生毁约情况时取得补偿的一种方式，采用备用信用证时，开证行处理的仅仅是与信用证相关的文件，与合同无关。只要受益人出具的汇票和证明开证申请人未履约的文件是符合信用证规定的，开证行即对受益人作无追索付款。这种信用证一般用在投标、履约、还款保证、预付、赊销等业务中。

(十四) 红条款信用证

红条款信用证（Red Clause L/C），之所以称其为红条款信用证，是因为信用证中授权预付货款的条款传统上用红墨水书写。在红条款信用证里，有一个特殊条款授权保兑银行在受益人（卖方）提交装运单据之前，优先向受益人支付。在这类信用证中，买方实际上给卖方提供了资金融通，并承担了一定的风险。

(十五) SWIFT信用证

SWIFT 是"Society for Worldwide Interbank Financial Telecommunications"（全球银行间金融电讯协会）的简称。该组织于1973年在比利时成立，协会已有1000多家银行参加，通过自动化国际金融电讯网办理成员银行间资金调拨，汇款结算，开立信用证，办理信用证项下的汇票业务和托收等业务。SWIFT有自动开证格式，在信用证开端标着MT700，MT701代号。SWIFT成员银行均参加国际商会，SWIFT规定，使用SWIFT开立信用证，其信用证则受国际商会UCP600条款约束。所以通过SWIFT格式开证，实质上已相当于根据UCP600开立信用证。SWIFT的使用，为银行的结算提供了安全、可靠、快捷、标准化、自动化的通信业务，从而大大提高了银行的结算速度。

随着银行、运输、保险各行业的发展，自1994年开始生效适用的跟单信用证统一惯例——国际商会第500号出版物（UCP500）已经凸显出自身的不足，其条款的全面性以及实务内容已不能完全满足和适应实际业务的需要，表现在条款设置分类不科学，次序排列不足，语言繁杂欠精练等。与之密切相关的国际惯例如ISP98和ISBP中也存在一定问题，因此，推出新的统一惯例对信用证业务加以指引已是大势所趋。鉴于此，ICC对于UCP500做出修订后，提出了修订本UCP600，并于2007年7月1日正式启用。UCP600相对于UCP500的调整，会给银行业及客户的实务操作带来影响，会更加方便贸易和操作，也更加顺应了时代变迁以及科技发展方向。

UCP600的条文编排参照了ISP98的格式，对UCP500的49个条款进行了大幅度的调整及增删，变成现在的39条。第1—5条为总则部分，包括UCP的适用范围、定义条款、解释规则、信用证的独立性等；第6—13条明确了有关信用证的开立、修改、各当事人的关系与责任等问题；第14—16条是关于单据的审核标准、单证相符或不符的处理的规定；第17—28条属单据条款，包括商业发票、运输单据、保险单据等；第29—32条规定了有关款项支取的问题；第33—37条属银行的免责条款；第38条是关于可转让信用证的规定；第39条是关于款项让渡的规定。

从UCP600的内容来看，其变化表现在以下几方面。第一，增加了专门的定义条款。这反映了UCP600细化规定的精神，对一些术语做出定义不仅可以使概念明晰化，从而有利于条款的理解与适用，更可以解决一些地方法律适用的问题。引入了"Honour"（兑付）的概念，改进了议付的定义。第二，解释规则，删除可撤销信用证。第三，进一步明确开证行、保兑行及指定银行的责任，规范第二通知行。第四，审单标准进一步清晰。审单时间从"不超过7个银行工作日的合理时间"改为"最多不超过5个银行工作日"，明确了交单期限的适用范围。将单据与信用证相符的要求细化为"单内相符、单单相符、单证相符"。第五，将银行处理不符单据的选择增加到四种：持单听候变单人的处理，持单直到开证申请人接受不符单据，径直退单，依据事先得到交单人的指示行事。

该惯例经过多次修订，内容日益充实和完善，故其被当前大多数国家的银行采用。开证行如采用该惯例，就可在信用证中加注："除另有规定外，本证根据国际商会《跟单信用证统一惯例（2007年修订）》即国际商会第600号出版物办理。"国际商会《跟单信用证统一惯例》的实施，有利于国际贸易的发展和国际结算的进行，已为各国银行普遍接受，成为一项公认的国际上处理信用证的惯例。但是《跟单信用证统一惯例》本身并不是一项有约束性的法律文件，只有信用证上注明根据该惯例处理，该信用证才受该惯例的规定和解释的约束。

● 相关链接

样式一

信用证开立样式

```
2013OCT25  16:48:58                          LOGICAL TERMINAL 1068
MT S700         ISSUE OF A DOCUMENTARY CREDIT    PAGE 00001
                                                 FUNC SWPR3
                                                 UMR  26049536
MSGACK   DWS765I AUTH OK, KEY DIGEST BKCHCNBJ MHBKJPJT RECORD
BASIC HEADER         F   01 BKCHCNBJA300 1813 535071
APPLICATION HEADER   O   700 1745 131025 MHBKJPJTBXXX 2816 392123 131025 1648 N
                         *MIZUHO BANK LTD.
                         *TOKYO
USER HEADER          SERVICE CODE      103:
                     BANK. PRIORITY    113:
                     MSG USER REF.     108:
                     INFO. FROM CI     115:
SEQUENCE OF TOTAL    *27      :1/1
FORM OF DOC. CREDIT  *40 A    :IRREVOCABLE
DOC. CREDIT NUMBER   *20      :  30-0038-556987
DATE OF ISSUE         31C     :  131025
APPLICABLE RULES     *40 E    :UCP LATEST VERSION
                              /
EXPIRY               *31 D    :DATE 131120 PLACE CHINA
APPLICANT            *50      :RAIN DREANS INTERNATIONAL, INC.
                               10-14, KODENMACHO NIHONBASHI CHUO-KU
                               TOKYO JAPAN
BENEFICIARY          *59      :SHANGHAI WENTONG CO., LTD.
                               1125 YANCHANG ROAD
                               SHANGHAI CHINA
```

AMOUNT	*32 B	:	USD9195,
POS./NEG. TOL. (%)	39 A	:	05/05
AVAILABLE WITH/BY	*41 D	:	ANY BANK
			BY NEGOTIATION
DRAFTS AT…	42 C	:	BENEFICIARY'S DRAFT (S)

AT SIGHT

FOR FULL INVOICE COST

DRAWEE	42 A	:	MHBKJPJT
			*MIZUHO BANK LTD.
			*TOKYO
PARTIAL SHIPMENTS	43 P	:	ALLOWED
TRANSHIPMENT	43 T	:	PROHIBITED
PORT OF LOADING	44 E	:	CHINESEPORT
PORT OF DISCHARGE	44 F	:	JAPANESEPORT
LATEST DATE OF SHIP.	44 C	:	131104
DESCRIPT. OF GOODS	45 A	:	

    KNIT WEAR
    393B71039 (AR_ C5628) 600PCS
    393B71040 (AR_ C5629) 1000PCS
    393B71041 (AR_ C5630) 500PCS
    393B71042 (AR_ C5631) 500PCS

C AND F (CFR) JAPANESEPORT

DOCUMENTS REQUIRED 46 A :

 + SIGNED COMMERCIAL INVOICE IN 2 COPIES

 + FULL SET LESS ONE ORIGINAL OF CLEAN ON BOARD MARINE BILLS
  OF LADING MADE OUT TO THE ORDER OF SHIPPER AND BLANK ENDORSED,
  MARKED 'FREIGHT PREPAID', NOTIFY APPLICANT

 + ONE ORIGINAL B/L SHOULD BE SENT TO L/C APPLICANT BY DHL
  WITHIN 2 DAYS AFTER SHIPMENT AND BENEFICIARY'S CERTIFICATE
  TO THIS EFFECT IS REQUIRED.

 + PACKING LIST IN 2 COPIES

2013OCT25 16:49:17   LOGICAL TERMINAL 1068
MT S700 ISSUE OF A DOCUMENTARY CREDIT PAGE 00002
                 FUNC SWPR3
                 UMR 26049536

ADDITIONAL COND. 47A:

 1) THIRD PARTY'S AND FACTORY'S NEEDLE INSPECTION CERTIFICATE
  SHOULD BE FAXED WITH SHIPPING DOCUMENTS

DETAILS OF CHARGES   71B   :   ALL BANKING CHARGESOUTSIDE JAPAN
                              ARE FOR BENEFICIARY'S ACCOUNT.
PRESENTATION PERIOD 48   :   DOCUMENTS MUST BE PRESENTED WITHIN
                              15 DAYS AFTER THE DATE OF SHIPMENT BVT WITHIN
                              THE VALTDITY OF THIS CREDIT
CONFIRMATION   *49   :   WITHOUT
INSTRUCTIONS   78   :
     INSTRUCTIONS TO THE NEGOTIATING BANK :
     T. T. CLAIM FOR REIMBURSEMENT IS PROHIBITED.
     ON RECEIPT OF DOCS IN ORDER, WE'LL REMIT AS PER YR INSTRUCTION.
     ALL DOCS TO BE SENT TO US IN TWO LOTS BY COURIER SERVICE
     (ADD.:1-5 UCHISAIWACHO 1-CHOME CHIYODA-KU, TOKYO
     100-0011 JAPAN).
     DISCREPANT FEE OF USD50.00/JPY5000-EQUIVALENT AND CABLE CHG OF
     USD20.200/JPY2000-TO BE DEDUCTED FROM PROCEEDS, FOR DISCREPANT DOC.
TRAILER   ORDER IS <MAC:> <PAC:> <ENC:> <CHK:> <TNG:> <
                    PDE:>
                    MAC:4D547E67
                    CHK:D29F858B5C8B

● 相关链接

样式二

信用证开立样式

```
2013NOV13  16:57:54                              LOGICAL TERMINAL 1068
MT S707     AMENDMENTTO A DOCUMENTARY CREDIT     PAGE 00001
                                                 FUNC SWPR3
                                                 UMR  26228533
MSGACK    DWS765I AUTH OK, KEY DIGEST BKCHCNBJ MHBKJPJT RECORD
BASIC HEADER       F  01 BKCHCNBJA300 1819028781
APPLICATION HEADER O  707 1656 131113 MHBKJPJTBXXX 2838462718 131113 1556 N
                          *MIZUHO BANK LTD.
                          *TOKYO
USER HEADER        SERVICE CODE      103:
                   BANK. PRIORITY    113:
                   MSG USER REF.     108:
                   INFO. FROM CI     115:
SENDER'S REF.      *20   :   30-0038-556987
RECEIVER'S REF.    *21   :   UNKNOWN
```

```
DATE OF ISSUE            31C      :    131025
DATE OF AMENDMENT        30       :    131113
NUMBER OF AMENDMENT      26 E     :    01
BENEFICIARY              *59      :    SHANGHAI WENTONG CO., LTD.
                                       1125 YANCHANG ROAD
                                       SHANGHAI CHINA
NEW DATE OF EXPIRY       31 E     :    131230
INCREASE DOC CREDIT      32 B     :    USD7665
NEW AMOUNT               34 B     :    USD16860
POS./NEG. TOL. (%)       39 A     :    05/05
LATEST DATE OF SHIP.     44 C     :    131215
** REPEATABLE SEQUENCE 001 ****************** OCCURRENCE 00001
NARRATIVE                79       :    ADDITIONAL SHIPMENT OF:
                                       KNIT WEAR
301A71008 (6012) 1050PCS
TRAILER          ORDER IS <MAC: > <PAC: > <ENC: > <CHK: > <TNG: > <PDE: >
                 MAC: AF8F4F6F
  CHK: 42E5B5A91177
```

第五节　跨境电子商务支付

一、跨境电子商务支付的产业链

跨境电子商务支付包括境外收单和外卡收单。

从进口角度看，跨境电子商务支付表现为境外收单业务。国内消费者通过电子商务平台从境外商户购买商品，支付机构为国内消费者购置外汇并支付给境外商户，如图4-17所示。

图4-17　跨境电子商务进口支付

从出口角度看，跨境电子商务支付表现为外卡收单业务。国内商户通过电子商务平台将产品销售给境外消费者，支付机构为国内商户收取外币并代理结汇，如图 4-18 所示。

图 4-18　跨境电子商务出口支付

支付机构是境内境外交易的资金通道。从当前来看，主要有以下两种支付机构。

（1）第三方支付平台。通常用户只需要用邮箱注册，绑定自己的银行卡就可以开通第三方支付了。通过第三方支付平台，消费者和商家可以直接在线上完成跨境支付。

（2）商业银行。很多跨境电子商务网站都支持银联、VISA、万事达、美国运通、JCB 等品种的银行卡，用户只需在网上输入卡号、姓名等信息即可。此外，用户也可以去银行的线下网点转账汇款支付。

我们以外卡收单业务中的信用卡收款，来详细阐述跨境支付的产业链，如图 4-19 所示。

图 4-19　跨境支付的产业链

发卡行是发行信用卡的金融机构，一般为商业银行。收单行是帮助商户接收消费者不同信用卡付款的机构，可以是银行，也可以是其他非金融机构。卡组织是为发卡行和收单行提供结算服务的机构，比如 VISA、万事达等。一般而言，商户可以直接与收单行合作，满足消费者信用卡支付的需求。然而，在跨境电子商务中，收单行在国外，商户在国内，国内商户绝大多数都不具备足够的能力去与收单行对接。这样，便催生出了提供跨境支付服务的第三方支付机构。第三方支付机构作为一种支付通道，可与境外银行合作，帮助国内商户收取外汇。

第三方支付平台拥有较为成熟的网络支付技术，且非常熟悉电商行业，但其并非金融机构。商业银行作为金融机构，拥有消费者和商户的账户资源，但其网络支付技术不够成熟，对电商行业不够了解。因此，二者通常是合作关系。此外，跨境电子商务支付还涉及不同币种、不同语言和不同的金融法规政策，这些都进一步促使二者加强合作关系。从另外一个角度看，二者存在一定的竞争关系。没有第三方支付时，用户一般只能通过银行进行跨境支付，第三方支付出现后，用户可以绕开银行完成跨境支付。因此，第三方支付平台和商业银行实际上是一种"竞合"关系。

这种"竞合"关系，一方面，使得跨境支付变得更加安全便捷，从而提升用户的跨境购物体验；另一方面，二者的激烈竞争必然带来支付成本的降低，广大的跨境商户也将因此受惠。可以说，第三方支付和商业银行是跨境电子商务支付产业链的核心。

二、第三方支付

第三方支付的进口跨境支付如图 4-20 所示。支付过程分为境内人民币收单和跨境外汇支付。

图 4-20　第三方支付的进口跨境支付

出口跨境电子商务支付（外卡收单）如图 4-21 所示。一般来说，外卡收单有信用卡收款、海外本地支付和 PayPal 三种类型。

图 4-21　出口跨境电子商务支付（外卡收单）

贸易融资和风险控制

> 企业在进出口业务中需要大量的资金，贸易融资方式可以为企业的进出口业务提供一个非常好的融资渠道。贸易融资方式可以分为出口贸易融资、进口贸易融资和买断业务。同样，在贸易中如何控制风险，对企业来说，也非常重要，出口信用保险、外汇买卖和债务风险管理都是控制风险的很好手段。

第一节 出口贸易融资

一、票据贴现和出口贴现

（一）票据贴现

票据贴现业务是银行以购买未到期银行承兑汇票或商业承兑汇票的方式向企业发放的贷款。

票据贴现是收款人或持票人将未到期的银行承兑汇票或商业承兑汇票向银行申请贴现，银行按票面金额扣除贴现利息后将余款支付给收款人的一项银行授信业务。票据一经贴现便归贴现银行所有，贴现银行到期可凭票直接向承兑人收取票款。

1. 票据贴现的特点

票据贴现作为一种高效实用的融资手段，具有以下特点。

（1）贴现业务能为客户快速变现手中未到期的商业票据，手续方便、融资成本低。

（2）客户可预先得到银行垫付的融资款项，加速公司资金周转，提高资金使用效率。

2. 票据贴现的申办条件

银行对票据贴现有着严格的规定。

（1）按照《中华人民共和国票据法》和中国人民银行的《支付结算办法》规定签发的有效汇票，基本要素齐全。

（2）单张汇票金额有规定，如中国银行规定单张汇票金额不超过1000万元。

（3）汇票的签发和取得必须遵循诚实守信的原则，并以真实合法的交易关系和债务关系为基础。

3. 提供资料

（1）未到期的承兑汇票，贴现申请人的企业法人资格证明文件及有关法律文件。

（2）经年审合格的企业（法人）营业执照（复印件）。

（3）企业法人代表证明书或授权委托书，董事会决议及公司章程。

（4）贴现申请人的近期财务报表。

（5）贴现申请书。

（6）贴现申请人与出票人之间的商品交易合同复印件及合同项下的增值税专用发票复印件。

4. 申请程序

（1）持未到期的银行承兑汇票或商业承兑汇票到银行办事机构，填制"银行承兑汇票贴现申请书"或"商业承兑汇票贴现申请书"。

（2）向银行提供上述材料。

（3）银行按照规定的程序确认拟贴现汇票和贸易背景的真实性、合法性。

（4）计算票据贴现的利息和金额。

贴现利息＝汇票面值×实际贴现天数×月贴现利率/30

实付贴现金额＝汇票面额－贴现利息

（5）按照实付贴现金额发放贴现贷款。

5. 收费标准

票据贴现各项收费均通过合同约定。

（二）出口贴现

1. 出口贴现的概念

银行保留追索权地买入已经银行承兑、未到期的远期票据，为出口商提供短期资金融通的业务。出口贴现是最方便易行的出口贸易融资方式。

2. 出口贴现的特点

（1）简化融资手续。银行最愿提供的贸易融资业务，手续最简便。

（2）加快资金周转。即期收回远期债权，加快资金周转，缓解资金压力。

（3）扩大贸易机会。可为进口商提供远期付款的融资便利，扩大贸易机会。

远期承兑信用证项下的远期汇票被银行承兑后，因临时资金周转困难而需要短期的资金融通，遇到新的投资机会，且预期投资收益率高于贴现利率，则宜选择出口贴现。

3. 出口贴现的业务流程

出口贴现的业务流程，如图5-1所示。

图 5-1　出口贴现业务流程

我国各中资和外资银行为了防范风险，目前，一般不办理无贸易背景、用于投资目的的票据贴现。签订合同时与进口商约定以远期承兑信用证作为结算方式；开证行承兑远期汇票或发出承兑通知后，出口商须向银行提交贴现申请书。

二、打包贷款

（一）打包贷款的概念

打包贷款（Packing Loan），也称打包放款，是指出口地银行为支持出口商按期履行合同、出运交货，向收到合格信用证的出口商提供的用于采购、生产和装运信用证项下货物的专项贷款。打包贷款是一种装船前短期融资，使出口商在自有资金不足的情况下仍然可以办理采购、备料、加工，顺利开展贸易。打包贷款融资比例通常不超过 90%。还款的来源在正常情况下为信用证项下的收汇款，在企业不能正常从国外收回货款的情况下，企业必须偿还打包贷款的本金及利息，或允许银行主动从其账户扣划打包贷款的本金及利息。根据国家的有关政策，打包贷款可以使用人民币，也可以使用外汇作为贷款的币种。

银行办理打包贷款通常不收手续费,利息计算公式为:

打包贷款利息=信用证金额×打包折扣(70%~90%)×融资年利率×
    打包天数/360

打包天数的计算为:办理打包日至信用证最迟装运日的天数加30天。例如信用证的受益人于2004年11月10日要求打包贷款,信用证的最迟装运日为12月31日,则打包的天数为11月10日~12月31日的天数,即51天加30天,也就是81天。

(二)打包贷款的特点

打包贷款全面减少出口商资金占压的装船前融资,是一种高效实用的融资手段方式,具有以下特点。

(1)扩大贸易机会。在出口商自身资金紧缺而又无法争取到预付货款的支付条件时,顺利开展业务、把握贸易机会。

(2)减少资金占压。在生产、采购等备货阶段都不必占用出口商自有资金,缓解了流动资金压力。

(3)在流动资金紧缺,国外进口商虽然不接受预付货款的条件但同意开立信用证时,宜选择打包贷款。

(三)打包贷款的业务流程

打包贷款的业务流程,如图5-2所示。

图5-2 打包贷款的业务流程

(1) 出口商与进口商签订合同，约定以信用证方式结算。
(2) 进口商向开证行申请开立信用证。
(3) 开证行将信用证交议付行（通知行）。
(4) 议付行（通知行）通知出口商信用证到达。
(5) 出口商打包贷款申请。
(6) 银行提供贷款。
(7) 出口企业收到国外货款后归还打包贷款本金及其利息。

（四）办理打包贷款业务需要注意的事项

(1) 如企业第一次在该银行办理贷款等授信业务，办理打包放款业务时，必须提供基础资料：企业的营业执照副本、税务登记证（国税或地税均可）、企业组织机构代码证、进出口业务许可证、中国人民银行出具的企业的贷款卡。
(2) 申请办理打包贷款时向银行提交：书面申请、国外销售合同和国内采购合同、贸易情况介绍、正本信用证。
(3) 需与银行签订正式的"借款合同（打包贷款）"。
(4) 凭以放款的信用证以融资银行为通知行，且融资银行可以议付、付款。
(5) 信用证中最好不含有出口商无法履行的"软条款"。
(6) 申请打包贷款后，信用证正本须留存于融资银行。
(7) 正常情况下，信用证项下收汇款须作为打包贷款的第一还款来源。
(8) 装运货物并取得信用证下单据后，应及时向银行进行交单。

三、出口押汇

（一）出口押汇的概念

出口押汇（Export Bill Purchase）就是在出口商发出货物并交来信用证或合同要求的单据后，银行应出口商要求向其提供的以出口单据为抵押的在途资金融通。

银行办理出口押汇的范围通常包括信用证下出口押汇和跟单托收下出口押汇，外币出口押汇和人民币出口押汇。

（二）出口押汇的特点

出口押汇是应用最广泛的出口贸易融资方式，具有以下特点。

（1）加快资金周转。在进口商支付货款前，就可以提前得到偿付，加快了资金周转速度。

（2）简化融资手续。融资手续相对于流动资金贷款等简便易行。

（3）改善现金流量。可以增加当期的现金流入量，从而改善财务状况，提供融资能力。

（4）节约财务费用。办理出口押汇，可以根据不同货币的利率水平选择融资币种，从而实现财务费用的最小化。

（5）押汇系短期垫款，押汇期限一般不超过90天。

企业在流动资金有限，依靠快速的资金周转开展业务；发货后、收款前遇到临时资金周转困难；发货后、收款前遇到新的投资机会，且预期收益率肯定高于押汇利率的情况下宜选择出口押汇。

（三）出口押汇的业务流程

出口押汇的业务流程，如图5-3所示。

图5-3 出口押汇的业务流程

（四）出口信用证押汇

出口信用证押汇（Negotiation under Documentary Credit），是指在出口信用证项下，卖方（受益人）以出口单据作抵押，要求出口地银行在收到国外支付的货款之前，向其融通资金的业务。其融资比例通常为100%，但由于银行使用了与其他贷款不同的"预收利息法"，即银行将在全额的本金内扣除预计利息及各种手续费后的余额贷给受益人，因此，受益人实际所得仍然不足100%。还款的来源在正常情况下为信用证项下的收汇款，在企业不能正常从国外收回货款的情况下，企业应偿还押汇本金及利息，或允许银行主动从其账户扣划押汇的金额及补收有关的费用。押汇一般是原币（即信用证使用的货币）入受益人账户，若受益人无外汇账户，则可兑换（结汇）成人民币使用。

银行办理押汇通常不收押汇手续费，其利息计算公式为：

押汇利息＝本金×融资年利率×押汇天数/360

押汇天数的计算通常是：办理押汇日到预计信用证的收汇日的天数加上5～7天。例如受益人在2004年11月24日要求办理押汇，装运日是11月21日，信用证的付款条件是提单后30天，预计信用证的收汇日为12月21日，则押汇天数为：从11月24日到12月21日的天数（27天）加上5～7天，即为32～34天。

（五）出口托收押汇

出口托收押汇（Advance against Documentary Collection），是指出口方收款人采用托收为结算方式并将单据交出口地托收行，在货款收回前，要求托收行先预支部分或全部货款，待托收款项收妥后归还银行垫款的一种贸易融资方式。其融资比例、收取利息的方法（预收）、利息计算公式等与出口信用证项下的押汇相同。还款的来源在正常情况下为托收项下的收汇款，在企业不能正常从国外收回货款的情况下，企业必须偿还押汇本金及利息，或允许银行主动从其账户扣划押汇的金额及补收有关的费用。出口托收押汇一般是原币（即托收使用的货币）入收款人同账户，若收款人无外汇账户，则可兑换（结汇）成人民币使用。

出口托收押汇的主要作用与出口信用证项下的押汇类似，出口方收款人在装运货物并向出口地银行提交有关的单据后，能向出口地银行（托收行）申请短期融资。在国外货款到达之前提前从银行得到垫款，方便了资金周转，与其他融资方式比，具有手续简单、融资速度快捷的特点。

出口托收押汇与出口信用证项下的押汇的根本区别在于后者有开证行（或保兑行）的付款保证，属银行信用；而前者为商业信用，没有银行作为付款保证，出口方收款人能否收回货款，完全取决于国外付款人的信誉，与托收行、代收行等银行无关，收汇的风险较大。为控制押汇风险，出口地银行通常根据出口方收款人的资信、还款能力等对其核定相应的授信额度，仅仅在额度内做出口托收押汇。

（六）办理出口押汇业务需要注意的事项

（1）需与银行签订正式的出口押汇总协议。

（2）向银行（通常为通知行或议付行）提出正式的出口押汇申请书。

（3）信用证项下的押汇申请人应为信用证的受益人。

（4）限制其他银行议付的信用证无法办理出口押汇。

（5）申请信用证下出口押汇，应尽量提交单证相符的出口单据。

（6）通过出口押汇进行融资，最好避免以下情况：①运输单据为非物权单据；②未能提交全套物权单据；③转让信用证；④带有软条款的信用证；⑤提交存在实质不符点的单据。

（7）避免索汇路线迂回曲折，影响安全及时收汇。

第二节　进口贸易融资

一、进口开证授信额度

（一）进口开证授信额度的概念

进口开证授信额度（Limits for Issuing of Credit），是指开证行为方便进口开证业务，对一些具有外贸业务经营资格，在银行有一定外贸结算业务、业务情况及收付汇情况良好、资信可靠、具备一定经济实力，能够提供银行接受的可靠担保、抵押、质押的客户，根据其资信状况或提供抵押品的数量和质量的情况而核定的开证额度。进口人在额度内申请开立信用证时，可免收或减收一定的保证金。

（二）进口开证授信额度分类及特点

进口开证授信额度分为普通开证额度、背对背信用证额度和一次性开证额度。

1. 普通开证额度

普通开证额度可循环使用，即用开证额度开立的信用证使用完毕，或在信用证注销、撤销，或在减额后，可相应自动恢复额度。同时，客户可在银行规定的期限内无限次在额度内委托银行开出信用证。

2. 背对背信用证额度

背对背（对开）信用证开证额度专用于根据出口来证由银行开立信用证的额度。

3. 一次性开证额度

一次性开证额度是对于未取得银行普通开证额度的客户、非银行信贷客户办理单笔开证业务，或对于已在银行取得普通开证额度的客户、银行信贷客户办理某一特殊或大额开证业务而设立的开证额度。一次性开证额度由银行核准后一次有效，不能循环使用。

二、进口押汇

进口押汇（Import Bill Advance）就是银行在收到信用证或进口代收项下单据时，应进口商要求向其提供的短期资金融通。

按基础结算方式划分，可分为进口托收押汇和信用证下进口押汇。按押汇币种分，可分为外币押汇和人民币押汇。

进口押汇的流程，如图5-4所示。

图5-4　进口押汇的流程

（一）进口信用证押汇

1. 进口信用证押汇的概念

进口信用证押汇是指信用证项下单到并经审核无误后，开证申请人因资金周转关系，无法及时对外付款赎单，以该信用证项下代表货权的单据为质押，并同时提供必要的抵押/质押或其他担保，由银行先行代为对外付款。

2. 进口信用证押汇业务特点

（1）专款专用，仅用于履行押汇信用证项下的对外付款。

（2）进口押汇是短期融资，期限一般不超过90天，90天以内的远期信用证，其押汇期限与远期期限相加一般不得超过90天。

（3）进口押汇利率按银行当期流动资金贷款利率计收。

（4）押汇百分比、押汇期限等由银行按实际情况决定。

（5）进口押汇须逐笔申请，逐笔使用。

3. 信用证项下进口押汇业务流程

单据到达开证行后，开证申请人向开证行提出进口押汇申请并签订有关协议，开证行办理进口押汇并对外付款，开证申请人取得进口单据，押汇到期后开证申请人归还押汇款并支付押汇利息。

开证申请人办理进口押汇业务时，应向开证行提交下列材料。

（1）填写开证行印制的进口押汇申请书；

（2）与开证行签订信托收据，作为开证申请人将自己货物所有权转让给银行的确认书；

（3）签订经签章确认的进口押汇合同，合同须列明申请人名称、信用证编号、押汇金额、押汇期限、押汇利率、还款日期、还款责任及违约处理等。

（二）进口代收押汇

进口代收押汇，是代收行凭包括物权单据在内的进口代收单据为抵押向进口人提供的一种融资性垫款，由于风险较大，一般适用于以付款交单（D/P）为结算方式的进口代收业务。进口代收押汇的押汇比例、收取利息的方法、利息计算公式、还款的来源类似进口信用证押汇。

进口代收押汇的业务操作流程也较为简单。当进口方银行（代收行）收到出口地银行（托收行）寄送的单据后，代收行可根据进口人的申请，与进口人签订信托收据和进口押汇协议，先行对外垫付，同时将单据释放给进口人，由其提货进行加工、转卖，用货物的"回笼款"归还代收行的垫款。在实务中，若某进口人的进口代收业务较大，代收行通常根据其资信状况和抵押品的情况核定一个押汇额度，周转使用。

三、提货担保

（一）提货担保的概念

提货担保（Shipping Guarantee），是当正本货运单据未收到，而货物已到达时，客户可向银行申请开立提货担保保函，交给承运单位先予提货，待客户取得正本单据后，再以正本单据换回原提货担保保函。

（二）提货担保特点

（1）提货担保可使公司客户及时提货，避免压仓，防止不必要的经济损失。

（2）一旦办理了担保提货手续，无论后到的单据有否不符点，公司客户均不能提出拒付/拒绝承兑。

（3）提货担保限于银行开立的信用证项下的商品进口，并需逐笔审核。

（三）办理提货担保业务的手续

（1）客户须提供担保提货申请书（见表5-1）及担保提货保函（见表5-2）。

表 5-1　担保提货申请书

担保提货申请书

编号：

中国银行××分行：

　　兹因有关提单尚未收到，请贵行向承运公司签署提货担保书，以便我公司先行提取下列货物：

_____公司：

　　兹因有关提单尚未收到，请贵公司准许敝公司先行提取下列货物：

信用证/合同号：

货名：

船名：

提单号：

发货人：

装运地点及日期：

总件数（大写）：

唛头：

我公司谨此承诺和同意下列事项：

一、我公司在收到有关单据时，无论与其有关信用证/合同是否完全相符，我公司保证立即承付/承兑。贵行向我公司发出单到通知后，如我公司在合理工作日内未承付/承兑，贵行有权从我公司账户中扣款，按期对外付款。

二、我公司在收到有关提单时，立即向承运公司换回上述提货担保书退还贵行。

三、如因出具此提货担保使贵行遭受任何损失，我公司负责赔偿。

四、如提货担保出具之日到退还之日期间天数超过三个月，则须加收提货担保手续费。

公司（签字盖章）

公司经办：　　　　　　　　　　　　　　银行经办：

联系电话：　　　　　　　　　　　　　　复核：

日期：　　　　　　　　　　　　　　　　负责人：

表 5-2　担保提货保函

担保提货保函

_____公司：

兹因有关提单尚未收到，请贵公司准许敝公司先行提取下列货物：

信用证/合同号：

货名：

船名：

提单号：

发货人：

装运地点及日期：

总件数（大写）：

唛头：

上述货物属敝公司进口货物，倘因敝公司未凭提单先行提货致使贵公司遭受任何损失，敝公司负责赔偿。敝公司收到上述提单后，立即送交贵公司换回此担保书。

公司（签字盖章）

```
银行签署：
兹保证上述承诺之履行。
经办_____ 复核_____ 负责人_____
    （上述内容如有更改，须经本行签证方为有效）
                                    中国银行××分行
                                          年  月  日
```

(2) 客户提供相关资料，如发票、提单副本等。
(3) 客户应提供担保措施或落实信用证备付款项。
(4) 审核通过后，银行将提货担保保函交客户提货。
(5) 客户拿到正本单据后，以单据正本换回银行提货担保保函返还银行。

提货担保的流程，如图 5-5 所示。

图 5-5 提货担保的流程

四、信托收据

（一）信托收据的概念

信托收据（Trust Receipt，简称 T/R），是进口人与开证行或代收行之间的关于物权处理等的一种契约，是将货物抵押给银行的确认书。从理论上而言，银行可以仅凭此办理融资业务。但在实务中，由于仅凭信托收据办理融资业务风险较大，因此通常不单独使用，而是在进口融资业务中，银行为从法律上保证其对货物的所有权，作为防范风险的一种手段而使用。如进口信用证业务项下的进口押汇业务、提货担保业务、进口代收押汇业务中，银行均须与企业签订《信托收据》（样式见表5-3）。

表 5-3　信托收据

信托收据

编号：

×××银行：

我公司在贵行办理了业务编号为_____、期限为_____天的进口开证/代收业务，现同意以下列方式处理该进口开证/代收项下单据（单据金额：_____，货物名称：_____，数量：_____）及货物：

一、我公司兹确认收到贵行上述进口开证/代收项下单据/货物，自我公司取得该单据之日起，至我公司付清该进口开证/代收项下货款、利息及一切费用之日止，该单据及货物的所有权以及有关的保险权益均归属于贵行，我公司保证办理确认贵行上述权利所必需的手续。未经贵行授权，我公司不以任何方式处理该单据及货物。我公司不因上述转让行为而减少、免除或抵消我公司对贵行所承担的债务。

二、我公司作为贵行的受托人，代贵行保管有关单据，以贵行名义办理该货物的存仓、保管、运输、加工、销售及保险等有关事项，代为保管该货物出售后的货款或将货款存入贵行指定账户。贵行有权以任何合法方式对我公司进行监督，包括随时派员或代理人在任何时候进入仓库检查货物。

三、贵行有权要求我公司立即返还该单据或货物或销售所得款项，或从我公司在贵行系统内各机构开立的账户中直接扣款。该货物折价或销售所得款项不足我公司所欠贵行债务的，贵行有权就差额部分向我公司及保证人进行追索；货物折价或销售所得款项超过我公司所欠贵行债务的，超额部分我公司有权保留。

四、该货物在我公司保管期间产生的所有费用（包括但不限于保险、仓储、运输、码头费用等）由我公司承担。我公司承诺对该货物的市价投保所有可能出现的风险，在保险单上列明贵行为第一受益人，并将保险单交贵行保管，如投保货物发生损失，贵行有权直接向保险公司索赔。

五、未经允许，我公司不以延期付款或任何非货币方式或低于市场价值处理该货物。

六、我公司保证不将货物销售给我公司无权向其进行索偿的任何人。

七、我公司不向其他任何人抵押或质押该货物，或使该货物受到任何留置权的约束。

　　八、一经贵行要求，我公司即将该货物的账目、任何销售收入或与该货物有关的销售合同详细情况提交给贵行，贵行有权进入仓库对货物的实际情况进行检查或重新占有该货物。

　　九、若本公司发生破产清算，以信托收据提取的货物不在本公司债权人可分配的财产范围内。

　　十、我公司保证履行上述有关承诺，否则贵行有权采取任何措施（包括处理公司其他财产）清偿我公司在本信托收据项下承担的义务。

单位名称（公章）

授权签字人：
年　月　日

　　进口人与银行签订信托收据，并办妥其他有关手续后，进口人在未付讫进口项下的货款前，能向开证行或代收行借出单据，从而及时报关、提货、销售等。但由于物权是开证行或代收行的，进口人仅是"借单行事"，处于代管货物的地位，是代保管人（Bailee）。因此，进口人取得的货款属开证行或代收行所有，进口人只能在向开证行或代收行付款，并赎回信托收据后，物权才归其所有。因此，进口人与银行签订信托收据的实质是开证行或代收行对进口人提供的一种资金融通便利。

（二）信托收据适用范围

（1）在银行享有授信额度的客户所开出的信用证项下来单。

（2）卖方以付款交单托收方式的进口代收单据，但不适用于承兑交单进口代收单据。

（3）申办进口押汇。

（三）信托收据的业务内容

信托收据须指明客户作为银行的受托人代银行保管有关货物，同时保证：

（1）以银行名义代办货物存仓或处理；

（2）在银行要求下立即退回有关文件；

（3）以银行名义进行货物加工并在加工后重新存仓；

(4）安排出售货物，并立即或在规定期限内用销售收入归还全部银行垫款。

（四）办理信托收据业务的步骤

(1）客户如申请办理进口押汇业务，必须签具信托收据，该收据须指明客户作为银行的信托人代理银行保管有关单据和货物。

(2）信托收据业务须逐笔申请、逐笔使用，适用于享有授信额度的客户索开的信用证项下来单。

(3）办理信托收据要核定已占用风险额度；若信托收据额度包含在开证额度内，则不得恢复开证额度。

五、汇出汇款项下融资

（一）汇出汇款项下融资的概念

汇出汇款项下融资，是指在货到付款结算方式下，银行根据进口商申请，并凭其提供的有效凭证及商业单据先行对外支付，从而向进口商提供的短期资金融通。进口商申请融资的资格、条件、手续等，比照流动资金贷款执行。

（二）进口商申请办理汇出汇款项下融资须提交的单据

(1）"汇出汇款项下融资合同"及"汇出汇款项下融资申请书"；

(2）购汇/用汇申请书；

(3）加盖公司章的副本商业发票一式两份；

(4）加盖公司章的副本提单一式两份；

(5）副本合同一式两份；

(6）正本报关单一份；

(7）进口批文一份（如需）；

(8）外管需要提供的其他单据或文件。

"汇出汇款项下融资申请书"样式，如表5-4所示。

表5-4 汇出汇款项下融资申请书

汇出汇款项下融资申请书

现我司因在＿＿号进口货物合同项下有资金融通需求，依据我司与贵行签署的＿＿＿年＿＿字＿＿＿号《汇出汇款项下融资合同》，向贵行申请叙做汇出汇款项下融

资。此笔融资所产生的权利义务，均按我司与贵行签订的"汇出汇款项下融资合同"的规定办理。[此笔融资所产生的融资款项，占用＿＿年＿＿字＿＿号（授信额度协议）项下贵行为我司核定的额度。方括号中内容为选择性条款，下同。]

第一条　汇出汇款有关内容

进口合同号：＿＿＿＿＿＿＿＿解付银行名称：＿＿＿＿＿＿

进口货物报关单编号：＿＿＿＿＿＿＿汇款金额：＿＿＿＿＿＿

收款人：＿＿＿＿＿＿＿

第二条　融资币种和全额

融资币种为：＿＿＿＿＿＿

融资金额为：（大写）＿＿＿＿＿＿（小写）＿＿＿＿＿＿

第三条　融资期限

汇出汇款项下融资的期限为＿＿月/天，自贵行对外汇付款项之日起连续计算。进口项下货物出售款项在汇出汇款项下融资到期日前全部收妥的，贵行有权以货款收妥之日作为融资到期日。

融资到期日前＿＿月/天，如我司出现暂时还款困难，可申请展期一次。

第四条　利率和计息

利率：＿＿%（年利率）。

计息：自融资之日起，计至融资款本息还清之日止，按实际融资额及实际的融资天数计算。

融资逾期的利息：我司未按还款计划还款，且又未就展期事宜与贵行达成协议，即构成融资逾期，在原融资利率基础上按＿＿＿＿＿＿加收罚息。

第五条　融资担保

本融资所产生的全部债务采用如下第＿＿＿＿＿种方式担保：

（一）由＿＿＿＿＿依据编号为＿＿＿＿＿的《保证合同》承担连带保证责任；

（二）由＿＿＿＿＿依据编号为＿＿＿＿＿的《抵押合同》提供抵押担保；

（三）由＿＿＿＿＿依据编号为＿＿＿＿＿的《质押合同》提供质押担保；

（四）由＿＿＿＿＿依据编号为＿＿＿＿＿的《最高额保证合同》承担最高额保证责任；

（五）由＿＿＿＿＿依据编号为＿＿＿＿＿的《最高额抵押合同》提供最高额抵押。

本申请书经贵行审核批准、双方签字盖公章后有效，并构成＿＿＿＿年＿＿字＿＿＿号《汇出汇款项下融资合同》项下不可分割的内容。本申请书如有与《汇出汇款项下融资合同》不一致之处，以《汇出汇款项下融资合同》为准。

银行意见：＿＿＿＿＿＿　　　我司：＿＿＿＿＿＿（公章）

审批人：＿＿＿＿＿＿　　　　授权签字人：＿＿＿＿＿＿

　　　＿＿＿年＿＿月＿＿日　　　　　　＿＿＿年＿＿月＿＿日

地点：＿＿＿＿＿＿　　　　　地点：＿＿＿＿＿＿

"汇出汇款项下融资合同"样式,如表5-5所示。

表5-5 汇出汇款项下融资合同

汇出汇款项下融资合同

编号: 年 字 号

甲方(申请人): _____

法定代表人: _____

企业法人营业执照号码: _____

住所: _____

开户金融机构及账号: _____

联系方式: _____

乙方(融资行): 中国银行_____分行

负责人: _____

住所: _____

联系方式: _____

[依据甲乙双方签署的_____年___字___号《授信额度协议》,方括号中内容为选择性条款,下同。]鉴于甲方向乙方申请办理基于贸易项下汇出汇款的融资(简称"汇出汇款项下融资",下同)业务,为保证有关业务的顺利进行,双方经协商一致,签订本合同,以共同遵守。

第一条 词语解释

贸易项下汇出汇款指甲方作为其已签订的进口货物合同中的进口方,根据合同(及其修改,如有)规定,通过银行汇款的方式支付。

汇出汇款项下融资在本合同及与本合同有关的文件中,是指乙方作为甲方的贸易项下汇款的汇出行在为甲方办理汇出汇款时,因甲方提出资金融通需要,向甲方提供资金对外付款,甲方承诺予以偿付。

第二条 融资的前提条件

甲方向乙方申请叙做汇出汇款项下融资,必须具备以下条件:

(一)甲方每申请叙做一笔汇出汇款项下融资业务,须向乙方提交一份《汇出汇款项下融资申请书》。

(二)在本协议第十三条规定的期限终止前提出申请,且乙方判断能够在该期限终止前将融资款项支付给甲方指定的收款人。

(三)甲方已向乙方提交有权签署本合同及与本合同有关的文件和单据的人员名单及上述人员的签字样本,以及单位公章样本。

(四)甲方在乙方开立存款账户,其收支接受乙方监督。

（五）甲方已按乙方要求填妥有关凭证并根据乙方要求提供有关文件资料，包括进口合同文本以及出口方基本情况的资料。

（六）甲方已办妥履行本合同所必备的法律和行政审批手续，并将相应的审批文件交由乙方查验。乙方有权要求甲方提供审批文件的副本或与原件相符的复印件。

（七）甲方同意本合同项下可能产生的甲方对乙方的债务占用在＿＿＿＿＿年＿＿＿字＿＿＿号《授信额度协议》中乙方为甲方核定的额度。

（八）本合同第六条规定的担保条件已具备。

（九）未出现第八条所规定的违约事件。

第三条　付款

在本合同第二条所列举的前提条件全部具备的情况下，乙方可自行决定是否为甲方提供融资。如乙方同意为甲方提供融资，则乙方应根据甲方提交并经乙方确认的"融资汇出汇款项下融资申请书"中规定的币种和金额将融资款项按照甲方提交的汇款申请书中的指示汇付收款人，并有权按照该申请书中规定的利率向甲方收取利息和罚息。

对于甲方应向乙方支付的利息，乙方有权从甲方在中国银行开立的存款账户中直接扣收。

第四条　融资期限

融资期限为甲方提交并经乙方确认的"汇出汇款项下融资申请书"中规定的期限或按本合同第八条规定的宣布立即到期日，融资期限应自乙方对外汇付款项之日起连续计算。

融资到期日前＿＿＿月/天，经甲方书面申请并经乙方书面同意，甲方还款可以展期一次，具体展期期限由双方依据当时情况另行约定。

如融资期限（包括展期后期限）届满或乙方按本合同第八条规定宣布立即到期后，甲方不能向乙方支付本合同项下的融资款项，乙方除有权加收罚息外，还将按本合同第五条和第八条行使权利。

第五条　当事人的权利义务

（一）乙方有权要求甲方将进口货物销售所得款项归还融资款项，或从甲方在乙方系统内各机构开立的账户中直接扣款；甲方利用汇出汇款项下融资所进口货物的销售所得款项应专用于清偿甲方所欠乙方债务，否则，乙方有权向甲方及其担保人进行追索。

（二）甲方承诺对所进口货物按货物的市价投保所有可能出现的风险，在保险单正本上列明乙方为被保险人，并将保险单正本交乙方保管；如投保货物发生损失，乙方有权直接向保险公司索赔。

（三）未经乙方书面允许，甲方不得以变更合同中的付款方式或低于市场价处理该货物。

（四）一经乙方要求，甲方即将该货物的账目、任何销售收入或与该货物有关的销售合同的详细情况提交给乙方;乙方有权随时进入存放合同项下货物的地点对货物的实际情况进行检查。

(五)甲方履行还款义务时所使用的币种应与乙方业务计价货币相同。乙方依据本合同的有关规定主动从甲方账户中扣款时,如该账户币种与业务计价货币不同,应按扣款当天乙方公布的汇率折算。

(六)乙方如在融资期限到期后不能收妥全部融资款,除有权向甲方追索外,亦有权依担保合同要求担保人履行担保责任。

第六条 担保

本合同项下发生的甲方对乙方的全部债务采用如下第_____种方式担保:

(一)由_____依据编号为_____的《保证合同》承担连带保证责任。

(二)由_____依据编号为_____的《抵押合同》提供抵押担保。

(三)由_____依据编号为_____的《质押合同》提供质押担保。

(四)由_____依据编号为_____的《最高额保证合同》承担最高额保证责任。

(五)由_____依据编号为_____的《最高额抵押合同》提供最高额抵押。

(六)依据汇出汇款融资申请书中确定的方式担保。

如担保人财务状况恶化或因其他原因导致偿债能力明显下降,或抵押物、质物贬值、毁损、灭失,致使担保能力明显减弱或丧失时,乙方有权要求甲方更换担保人或提供新的抵押物、质物以担保本合同项下债务。

第七条 甲方声明与承诺

甲方声明如下:

(一)甲方依法注册并合法存在。

(二)甲方已获得签署本合同所需要的授权。

(三)甲方向乙方提供的所有文件、资料、报表和凭证等是准确、真实、完整和有效的。

(四)甲方未隐瞒任何已发生或正在发生的、有可能影响对其履约能力判断的下列情况:

1. 与甲方或其主要领导人有牵连的重大违纪、违法或被索赔事件;

2. 甲方在其他合同项下的违约事件;

3. 甲方承担的债务、或有债务,或向第三人提供的抵押、质押担保;

4. 未了结的诉讼、仲裁案件;

5. 其他可能影响甲方财务状况和偿债能力的情况。

甲方承诺如下:

(一)与本汇出汇款项下融资有关的结算业务均通过甲方在乙方开立的账户办理。

(二)乙方不能按期收回的融资款及利息、费用,无论何种原因,甲方无条件承担还款责任,并支付相应的罚息,但经乙方同意展期的除外。

(三)甲方按____月定期/应乙方要求不定期向乙方提供真实的财务报表及所有开户行账户及存款余额情况。

(四)如果甲方已经或将与本合同担保人就其担保义务签订反担保协议或类似协议,该协议将不会损害乙方在本合同项下的任何权利。

(五)甲方不以降低其偿债能力的方式处置自有资产。甲方对第三人提供保证或以自身资产设置抵押、质押担保时,将及时通知乙方,并承诺其担保的债务总额不高于其自身净资产的____倍。

(六)甲方对乙方债务的清偿顺序将不亚于其他债权人的具有同等优先权的债务。

(七)甲方承诺当发生如下事件时将及时通知乙方:

1. 在本合同或其他任何与中国银行总行或分支机构之间合同项下发生的违约事件;

2. 甲方发生隶属关系的变更、高级管理人员的变动、公司章程的修改以及内部组织机构的重大调整;

3. 甲方经营出现困难和财务状况发生恶化;

4. 甲方涉入重大诉讼或仲裁案件;

5. 甲方发生其他影响其财务状况或偿债能力的情形。

(八)在有关会计年度的税后净利润为零或负数,或者税后利润不足以弥补以往会计年度累计亏损的情况下,或者税前利润未用于清偿甲方在该会计年度内应清偿的本金、利息和费用或者税前利润不足以清偿下一期本金、利息和费用时,甲方不以任何形式向股东分配股息、红利。

(九)甲方处理本融资合同项下的进口货物时,应当尽到谨慎与勤勉的职责。处理货物的合同应当要求货物的买方直接将货款划至乙方的账户,用于偿还本合同项下的融资本金、利息及其他费用。

第八条 违约事件和处理

(一)有下列情形之一的,视为甲方在本合同项下的违约:

1. 甲方违反本合同第五条关于当事人权利义务的规定;

2. 甲方在第七条中的声明不真实或违反其所作的承诺;

3. 甲方在与乙方或中国银行任何机构之间的合同项下发生违约事件;

4. 甲方与第三人发生纠纷并出现对乙方权益带来威胁和不利的事件;

5. 无论何种原因导致甲方或担保人将要或已经丧失支付本合同项下有关款项的能力;

6. 甲方违反了本合同的其他约定。

(二)出现本条第一款规定的违约事件时,甲方应及时通知乙方,乙方有权采取以下措施:

1. 要求甲方限期纠正违约事件；

2. 宣布本合同项下的融资本息全部立即到期；

3. 有权从甲方开立在中国银行任一机构内的账户中或从其他出口收汇中主动扣划甲方的融资款项，以及甲方应支付给乙方的其他任何费用；

4. 中止或解除本合同。

第九条　其他约定

未经乙方书面同意，甲方不得将本合同项下任何权利、义务转让予第三人。

乙方给予甲方的任何宽容、宽限、优惠或延缓行使本合同项下的任何权利，均不影响、损害或限制乙方依本合同和法律、法规而享有的一切权益，也不应视为乙方对本合同任何权益的放弃。

第十条　合同的变更、解除和解释

本合同经双方书面同意可以修改、补充或解除。本合同的任何修改和补充均构成本合同不可分割的一部分。

本合同任何条款的无效均不影响其他条款的效力。

第十一条　法律适用、争议解决及司法管辖

本合同适用中华人民共和国法律。

在合同履行期间，因履行本合同所发生的或与本合同有关的一切争议、纠纷，双方可协商解决。协商不成，任何一方可以采取如下第＿＿种方式加以解决：

（一）依法向乙方所在地人民法院起诉。

（二）提交＿＿＿＿＿＿仲裁委员会＿＿＿＿＿＿分会仲裁，仲裁地点为＿＿＿＿＿＿。

与诉讼或仲裁有关的所有费用（包括律师费）均由甲方承担，但法院判决或仲裁委员会裁决另有规定的除外。

第十二条　附件

下列附件及经双方共同确认的其他附件是本合同不可分割的组成部分，具有与本合同相同的效力。

（一）汇出汇款项下融资申请书。

（二）＿＿＿＿＿＿＿＿＿＿。

第十三条　生效条件［和期限］

本合同经双方的法定代表人或授权签字人签字并盖公章后生效［有效期至＿＿止］。

本合同一式＿＿份，双方各执＿＿份，均具同等效力。

第十四条　特别提示

甲方与乙方已对本合同的所有条款进行了充分的协商。

乙方已提请甲方特别注意有关双方权利义务的全部条款，并对其作全面、准确的理解。乙方已经应甲方的要求对上述条款做出相应的说明。

甲方：＿＿＿＿＿＿＿＿（公章）；　　乙方：＿＿＿＿＿＿＿＿（公章）；

```
法定代表人（或授权签字人）：_____    法定代表人（或授权签字人）：_____
         ____年___月___日                    ____年___月___日
地点：_____          地点：_____
```

第三节　福费廷业务

一、福费廷业务的概念

福费廷（FORFAITING），又称包买票据或票据买断，是指包买商（Forfaiter，一般为商业银行或其他金融企业）从出口商那里无追索权地购买由银行承兑/承付或保付的远期汇票，以此向出口商提供融资的业务。它是一项新型的贸易融资工具，融资比例通常为100%，还款来源为出口项下的收汇款。出口方受益人承担的费用因办理银行的不同而稍有差异，但一般由利息、手续费和承诺费三部分构成。有的银行从与同业竞争的需要出发，采取了手续费暂不予收取，承诺费在客户违约时收取，仅仅收取利息的做法。

福费廷业务的利息计算方法与出口押汇相同。

福费廷利息＝本金×利率（根据具体情况而定并高于押汇利率）×天数（办理日至到期日天数＋5个工作日）/360

因此，出口方受益人办理福费廷业务后，实际进入账户的金额应为：

实际入账金额＝本金（汇票或发票金额）－利息－手续费－承诺费－出口议付本来应承担的费用（议付费、邮费、电报费）－国外预扣款（通常为USD300，在收汇后多退少补）

（一）福费廷业务的基本特点

（1）终局性融资便利。福费廷是一种无追索权的贸易融资便利，出口商一旦取得融资款项，就不必再对债务人偿债与否负责，同时不占用银行授信额度。

（2）改善现金流量。将远期收款变为当期现金流入，有利于出口商改善财务状况和清偿能力，从而避免资金占压，进一步提高筹资能力。

（3）节约管理费用。出口商不再承担资产管理和应收账款回收的工作及费用,从而大大降低管理费用。

(4) 提前办理退税。办理福费廷业务后出口商可立即办理外汇核销及出口退税手续。

(5) 规避各类风险。叙做福费廷业务后,出口商不再承担远期收款可能产生的利率、汇率、信用以及国家等方面的风险。

(6) 增加贸易机会。出口商能以延期付款的条件促成与进口商的交易,避免了因进口商资金紧缺无法开展贸易的局面。

(7) 实现价格转移。可以提前了解包买商的报价并将相应的成本转移到价格中去,从而规避融资成本。

(8) 福费廷业务不仅适用于大额资本性交易,也适用于小额交易,但金额越小,融资成本越高,应在融资成本和福费廷带来的便利之间进行权衡。

(9) 按照国际惯例,融资银行在承兑/承付/保付银行因法院止付令不能偿付到期款项的情况下,保留对出口商的追索权。

(二) 在福费廷业务中包买商包买票据的类型

(1) 出口人出具的并已被进口人承兑的汇票。

(2) 进口人出具的以出口人为收款人的本票。

(3) 由进口人往来银行开出的远期信用证项下的已承兑的汇票。

(4) 由包买商可接受的担保人出具的独立保函所保付的以进口人为付款人的汇票,或进口人自己出具的本票。

(5) 由包买商可接受的第三者加注了保付签字(Per Aval)的汇票或本票。

由于无追索权地购买纯汇票或本票的风险极大,因此在实务中,包买商购买的汇票或本票,主要是指远期信用证项下经开证行或保兑行承兑的汇票。

二、福费廷业务的操作流程

在我国,各中资、外资银行办理的福费廷业务目前暂时还局限于信用证项下的票据包买,对于其他的票据暂不予办理。因而在此以信用证项下的福费廷业务操作流程为例,如图5-6所示。

出口商(受益人)将远期信用证项下的单据交出口地银行议付(或处理);出口地银行收到开证行的承兑后通知出口人;出口人提交福费廷业务申请;出口地银行确定价格并通知出口人;出口人出具《福费廷业

图 5-6 福费廷业务操作流程

务确认书》并与出口地银行签订办理福费廷业务的协议；出口地银行将本金扣除费用及利息后划入出口人账户，并出具可供国家外汇管理局核销的进账单或"水单"；出口地银行收到国外货款后自动还款转账。

出口人办理福费廷业务时，应向出口地银行提交下列材料：

（1）将出口信用证下的单据交出口地银行议付或处理。

（2）提供基础资料：企业营业执照、税务登记证（国税或地税均可）、企业的组织机构代码证、经过会计事务所年审的报表、外经局出具的企业进出口权的批准证书或外商投资企业的批文。

（3）逐笔填写并提交银行格式化的"福费廷业务申请书"，样式如表5-6所示。

表 5-6 福费廷业务申请书

福费廷业务申请书

致：中国银行_____分（支）行　　　　　　我公司参考号_____   　　根据我公司与贵行签订的_____年第_____号《福费廷业务合同》，我公司特向贵行申请叙做福费廷业务。

有关交易情况如下：
□远期承兑信用证　□延期付款信用证　□远期议付信用证
1. 信用证号：
2. 开证行：
3. 指定承兑/承付银行（如有）：
4. 进口商名称及地址：
5. 信用证金额：
6. 远期/延期期限：
7. 汇票/发票金额：
8. 货物名称：
9. 出运及交单日期：
□出口承兑交单托收（D/A）
1. 汇票/发票金额：
2. 承兑交单期限：
3 进口商名称及地址：
4. 货物名称：
5. 保付银行：
　　如果贵行确认可以对上述信用证或托收业务叙做福费廷业务，请向我公司报价。本申请书构成我公司与贵行签订的_____年___号《福费廷业务合同》不可分割的一部分。在此，我公司重申遵守上述《福费廷业务合同》的有关承诺、陈述与保证。
　　我公司联系人：_____　电话：_____　传真：_____
　　　　　　　　　　　　　　　　公司名称：　　　　　　（加盖公章）
　　　　　　　　　　　　　　　　有权人签字：
　　　　　　　　　　　　　　　　日期：

（4）签署银行格式化的"福费廷业务确认书"，样式如表5-7所示。

表5-7　福费廷业务确认书

福费廷业务确认书

致：_____公司
　　我行同意贵公司_____年___月___日提交的《福费廷业务申请书》（贵公司参考号_____）所述交易项下福费廷业务。我行叙做该笔福费廷业务的报价条件为：
　　买断汇票/债权币种及金额：_____
　　贴现利率：年利率_____%
　　承诺费：如贵公司在签署本确认书后及我行向贵公司支付买断款项前提出撤销此笔福费廷业务，则承诺费按本确认书出具之日起至我行收到贵公司撤销此笔福费廷业务申请之日止的实际天数计算（以承诺天数乘以买断汇票/债权金额乘以年利率_____%除以360，不足 USD50.00 的，按 USD50.00 收取），贵公司应立即支付承诺费并授权我行从贵公司的账户中主动扣划。

预扣国外银行费用：_____

其他正常的业务费用，例如信用证项下的单据处理费、电报费、邮费等按我行确定的标准照常收取。

本确认书一式两份，如贵公司接受本确认书所列的报价条件，请在____月____日之前签署、确认并加盖公章，将其中一份及时退回我行。如我行在上述日期之前没有收到贵公司的同意确认，则此确认书自动失效。

本确认书构成我行与贵公司签订的_____年第____号《福费廷业务合同》不可分割的一部分。

中国银行××分行（公章）

有权签字人：

日期：

我公司同样接受贵行上述所列的福费廷业务条件，并重申我公司将遵守与贵行签署的《福费廷业务合同》中的有关承诺、保证与义务。请贵行为我公司有关交易办理福费廷业务。

公司名称（公章）：

有权签字人：

日期：

（5）与出口地银行签订"福费廷业务合同"，样式如表5-8所示。

表5-8 福费廷业务合同

福费廷业务合同

(_____年第____号)

甲方：_____

企业法人营业执照号码：_____

法定代表人：_____

住所：_____

开户金融机构及账号：_____

联系方式：_____

乙方：中国银行××分行

负责人：_____

住所：_____

联系方式：_____

鉴于甲方向乙方申请办理福费廷业务，为保证有关业务的顺利进行，双方经协商一致，签订本合同，以共同遵守。

第一条　词语解释

福费廷在本合同及与本合同相关的文件中，是指乙方向甲方购买出口信用证项下或出口承兑交单托收（D/A）项下的汇票或债权，一经付款，乙方即放弃对甲方的追索权，甲方放弃所出售汇票或债权下的一切权益。

第二条　交易前提条件

在满足下列条件的情况下，甲方方可向乙方申请叙做福费廷业务。经乙方审查，未完全满足下列条件的，乙方有权拒绝为甲方提供福费廷业务服务。

一、甲方每申请叙做一笔福费廷业务，须向乙方提交一份《福费廷业务申请书》。

二、甲方签署同意接受乙方出具的《福费廷业务确认书》中的报价条件。

三、甲方已向乙方提交有权签署本合同及与本合同有关的文件和单据的授权人员名单及上述人员的签字样本。

四、甲方已按乙方要求填妥有关凭证并提交了乙方要求的有关文件资料。

五、甲方已办妥履行本合同及相关贸易合同所必备的法律和行政审批手续，并将相应的审批文件交由乙方查验。乙方有权要求申请人提供审批文件的副本或与原件相符的复印件。

六、如相关贸易结算方式为信用证，则：

1. 该信用证应声明适用国际商会制定的《跟单信用证统一惯例》（1993年版）或在信用证开立日有效的更新版本；信用证的形式和内容应经乙方审核认可。

2. 甲方应在信用证的有效期内向乙方交单。

3. 乙方对外提交单据后，应收到有关银行已承兑汇票或有关银行的承兑/承付通知。

七、如相关贸易结算方式为承兑交单托收方式（D/A），则：

1. 甲方须遵守乙方办理承兑交单托收业务的所有规定。

2. 乙方对外托收单据后，应收到已经当事人承兑并经有关银行保付的汇票或有关银行的保付通知。

八、未出现本合同第五条所规定的违约事件。

第三条　付款

在本合同第二条所列举的交易前提条件全部具备的情况下，乙方根据"福费廷业务确认书"中规定的条件，从已承兑/承付/保付汇票或债权面值金额中扣除贴现利息和相关费用后，将款项支付给甲方，并放弃对甲方的追索权。甲方放弃所出售汇票或债权下的一切权益。

第四条 声明与承诺

甲方声明与承诺如下：

一、甲方依法注册并合法存在。

二、甲方已获得签署本合同所需要的授权。

三、甲方在每一份汇票及其背书和每一份需要甲方签字的单据、文件上的签字均为有权签字人的真实签署，加盖公章真实合法。

四、甲方向乙方提供的所有文件、资料、报表和凭证等均是准确、真实、完整和有效的。

五、甲方在乙方开立账户。

六、甲方所从事的与本合同项下福费廷交易有关的基础交易是正当的、合法的，不涉及任何欺诈、洗钱等非法行为。

七、于所从事的基础交易，甲方已获得所有必要的董事会或政府批准、缴付应交税款、办妥有关的外汇管理手续、完成其他法定的登记工作，以确保本合同及乙方在本合同项下权利的合法性、有效性和可执行性以及在中国法院本合同作为证据的可接受性。

八、有关汇票或债权代表着甲方的相关贸易对手因甲方向其交付货物或提供劳务而应在汇票/债权到期日无条件向甲方支付的款项，不存在任何针对该款项的抗辩、抵消或反索偿。

九、甲方在有关汇票和/或贸易单据上未设立或允许保留任何抵押、质押、权益转让或为其他人设立优先权利，且不会采取任何可能损害或限制乙方与有关汇票和/或贸易单据有关权利的行动。

十、未经乙方书面同意，甲方不得与其相关贸易对手、有关汇票或债权的承兑人/承付人/保付人达成任何修改有关汇票或债权内容的协议。

十一、甲方所申请的福费廷业务没有抵触进口国法律，并且对有关汇票/债权的付款必须是全额支付，无须缴付任何税项。

十二、不存在影响有关汇票/债权项下款项支付的法院止付令、禁付令、冻结令或其他具有相同或类似功能的司法命令，或任何其他可能影响有关汇票/债权项下款项支付的问题。

十三、甲方应立即向乙方支付甲方收到的有关汇票/债权项下的全部款项，并且在该笔款项交付乙方前及在甲方控制的期间内，完全为乙方的排他利益收取和持有该笔款项并等待乙方的指令。

十四、如在有关汇票/债权到期日乙方未能取得全额付款，甲方应采取一切必要的行动协助乙方取得有关汇票/债权项下未付款项，这些行动包括但不限于：

应乙方要求，代表乙方追索或起诉，或允许乙方以甲方的名义追索或起诉，或授权乙方接替甲方进行追索、起诉、以债权人身份参加有关债务人的破产或清算程序，或采取其他任何为追讨有关汇票/债权项下未付款项所必需的行动。

十五、如因法院发出止付令、禁付令、冻结令或其他具有相同或类似功能的司法命令的原因而使乙方未能获得有关汇票/债权项下的款项，甲方承诺立即向乙方返还相当于有关汇票/债权面值的款项，以及从有关汇票/债权到期日到乙方收到甲方付款期间的利息和罚息（利息和罚息适用利率由乙方决定）。如甲方未能及时返还上述款项，乙方有权随时从甲方在乙方总行及任何分支机构开立的账户中直接扣收上述款项。

十六、甲方承诺及时向乙方支付乙方因提供福费廷服务而向甲方收取的有关费用。

十七、甲方承诺当发生以下事件时将立即通知乙方：

1. 甲方在本合同或其他任何与乙方总行或分支机构之间的合同项下发生的违约事件；

2 甲方发生隶属关系变更、高级管理人员变动、公司章程修改以及内部组织结构的重大调整；

3 甲方涉入重大诉讼或仲裁案件。

第五条 违约事件和处理

有下列情形之一的，视为甲方在本合同项下违约：

一、甲方在本合同第四条中的声明不真实或违反其所作的承诺；

二、甲方在与乙方总行或任何分支机构之间的合同项下发生违约事件；

三、甲方终止营业或者发生解散、撤销或破产事件；

四、甲方违反了本合同的其他约定。

出现上述违约事件时，乙方有权采取以下措施：

一、要求甲方限期纠正违约事件。

二、解除与违约行为有关的任何一笔福费廷交易。在交易被解除后，甲方应立即向乙方返还有关汇票/债权面值金额并支付相应利息。如延期返还，乙方有权向甲方收取罚息。

三、终止本合同。

四、乙方有权从甲方开立在乙方总行或任何分支机构的账户中或从其他甲方收汇款项中主动扣收甲方应向乙方支付的有关汇票/债权面值金额以及任何利息、罚息和费用。

第六条 其他约定

未经乙方书面同意，甲方不得将本合同项下的任何权利、义务转让予第三人。若乙方因业务需要须委托乙方总行或其他分支机构履行本合同项下权利及义务，甲方对此表示认可。乙方授权的总行或其他分支机构有权行使本合同项下全部权利，有权向法院提起诉讼或向仲裁机构提交仲裁申请。甲方放弃对乙方总行或其他分支机构有关诉讼或仲裁主体方面的任何异议。

乙方给予甲方的任何宽容、宽限、优惠或延缓行使本合同项下的任何权利，均不影响、损害或限制乙方依本合同和有关法律、法规而享有的一切权益，也不应视为乙方对本合同项下任何权利、权益的放弃。

如因政府命令、法律或法规的实施使乙方在本合同项下的履行成为非法，乙方将被免于本合同项下义务的履行。

第七条　合同的变更、解除和解释

本合同经双方书面同意可以修改、补充或解除。本合同的任何修改和补充均构成本合同不可分割的一部分。

本合同任何条款的无效均不影响其他条款的效力。

第八条　争议解决及司法管辖

在合同履行期间，因履行本合同所发生的或与本合同有关的一切争议、纠纷，双方可协商解决。协商不成的，任何一方可以采取如下第_____种方式加以解决：

一、依法向乙方所在地人民法院提起诉讼。

二、提交_____仲裁委员会仲裁。

第九条　生效条件

本合同经甲乙双方的法定代表人或授权签字人签字并盖章后生效。

本合同一式两份，甲方与乙方各执一份，具同等效力。

第十条　特别提示

甲方与乙方已对本合同的所有条款进行了充分的协商。

乙方已提请甲方特别注意有关双方权利义务的全部条款，并对其作全面、准确的理解。乙方已应甲方的要求对上述条款做出充分的说明。

甲方：_____　　乙方：中国银行_____分（支）行
（加盖公章）　　　　　　　（加盖公章）
法定代表人或　　　　　　　负责人或
授权签字人：_____　　授权签字人：_____
签约时间：____年___月___日　签约时间：____年___月___日

（6）提交国外银行承兑电报或开证银行承兑的汇票。

第四节 保理业务

一、保理业务的概念

保理是一项综合性金融服务。在保理业务中，卖方将其现在或将来的基于其与买方订立的货物销售/服务合同所产生的应收账款转让给保理商（提供保理服务的金融机构），由保理商为其提供下列服务中的至少两项。

（一）贸易融资

保理商可以根据卖方的资金需求，收到转让的应收账款后，立刻对卖方提供融资，协助卖方解决流动资金短缺问题。

（二）销售分户账管理

保理商可以根据卖方的要求，定期向卖方提供应收账款的回收情况、逾期账款情况、账龄分析等，发送各类对账单，协助卖方进行销售管理。

（三）应收账款的催收

保理商有专业人士从事追收，他们会根据应收账款逾期的时间采取有理、有力、有节的手段，协助卖方安全回收账款。

（四）信用风险控制与坏账担保

保理商可以根据卖方的需求为买方核定信用额度，对于卖方在信用额度内发货所产生的应收账款，保理商提供100%的坏账担保。

我国的中国银行目前有国际保理与国内保理两大类、五大系列保理产品。国际保理产品包括出口保理产品、进口保理产品、出口商业发票贴现产品，国内保理产品包括国内综合保理产品、国内商业发票贴现产品。

二、国际保理的概念和作用

（一）国际保理的概念

国际保理（International Factoring）是国际保付代理的简称，是近一二十年在国际上发展起来的一种新兴贸易结算方式。它是指保理商为国际贸易中采用赊销（Open Account，简称 O/A）或跟单托收承兑交单（Documents Against Acceptance，简称 D/A）结算方式时，为卖方（即供货商）提供的将出口贸易融资、账务处理、收取应收账款和买方信用担保融为一体的综合性金融服务。

(二) 国际保理业务产生的原因

随着交通的便捷与通信技术的发展，经济全球化时代的到来，世界各国在国际贸易市场上的竞争日趋激烈。在当前的国际贸易市场上，一方面以买方市场为特点的世界贸易格局已经基本形成。为了扩大出口，力求使自己的商品占据国际市场，出口商除了以商品的高质量、低价格作为竞争手段外，尤其重视在结算方式上向买方提供更具竞争力的贸易条件。另一方面，随着国际经济竞争的发展，在国际贸易领域存在着越来越多的贸易风险。在这种市场环境下，国际上一种新型金融服务便有了广阔发展前景，这就是国际保理业务。该业务既能保证出口商安全收汇，又能为进口商提供买方信贷。目前在欧美国家，特别是在欧盟内部，80%的进出口业务都是采用非信用证方式，并由保理商代理收款。这种方式对出口方来说，不论进口方是否付款，货款都由保理商负责收付。保理商主要依靠其全球资信网络与其当地银行对商家的资信控制优势来收款的。目前，国际保理业务在国际贸易结算与融资领域已占据越来越重要的地位。

与出口信用保险相比较，出口保理具有其优势，如表5-9所示。

表5-9　出口信用保险与出口保理对比表

分类	出口保理	出口信用保险
最高信用保障（在所批准信用额度内）	100%	70~90%
赔偿期限（从货款到期日起）	90天	120~150天
索赔程序	简单	繁琐
坏账担保	有	有
进口商资信调查和评估	有	有
财务账目管理	有	无
账款催收追缴	有	无
以预支方式提供融资	有	无

出口保险公司一般要求出口商将其全部销售交易都要投保（无论哪种付款方式都要投保），而保理服务无此要求。一般说来，出口信用保险服务要比保理服务费用高。

出口信用保险项下，进口商信用风险一般由保险公司和出口商共同承担,在出现坏账时,保险公司一般只赔偿70%~90%,而且索赔手续繁琐、耗时。保理服务中,保理公司承担全部信用风险。

(三) 国际保理业务的发展状况

早期的保理服务是以商业销售代理形式出现的。当时它只是一种国内业务,其作业方法也十分简单,主要是由从事保理业务的公司向卖主无追索权地预先支付一定金额(相当于货款扣除手续费、利息后的余额),并取得向买主收取货款的权利,以此获得经济利润。如果货款到期后,买主由于财务能力出现问题不能按期付款,则保理公司不能向卖主追回其已经预付的货款。随着通信技术和运输业的发展,保理公司和卖主之间的关系发生了质的变化。保理商不再像从前那样单纯接受卖主委托代其销售产品并收取佣金,而是采用贴现方式取得卖主应收账款的所有权。通过为卖主贴现应收账款这种运作方式,保理商所追收的账款就成为他自己所有的款项。正是这种质的转变,推动了现代保理业务的发展。目前,国际上已成立包括我国在内的140多个国家组成的国际保理商联合会(Factors Chain International,FCI),并公布了世界各国保理公司普遍接受的统一惯例规则——国际保理惯例规则(Code of International Factoring Customs)。1988年5月,国际统一私法协会(International Institute for the Unification Of Private Law,简称"UNIDROIT")又通过了国际统一私法协会国际保理公约(Unidroit Convention International Factoring),该公约对保理业务做了具体规定。近二三十年来,国际保理业务得到了迅猛发展和大规模应用,据联合国贸发中心1998年的统计数据,在国际贸易结算中,信用证(Letter of Credit,简称L/C)的使用率已经降至16%,在发达国家甚至降至10%以下。由此可见,国际保理业务在国际贸易结算中已经占据了越来越重要的地位。

1993年,中国银行加入全球最大的保理商组织——国际保理商联合会(FCI)。由于中国银行在保理业务的突出表现,中国银行成为目前国内12家FCI会员中唯一一家FCI正式会员。中国银行已与遍布世界各地的众多保理商建立了多年业务合作关系,可受理国际保理业务的国家或地区包括欧洲绝大部分国家和地区、美国、加拿大、墨西哥、巴西、智利、阿根廷、南非、澳大利亚、新西兰、日本、韩国、新加坡、马来西亚、泰国、中国台湾地区、中国香港特别行政区等。

国际保理属于国际贸易结算范畴,从资金和信用融通的角度看,国际保理又是国际金融实务操作层面的一项重要业务。

(四) 国际保理业务的服务内容

根据国际统一私法协会（UNIDROIT）通过的"国际统一私法协会国际保理公约"的规定，在国际贸易结算中采用国际保理业务，保理商应依据双方即出口商与保理商所签订的"保理合同"，提供以下全部或部分服务。

1. 为出口商提供贸易融资

保理商在承做保理业务时，出口保理商一般先从出口商那里购买应收账款，或对出口商的应收账款进行贷款，保理商通过这种服务方式向出口商提供无追索权的贸易融资。这种贸易融资方式较其他方式手续简便，且简单易行。它不像信用放款那样需要办理复杂的审批手续，也不像抵押放款那样需要办理抵押品的移交和过户手续。出口保理商通过国际保理业务为出口商出口商品或劳务融通资金，同时自己也从中获取可观的中间业务收益。这种贸易结算方式对出口商好处更多，一方面，出口商可以通过这种贸易结算方式从出口保理商那里及时获得资金融通，以便维护其资金的正常周转；另一方面，出口商在向国外进口商发货或提供技术服务后，只要将发票通知送交出口保理商，即可立即获得不超过80%的发票金额和无追索权的预付款融资，从而有效解决了出口商在国际贸易中在途以及信用销售过程中的资金占用，使其资金保持较好的流动性。这种贸易结算方式对出口保理商而言，也同样有诸多优点。首先，出口保理商在向出口商融通资金的同时，受让一笔相应的应收账款，就可以对有关债权或物权拥有充分的权利。其次，承做这项业务还可以获得较高的手续费收入。由于在业务开展之初，保理商已经对债务人的资信情况进行了一定程度的调查与分析，同时它还获得了一定的物权保证，因此，这种结算方式较其他信用放款方式而言，具有风险小，佣金收入高的特点。此外，这种融资方式与商品的流转是紧密相连的，不但资本循环周期短，而且流动性强，对银行十分有利。

2. 为出口商提供出口贸易销售账务处理

一般来说，国际上从事保理业务的公司大多是经营规模较大的商业银行或者是其附属机构。这些金融机构在为客户提供贸易销售账务服务方面具有明显的优势。首先，这些机构或公司都拥有完善的账户管理制度、先进的账务处理技术以及经验丰富的专业技术人员。其次，这些机构或公司广泛地应用电子计算机及其他先进的现代化办公设施进行业务处理。再次，这些银行还具有分布广泛的国内外业务网络以及分支或代理机构，通过这些海内外的分支或代理机构，可以形成其开展国际保理业务高效运行的网络系统。通常，这些金融机构开展国际保理业务的运作程序主要包括以下内容。第一，保理商在其电脑系统中为出口商设立管理账户，并输入出口商及进口商的有关信息，如进口商的名称、国别、债务金额、付款期限、结算方式等内容。第二，保理商在收到出口商交来的销售发票后，依据上述管理账户记载的有关信息进行记账处理。具体处理项目包括清算债务金额、利息结算、债务收取往来记录、定期出具账务清单等。第三，保理商在其承做保理业务期间还要对出口商的应收账款负责催收，并及时传递买卖双方之间有关贸易及法律文书，随时或定期提供各种资料。最后，在贸易结算完成后，保理商还要负责结清有关账目，并汇报出口商。通过保理商提供的这种外贸账务管理服务，可以有效地使出口商减轻对外贸易的财务处理负担，降低出口商的管理成本，以便出口商更好地集中精力进行生产、研制及销售。保理业务所提供的专业、高效服务是确保出口企业正常生产、经营和销售的有效手段。目前，这种账务管理服务已经成为国际保理业务的一项重要内容。

3. 调查进口商的资信状况

当前，以买方市场为主的国际贸易格局已经形成，这势必造成某些进口企业为了获得不法利益，通过骗取商业信用的方式，进行贸易欺诈，致使出口商蒙受巨大的经济损失。为了适应国际贸易市场千变万化的行情，帮助出口企业准确掌握进口方的资信情况，聘请专业的资信调查公司提供服务就显得尤为重要。通过对进口商进行销售前调查，出口企业可以依据客户的状况制订相应的销售计划和必要的账务管理措施，以有效防止贸易风险的出现。一般而言，对于经营规模较小的出口企业很难自行完成对贸易伙伴的跨国度资信调查，而且由于其自身的技术能力、经济实力所限，也同样不能完成贸易前国外客户的资信调查工作。所以，贸易风险防范措施在这种情况下根本无从谈起。为了解决国际贸易中存在的这类问题，国际保理业务应运而生，通过保理商提供的专业服务，跨国度的买方资信调查问题便迎刃而解。由于各国保理公司一般都是国际保理商联合会的成员，这使得保理商形成了国际间广泛的相互代理网络和有关的咨询机构，同时各国保理公司还在国外设立自己的分支机构和代理网络，通过这种国际间的组织结构布局，就为保理商开展跨国的贸易资信调查提供了便利条件。此外，保理公司都拥有高素质的从业人员，不仅可以通过现代化的手段获取最新的客户信息与资料，为出口商提供客户的信用销售额度，还可以及时为出口企业制定出口战略以及风险防范措施，以降低出口商的销售风险。

4. 回收应收账款

企业的应收账款回收始终是一项融技术、法律、贸易于一体的复杂工作。对于一般的企业是这样，对于出口企业则更是如此。因为，外贸领域的应收账款回收还牵涉到各国家、各地区的贸易交易习惯、法律规则等多方面的巨大差别。一般的出口企业普遍缺乏这种收账技术和知识，也不可能在企业内部专门成立这样一支收账队伍，尤其在需要通过法律手段来解决有关的贸易争端或相关事宜时，出口商更是力不从心。国际间的贸易纠纷因各国的法律法规、交易习惯相差很大，而使问题更加难以解决。一般的律师根本无法胜任，加之诉讼程序复杂，诉讼期限漫长及律师费用高昂，出口企业很难收回应收账款，最后只能任由应收账款变为呆账、死账。因此出口企业的应收账款如不能及时得到清偿，大量营运资金就会滞留在应收账款上，从而导致运营资金周转不灵，企业生产经营严重受阻，甚至会造成企业破产。与此不同的是，保理公司具有专门的收账人员以及专业的收账知识，并设置相关的专业律师，因此他们可以通过行之有效的方式顺利帮助出口企业完成应收账款的回收任务。出口企业只要与保理商签订了保付代理协议，明确双方的权利与义务，保理商就会全权为出口企业代收其债权。

5. 为买方提供信用担保

保理商与出口商签订保理合同，为出口商的商品出口或劳务提供保付代理项目前，一般都要对出口商的客户即进口商进行资信调查。调查的结果一般是对进口商核定一个出口商可以出口商品或劳务的信用额度。在进口保理商所核准的信用额度内，出口商可以与进口商进行贸易往来，如果进口商因为贸易争端以外的因素拒绝对出口商支付货款，则由保理商代进口商承担付款责任，即保理商对其客户承担在核准的信用额度内100%的坏账担保。但是，如果出口商与进口商的出口贸易额超过了保理商所核准的信用额度，则保理商只承担其所核定的信用额度内的货款，其余坏账损失由出口商自己承担。也就是说，只要出口商对其出口商品或提供劳务的客户的贸易额能够控制在保理商所核定的信用额度内，而又保证出口商品或劳务不存在质量、服务水平、交货期限等可能导致贸易争端的事宜，那么出口商就可以有效地规避由于买方信用所造成的坏账风险,并保证正常贸易应收账款的回收。

此外,由于保理业务是由商务代理活动演变而来,长期以来一直具有商务代理的内容与性质,所以保理商除为其客户提供以上服务内容外,还经常为出口企业提供有关买方的信息,帮助出口企业打开国际市场,进行市场推销,调查买方的经营业绩、管理水平,并为买方提供担保。在买卖双方发生贸易纠纷时,代理出口商与买方进行协调包括进行法律诉讼。有的保理商还会根据出口企业的要求提供包括包装、商检、租运、办理保险等一系列带有商务性质的服务。

国际保理业务能为出口商和进口商带来增加营业额、风险保障、节约成本、简化手续、扩大利润等益处,如表5-10所示。

表5-10 国际保理业务能为出口商和进口商带来好处的对比表

益处	对出口商	对进口商
增加营业额	对于新的或现有的客户提供更有竞争力的O/A、D/A付款条件,以拓展海外市场,增加营业额	利用O/A、D/A优惠付款条件,以有限的资本,购进更多货物,加快资金流动,扩大营业额
风险保障	进口商的信用风险转由保理商承担,出口商可以得到100%的收汇保障	纯因公司的信誉和良好的财务表现而获得进口商的信贷,无须抵押
节约成本	资信调查、账务管理和账款追收都由保理商负责,减轻业务负担,节约管理成本	省却了开立信用证和处理繁杂文件的费用
简化手续	免除了一般信用证交易的繁琐手续	在批准信用额度后,购买手续简化,进货快捷
扩大利润	由于出口额扩大、降低了管理成本、排除了信用风险和坏账损失,利润随之增加	由于加快了资金和货物的流动,生意更发达,从而增加了利润

三、国际保理业务流程

目前,国际上比较通行的保理业务都是双保理商保理运行模式。在进行保理业务过程中,出口商将其对进口商的应收账款转让给本国的出口保理商,出口保理商再与债务人(买方)所在国的进口保理商签订协议,委托进口保理商负责货款的回收并提供坏账担保。由于一笔保理业务涉及出口保理商和进口保理商双方当事人,故称为双保理机制。如果出口保理商与进口保理商是由一家保理公司叙做业务，则称这种保理运行模式为单保理机制。

在双保理运行模式中，出口商委托本国出口保理商承办业务，出口保理商再从进口国的保理商中选择进口保理商进行合作。出口商将需要核定信用额度的进口商清单交给出口保理商，由其立即转交给进口保理商。进口保理商对各进口商进行资信调查，逐一核定相应的信用额度，并通过出口保理商通知出口商执行。出口商依据信用额度的核准情况，在核准的信用额度内发运货物，并将发票和货运单据直接寄给进口商，发票副本送出口保理商。如出口商有融资需求，出口保理商即以预付款方式向出口商提供不超过80%发票金额的无追索权短期贸易融资贷款，并向进口保理商定期提供应收账款清单，由其协助催收货款。货款到期后，进口商将全部货款付给进口保理商，进口保理商则立即将款项转交出口保理商。出口保理商在扣除有关费用及贴息之后，将剩余20%的货款全部付给出口商。这样，一笔保理业务就完成了。

国际保理业务流程，如图5-7所示。

图5-7 国际保理业务流程

国际保理业务具体运作步骤如下所示。

（1）出口商寻找有合作前途的进口商。

（2）出口商向出口保理商提出叙做保理的需求并要求为进口商核准信用额度。

（3）出口保理商要求进口保理商对进口商进行信用评估。

（4）如进口商信用良好，进口保理商将为其核准信用额度。

（5）如果进口商同意购买出口商的商品或服务，出口商开始供货，并将附有转让条款的发票寄送进口商。

（6）出口商将发票副本交出口保理商。

（7）出口保理商通知进口保理商有关发票详情。

（8）如出口商有融资需求，出口保理商付给出口商不超过发票金额的80%的融资款。

（9）进口保理商于发票到期日前若干天开始向进口商催收。

（10）进口商于发票到期日向进口保理商付款。

（11）进口保理商将款项付出口保理商。

（12）如果进口商在发票到期日90天后仍未付款，进口保理商做担保付款。

（13）出口保理商扣除融资本息（如有）及费用，将余额付出口商。

中国银行的国际保理业务包括以下两方面

（一）出口保理

为出口商的出口赊销提供贸易融资、销售分户账管理、账款催收和坏账担保等服务。

（二）进口保理

为进口商利用赊销方式进口货物向出口商提供信用风险控制和坏账担保。

中国银行的国际保理业务费用如下所示。

（1）进出口保理商佣金：发票金额的0.6%~1.2%。

（2）单据处理费：10美元/单。

（3）银行费用。

四、叙做国际保理业务的条件限制

国际保理业务虽然能够为国际贸易往来，为各国经济发展带来诸多好处，但是并不是每一笔国际贸易都可以选择这种结算方式，它的使用还要受到许多条件限制。

首先，叙做国际保理业务的出口商与进口商之间的贸易结算必须采用赊销（O/A）或承兑交单（D/A）方式。所谓赊销，是指出口方在发出货物后，便将包括物权单据在内的所有单据直接寄给进口商，而不是通过银行或其他第三者进行传递，也不需要进口商承兑后交单或付款后交单等任何附加条件，出口商完全是出于对进口商的信任才在其付款前提前将有关的物权凭证寄送给进口商，使后者可以提前获得对货物的控制权。目前由于欧美等国家经济发达，法制健全，赊销已经成为这些国家之间较为普遍的结算方式。保理业务正是为适应赊销方式而产生的一种综合性的贸易服务手段。

其次，叙做保理国际业务的出口商必须具有法人资格。只有出口商在其正常的业务范围内所产生的债权及应收账款，才能成为保理商代其保付代理的项目。也就是说，保理商只有明确它所收购的是出口商通过正常的商业交易而产生的债权和应收账款，才能接受出口商申请，承办保付代理业务。

最后，叙做保理业务的出口商还必须满足成立一年以上的时间限制，并且拥有经过稽核的年度财务报告。欧美等发达国家的法律通常规定，出口企业的年度财务报告只有经过独立的会计师事务所稽核后才能作为其纳税依据和对外公布的合法文件，也只有经过稽核的财务报告才能保证它的可靠性、真实性和完整性。保理商通过对稽核后的财务文件的分析与研究，便于其准确掌握出口企业的经营状况和管理水平，以及出口商是否适宜在对外贸易中采用保理业务作为结算手段。

由于国际贸易渠道和服务网络的错综复杂以及国际市场行情的千变万化，即使出口商具备了上述叙做国际保理业务的限制条件，依然需要根据自身情况考虑是否适宜采用保理这种结算方式。一般来说，在以下几种情况下出口商比较适合选用保理业务作为对外贸易的结算方式。

（1）出口商拟采用信用付款方式（O/A、D/A）进行贸易结算，但对国外进口商的资信情况和财务能力缺乏了解，即彼此之间存在信息不对称；

（2）在国际贸易中国外的进口商不能或不愿开出信用证，致使交易规模无法进一步扩大，限制了出口商出口份额的增加；

（3）由于市场或其他方面的影响，出口商有可能失去原先以信用证为支付方式的订单，甚至有可能在竞争中失去客户；

（4）出口商在以往与进口商采用托收方式交易中，经常会发生逾期付款、拖欠货款等情况；

（5）以消费品经销为主的出口商，为避免交易过程中存在的发货数

量小、批量多,而力求减少中间环节,以适应国外买方需要的情况;

(6)出口商希望解除对外贸易中账务管理和应收账款追收方面的麻烦,以减少其业务管理成本。

此外,出口商在选做国际保理业务时,还应注意以下事项。

(1)保理业务不同于信用证是以单据为付款依据,它是在商品与合同相符前提下保理商承担付款责任的结算方式。因此如果由于货物品质、数量、交货期限或其他任何方面原因引起进出口双方发生商务争议而导致进口商拒付货款,保理公司不承担任何赔付责任,而完全由进出口商双方自行解决,故采用这种结算方式,出口商必须严格遵守合同。倘若此类贸易争端在一定期限内得到有利于出口商的解决,保理公司才承担赔偿责任。

(2)保理公司只承担信用额度内的风险担保,超额度的发货金额则不予担保,而只能按托收方式进行处理。因此出口商还要自行协调好出口计划。

第五节　出口信用保险业务

> **相关链接**
>
> 1. 出口信用保险项下贸易融资对出口商有哪些好处?
>
> (1)申请方便。出口信用保险项下贸易融资业务相当于您在原有贸易融资产品的基础上增加了一层收汇保障,即出口信用保险公司就其承保的信用风险范围向融资银行提供额外收汇保障,因此申请方便快捷。
>
> (2)加快资金周转。在进口商支付货款前,您就可以提前得到偿付,加快了资金周转速度。
>
> (3)改善现金流量。叙做出口信用保险项下贸易融资业务,可以增加您当期的现金流入量,从而改善财务状况,提供融资能力。
>
> 2. 在哪些情况下宜选择出口信用保险项下贸易融资?
>
> (1)您已经办理了出口信用保险,并且流动资金有限,依靠快速的资金周转开展业务。
>
> (2)您已经办理了出口信用保险,并且发货后、收款前遇到临时资金周转困难。
>
> (3)您已经办理了出口信用保险,并且发货后、收款前遇到新的投资机会,且预期收益率肯定高于押汇利率。

一、出口信用保险的概念

出口信用保险是国家为了鼓励并推动本国的出口贸易，为众多出口企业承担由于进口国政治风险（包括战争、外汇管制、进口管制和颁发延期付款等）和进口商商业风险（包括破产、拖欠和拒收）而引起的收汇损失的政策性险种。

要发展对外贸易，增加产品和服务的出口，提供出口信用是重要手段。出口信用中的核心问题是出口信用风险，只有解决出口信用风险问题，出口企业的经营才能稳定和发展，出口融资才能得以顺利进行。另外，随着对外贸易的发展，按自由贸易和公平竞争的原则，各国政府对本国出口的直接支持，如贷款贴息等越来越受到限制，遭到国际社会的非议，取而代之的是政府对出口企业的间接、非表面化的支持。出口信用保险通过承担出口企业的出口信用风险，使出口企业获取融资便利，进而使出口得以顺利进行，这种方式符合国际贸易发展趋势和要求，一般也不容易引起有关"补贴"问题的争议。

出口企业要生存和发展，就要多出口，多创汇。但如果出口后不能安全及时收汇则任何效益也得不到，甚至引起出口企业的清盘和倒闭，进而影响贷款银行的资金安全。出口机电产品、成套设备等资本性货物的企业，其产品在国际市场上竞争激烈，必须采取灵活的支付方式争取国际市场，发展出口贸易。但由于这些产品收汇周期较长，需要采用中长期的买方信贷和卖方信贷方式，贸易才得以进行。在买方信贷项下，借款人多数是经济不发达、外汇资金也较紧缺的国家，因此其政治风险和商业风险都很大。提供买方信贷的银行要求出口企业得到保险保障，以保证其能按时收回贷款资金。在卖方信贷项下，出口商与进口商签订的是中长期延付合同，尽管有时合同的付款有进口国家财政或银行的担保，商业风险虽小，但仍然存在较大的政治风险，因此国际上多数国家金融机构也都要求出口企业取得出口信用保险保障。所以，无论对出口企业来讲还是对提供出口信贷的银行来讲，要出口就存在风险，就应取得和利用好出口信用保险保障。通过投保出口信用保险，出口企业可以得到以下好处。

（1）利用出口信用保险的保障与补偿职能，可以变不定的大额坏账损失为确定的、可以打入成本的保险费开支，减少坏账对企业收益的影响,保证其财务成果的稳定性,免除在国际竞争中的后顾之忧。

(2) 在取得了收汇风险的可靠保证后,出口企业可以大胆采用灵活的付款条件来达成贸易合同,向一些风险较大的市场出口,提高出口企业的竞争力。

(3) 出口信用保险对国外买家及国家的风险调查评估,可以指导出口企业选择更有利的贸易对象和贸易条件,更安全地扩大出口,规避收汇风险。

(4) 通过将已投保的出口信用保险权益转让,更加方便出口企业向银行申请出口信贷,银行也更加愿意为其提供优惠利率的出口贷款,使得出口融资变得顺利和方便。

二、出口信用保险的种类

目前,出口信用保险的保险责任包括商业风险及政治风险。

商业风险是指买方无力偿还债务或破产、买方拒收货物并拒付贷款、买方拖欠货款;政治风险是指买方国家禁止或限制汇兑、买方国家进口管制、买方国家撤销进口许可证、买方所在国或货款须经过的第三国颁布延期付款令、战争、暴乱或革命等被保险人和买方均无法控制的非常事件。

按照出口合同中规定的信用期限不同,出口信用保险业务分为短期出口信用保险和中长期出口信用保险两大类。短期出口信用保险适用于期限在180天以内,最长不超过360天,采取商业信用支付方式,如D/P、D/A、O/A等方式的出口;短期出口信用保险可以帮助出口商确保收汇、出口融资和进行买家调查。中长期出口信用保险适用于信用期在一年以上,一般不超过10年的出口。

(一) 短期出口信用综合险

适用于包括机电产品在内的各类商品的出口,并需满足以下三个条件。

(1) 付款方式采用凭单付现(CAD)、即期汇票(D/D)、付款交单(D/P)、承兑交单(D/A)及挂账(赊销)(O/A)等放账方式;

(2) 信用期限不超过180天;

(3) 出口产品全部或大部分在中国制造。

短期出口信用综合险还可扩展到承保下述内容。

（1）付款方式采用即期或远期信用证；

（2）信用期超过 180 天但不超过 360 天；

（3）进口商品的再出口。

扩展承保范围须在保单上批注或加贴批单。

（二）中长期出口信用保险

主要适用于资本性货物的出口。投保中长期信用险的出口项目一般应具备下列条件。

（1）出口项目符合国家法律及政策规定；

（2）出口商品属于机电产品或成套设备等资本性货物；

（3）出口商品在国内制造的部分不少于 70%（船舶不少于 50%）；

（4）合同金额在卖方信贷项下不低于 50 万美元，在买方信贷项下不低于 100 万美元；

（5）信用期不少于 1 年，一般不超过 10 年；

（6）合同定金或交货前付款的金额不少于合同金额的 15%，船舶不低于 20%；

（7）出口企业具有相应的签约资格和履约能力；

（8）进口方资信可靠，有相应的财务实力；

（9）项目所在国政治经济形势稳定；

（10）进口方提供可接受的延期付款保证或担保；

（11）出口信贷融资落实。

出口信用保险可以采取两种方式进行承保，即特定方式和总括方式（或叫综合方式）。短期险大多采取总括方式进行承保，这种方式要求出口企业投保其保单适用范围内的全部出口，不得仅选择其中一部分客户或一部分业务投保。中长期保险则大多采用特定方式承保，一个合同一个保单。

三、出口信用保险的办理

（一）买方信用限额的申请

"买方信用限额"是保险机构批给每一买方的特定付款方式的最高信用额度。被保险人应为适保范围内的每一个买方分别申请信用限额。"买方信用限额"的作用贯穿整个保险过程，正确、及时地申请、使用和增减限额将直接关系到被保险人的切身利益。

被保险人应尽可能地提供申请表内要求的所有资料，并详细、正确地填写合同买方（即在合同上须负责支付货款的一方，有别于代理人或收货人）的英文名称和地址、电话、传真等，以便保险人进行信用调查。

被保险人所需的信用限额应该等于对该买方特定付款方式在任何时候的最高放账额，而非合同总额。例如当合同总额为10万元，支付条件为D/A60天，分批出运，分别为3万元、3万元、4万元，回款时间为3个月（加上单据往来时间）。假定被保险人每个月出一批，那么被保险人需要申请10万元限额。假定被保险人每三个月出一批，那么只需申请4万元限额即可。

（二）投保出口信用险注意事项

对投保出口信用险的外贸公司来说，在具体操作时应切实注意以下几点。

1. 申请限额时的注意事项

（1）合同一旦签订，应立即向保险公司申请限额。因为调查资信需要一段时间，包括内部周转时间、委托国外资信机构进行调查时间，有时长达1个月之久。

（2）在限额未审批之前，如果合同有变更，及时与保险公司联系。

（3）如果合同方式是 L/C 或 D/P 或 D/A 支付方式，但出运选用空运方式或提单自寄，这样的风险已等同 O/A 风险，应申请 O/A 方式的限额。

（4）由于保险公司只承担批复的买方信用限额条件内的出口的收汇风险，如果出口与保险公司批复的买方信用限额条件不一致，如出运日期早于限额生效日期、合同支付条件与限额支付条件不一致，保险公司将不承担赔偿责任。

2. 办理出口申报的注意事项

（1）出口货物在装运时应及时填制出口信用保险申报单，向保险公司申报，并交纳保险费。

（2）根据出口信用险条款第十八条规定，不得漏报和虚报。

3. 索赔的办理

填写规定格式的索赔申请书，并提供以下资料。

（1）详细陈述案件发生经过和处理情况的书面报告。

（2）证明保险标的材料，包括贸易合同、提单、出口报关单（正本）、发票、装箱单、汇票、D/P 或 D/A 方式的托收委托书以及 D/A 方式下的承兑文件（该文件是我国对出口企业在自身利益受到损害时，对外的一个自我保护依据，也是对外追讨的法律依据）。

4. 证明损失原因及金额的材料的提供

（1）买方破产或丧失还款能力的证明材料。

（2）由银行或有关机构提供的不承兑或不付款的证明。

（3）买卖双方往来函电。

（4）证明索赔涉及的出口已有本公司承保的材料，包括保单（明细表、费率表）、信用限额审批单、出口申报表。

（5）被保险人有义务如实提供其他有关资料。

5. 索赔办理的注意事项

（1）发现买方有信誉问题，在应付日后15日内未付，应及时向保险公司上报可能损失通知书，并采取一切可能减少损失。

（2）对于买方无力偿还债务造成的损失，不得晚于买方被宣告破产或丧失偿付能力后的1个月告知保险公司。

（3）对于其他原因引起的损失，不得晚于保单规定的赔款等待期满后2个月内提出索赔，否则保险公司视同出口商放弃权益，有权拒赔。

总之向保险公司索赔一定要做到单证齐全，否则影响出口商的经济利益，也使国家利益蒙受损失。

尽管很多出口商知道出口信用保险，却很少有人使用或回避办理。这主要是因为保险费的问题。目前的贸易形势对所有的中国出口商来说都很严峻。出口成本居高不下，本来就没有什么利润空间，再要增加一定的出口信用保险费，更难有利润。因此，大多数出口商宁愿冒险，沿用过去的做法，也不办出口信用保险。

那么，如何才能既买出口信用保险，又能节省一些费用呢？首先，在与外商签约前，就应将其作为一种正常的成本项目考虑进去。就出口商而言，如果能切切实实遵守保险条款规定，履行被保险人义务，坚决杜绝挑保、漏报或故意不报的情况，逐批如实填写出口申报，如期向保险公司缴纳保险费，并且积极配合保险公司做好风险防范的工作，就能使保费降到最低。

这是因为，出口信用保险的费率取决于买方所在国所属风险类别、支付方式的风险程度和放账期限长短三个因素。出口商在成交前后自己宜仔细选择和综合控制。从保险正常运行来说，保险公司要通过筹措、建立保险基金来实施其补偿经济损失的基本职能，而保险基金的筹措，则以收取保险费的形式来积累。

中国银行的出口信用保险项下贸易融资业务流程，如图5-8所示。

图5-8　中国银行的出口信用保险项下贸易融资业务流程

第六节　外汇买卖业务

在国际结算中，使用的结算货币不尽相同，时常出现利率和汇率差异和变动，所以选择适当的利率和汇率等避险工具，对规避风险是非常重要的。

一、即期外汇买卖

即期外汇买卖（Spot Deal），是指交易双方按当天外汇市场的即期汇率成交，并在交易日以后第2个工作日（T+2）进行交割的外汇交易。遇到起息日不是银行的营业日或是节假日，可顺延至下一个银行工作日。有的银行也可以按客户的要求，进行当天成交、当天起息和当天成交、第2天起息的外汇交易。

即期外汇买卖的主要作用。

（1）即期外汇买卖可以满足客户临时性的支付需要。通过即期外汇买卖业务，客户可将手上的一种外币即时兑换成另一种外币，用以应付进出口贸易、投标、海外工程承包等的外汇结算或归还外汇贷款。

（2）即期外汇买卖可以帮助客户调整手中外币的币种结构。通过即期外汇买卖，可以持有不同的外汇，如可分别持有美元、欧元、日元等币种，通过多种组合可以分散外汇风险。

（3）即期外汇买卖还是外汇投机的重要工具。这种投机行为既有可能带来丰厚利润，也可能造成巨额亏损。

【实例5-1】

某公司需在星期五归还某外国银行美元贷款100万，而该公司持有日元，则该公司可以在星期三按1美元=120.00日元的即期汇率向银行购入美元100万，同时出售日元。星期三，该公司通过转账将1亿2千万日元交付给银行，银行将100万美元交付给公司，该公司便可将美元汇出以归还贷款。

二、远期外汇买卖

远期外汇买卖（Forward Deal），是指买卖双方按外汇合同约定的汇率，在约定的期限（成交日后第2个工作日以后的某一日期）进行交割的外汇交易。远期外汇买卖最长可以做到一年，超过一年的交易称为超远期外汇买卖。

（一）远期外汇买卖的功能与特点

远期外汇买卖是国际上最常用的避免外汇风险，固定外汇成本的方法。一般来说，客户对外贸易结算、到国外投资、外汇借贷或还贷的过程中都会涉及外汇保值的问题。通过叙做远期外汇买卖业务，客户可事先将某一项目的外汇成本固定，或锁定远期外汇收付的换汇成本，从而达到保值的目的，同时更能使企业集中时间和人力搞好本业经营。

通过恰当地运用远期外汇买卖，进口商或出口商可以锁定汇率，避免了汇率波动可能带来的损失。但是如果汇率向不利方向变动，那么由于锁定汇率，远期外汇买卖也就失去获利的机会。

（二）远期外汇买卖期限

远期外汇买卖的期限通常为 1 个月、3 个月、6 个月、1 年以及不规则起息日（如 10 天、1 个月零 9 天、两个月零 15 天等）。

【实例 5-2】

某公司主要出口对象在日本和拉美，收到的货币以日元、瑞士法郎和巴西雷亚尔为主。近期这些货币的价格波动剧烈，给公司造成很大风险。例如公司可将预计 3 个月后收到的一笔 10 亿日元按照目前远期市场行情 110.00 卖出，卖得美元 9090909.09，可以不再为市场汇率波动烦心。

三、择期外汇买卖

择期外汇买卖（Option Forward Deal），是指客户可以在约定的将来某一段时间内的任何一个工作日，按约定的汇率进行交割的外汇买卖业务。它是一种可选择交割日的远期外汇买卖。

【实例 5-3】

如"实例 5-2"，假如该公司 3 个月后的交易日是 12 月 6 号，银行提供择期交易，择期最长 3 个月，就是说公司可以在 12 月 6 号到次年 3 月 6 号期间内任意一天都可以按照 110.00 的价格来交割日元。

四、远期结售汇

远期结售汇业务，是指客户与银行签订远期结售汇协议，约定未来结汇或售汇的外汇币种、金额、期限及汇率，到期时按照该协议规定的币种、金额、汇率办理的结售汇业务。

货币种类有美元、港币、欧元、日元、英镑、瑞士法郎、澳大利亚元、加拿大元等。

期限有 7 天、20 天、1 个月、2 个月、3 个月至 12 个月，共 14 个期限档次。交易可以是固定期限交易，也可以是择期交易。

远期结售汇业务服务对象是在中华人民共和国境内设立的企事业单位、国家机关、社会团体、部队以及外商投资企业。

远期结售汇业务的办理。

1. 客户如有下列外汇收支可向银行申请办理远期结售汇业务

（1）贸易项下的收支；

(2) 非贸易项下的收支；

(3) 偿还银行自身的境内外汇贷款；

(4) 偿还经国家外汇管理局登记的境外借款；

(5) 经外汇局批准的其他外汇收支。

2. 签订书面总协议

客户在银行办理远期结售汇业务需要与银行（支行及以上机构）签订远期结售汇总协议，并逐笔向银行提交远期结汇或售汇申请。

3. 远期结售汇办理依据

远期结售汇必须依据远期合同中规定的外汇收入来源或外汇支出用途办理，客户不得以其他外汇收支进行冲抵。

五、超远期外汇买卖

超远期外汇买卖，是指起息日在一年以后的远期外汇买卖，即客户指定将来一年后的交割日，委托银行买入一种货币，卖出另一种货币。

通过这项业务，客户可将以后需支付的贷款利息及本金的换汇成本固定下来，达到防范汇率风险的目的。

【实例 5-4】

某公司借入 1000 万欧元贷款，期限 3 年，固定利率 6%，每年 1 月 4 日与 7 月 6 日付息。因公司今后只有美元收入，这样在以后还本付息时，都需要用美元买入欧元。为避免欧元升值的汇率风险，公司可以采用购买超远期欧元的方式，将今后 3 年期间的汇率风险全部锁住。这样，公司向中行卖出远期美元，买入远期欧元，所用远期汇率及金额为（即期汇率 EUR1 = USD1.0460）：

2005 年 7 月 6 日：买入欧元 30 万，EUR1 = USD1.0482

2006 年 1 月 4 日：买入欧元 30 万，EUR1 = USD1.0610

……

2008 年 7 月 5 日：买入欧元 1030 万，EUR1 = USD1.1410

从而，公司在当日就将以后 3 年中的各次付息及还本所需欧元以美元形式锁定，从而避免了汇率风险。

在上述这种一揽子超远期外汇买卖中，还可以采用平均超远期汇率的形式。如在上例中，平均远期汇率为 EUR1 = USD1.1000（此汇率并非以上各远期汇率的简单算术平均值）。在这种方式下，将来所有买欧元卖美元，均使用同一远期汇率1EUR＝1.1USD。

六、掉期外汇买卖

客户委托银行买入A货币，卖出B货币，确定将来另一工作日反向操作，卖出同等金额A货币，买入B货币。

调整起息日。客户叙做远期外汇买卖后，因故需要提前交割，或者由于资金不到位或其他原因，不能按期交割，需要展期时，都可以通过叙做外汇掉期买卖对原交易的交割时间进行调整。

一笔掉期外汇买卖可以看成由两笔交易金额相同、起息日不同、交易方向相反的外汇买卖组成的，因此一笔掉期外汇买卖具有一前一后两个起息日和两项约定的汇率水平。在掉期外汇买卖中，客户和银行按约定的汇率水平将一种货币转换为另一种货币，在第一个起息日进行资金的交割，并按另一项约定的汇率将上述两种货币进行方向相反的转换，在第二个起息日进行资金的交割。

最常见的掉期交易是把一笔即期交易与一笔远期交易合在一起，等同于在即期卖出甲货币买进乙货币的同时，反方向地买进远期甲货币、卖出远期乙货币的外汇买卖交易。

【实例5-5】

一家美国贸易公司在1月份预计4月1日将收到一笔欧元货款，为防范汇率风险，公司按远期汇率水平同银行叙做了一笔3个月远期外汇买卖，买入美元卖出欧元，起息日为4月1日。但到了3月底，公司得知对方将推迟付款，在5月1日才能收到这笔货款。于是公司可以通过一笔1个月的掉期外汇买卖，将4月1日的头寸转换至5月1日。

若客户目前持有甲货币而需使用乙货币，但在经过一段时间后又收回乙货币并将其换回甲货币，也可通过叙做掉期外汇买卖来固定换汇成本，防范风险。

一家日本贸易公司向美国出口产品，收到货款500万美元。该公司需将货款兑换为日元用于国内支出。同时公司需从美国进口原材料，并将于3个月后支付500万美元的货款。此时，公司可以采取以下措施：叙做一笔3个月美元兑日元掉期外汇买卖，即期卖出500万美元，买入相应的日元，3个月远期买入500万美元，卖出相应的日元。通过上述交易，公司可以轧平其中的资金缺口，达到规避风险的目的。

掉期交易只做一笔交易，不必做两笔，交易成本较低。

第七节 债务风险管理

一、外汇期权

外汇期权就是客户支付一定数额的期权费后，有权在将来的特定时间按约定的汇率向银行买入约定数额的一种货币，卖出另一种货币。

外汇期权买卖是近年来兴起的一种交易方式，它是原有的几种外汇保值方式的发展和补充。它既为客户提供了外汇保值的方法，又为客户提供了从汇率变动中获利的机会，具有较大的灵活性。

期权外汇买卖实际上是一种权利的买卖。权利的买方在支付一定数额的期权费后，有权在未来的一定时间内按约定的汇率向权利的卖方买进或卖出约定数额的外币，权利的买方也有权不执行上述买卖合约。

【实例5-6】

某家合资企业手中持有美元，并需要在一个月后用日元支付进口货款，为防止汇率风险，该公司向中国银行购买一个"美元兑日元、期限为一个月"的欧式期权。假设，约定的汇率为1美元=110日元，那么该公司则有权在将来期权到期时，以1美元=110日元向中国银行购买约定数额的日元。如果在期权到期时，市场即期汇率为1美元=112日元，那么该公司可以不执行期权，因为此时按市场上即期汇率购买日元更为有利。相反，如果在期权到期时，1美元=108日元，那么该公司则可决定形式期权，要求中国银行以1美元=110日元的汇率将日元卖给它们。由此可见，外汇期权业务的优点在于客户的灵活选择性，对于那些合同尚未最后确定的进出口业务具有很好的保值作用。

与一年期以内的外汇期权交易类似，长期限外汇期权交易也由执行价格、期权手续费及欧式、美式类型等因素构成。利用这种产品，可以对一年期以上的外汇债务汇率风险进行管理。其优点是比较灵活，但不足之处在于购买期权需要支付手续费，而卖出期权可能会承担很大的风险。

美式期权和欧式期权的区别主要在执行时间的分别上。

（一）美式期权

美式期权合同在到期日前的任何时候或在到期日都可以执行合同，

结算日则是在履约日之后的一天或两天,大多数的美式期权合同允许持有者在交易日到履约日之间随时履约,但也有一些合同规定一段比较短的时间可以履约,如"到期日前两周"。

(二)欧式期权

欧式期权合同要求其持有者只能在到期日履行合同,结算日是履约后的一天或两天。目前国内的外汇期权交易都是采用的欧式期权合同方式。

二、利率互换

利率互换又称"利率掉期",是指债务人根据国际资本市场利率走势,将其自身的浮动利率债务转换成固定利率债务,或将固定利率债务转换成浮动利率债务的操作。它被用来降低借款成本,或避免利率波动带来的风险,同时还可以固定自己的边际利润。

利率互换是一项常用的债务保值工具,用于管理中长期利率风险。客户通过利率互换交易可以将一种利率形式的资产或负债转换为另一种利率形式的资产或负债。一般地说,当利率看涨时,将浮动利率债务转换成固定利率较为理想;当利率看跌时,将固定利率转换为浮动利率较好。这样可以有效地达到规避利率风险,降低债务成本,同时还可以用来固定自己的边际利润,便于债务管理。

利率可以有多种形式,任何两种不同的形式都可以通过利率互换进行相互转换,其中最常用的利率互换是在固定利率与浮动利率之间进行转换。

【实例 5-7】

某公司有一笔美元贷款,期限 10 年,从 1997 年 3 月 6 日至 2007 年 3 月 6 日,利息为每半年计息付息一次,利率水平为 USD6 个月 LIBOR + 70 基本点。公司认为在今后十年之中,美元利率呈上升趋势,如果持有浮动利率债务,利息负担会越来越重。同时,由于利率水平起伏不定,公司无法精确预测贷款的利息负担,从而难以进行成本计划与控制。因此,公司希望能将此贷款转换为美元固定利率贷款。这时,公司可与中国银行叙做一笔利率互换交易。

经过利率互换,在每个利息支付日,公司要向银行支付固定利率 7.320%,而收入的 USD6 个月 LIBOR + 70 基本点,正好用于支付原贷款利息。这样一来，公司将自己今后 10 年的债务成本，一次性地固定在 7.320% 的水平上，从而达到了管理自身债务利率风险的目的。

利率互换形式十分灵活，可以根据客户现金流量的实际情况做到"量体裁衣"，既适用于已有债务，也可以用于新借债务，还可以做成远期起息。

利率互换应注意以下问题。

（1）利率互换的期限与费用。美元、日元及主要外币利率互换期限最长可以做到 10 年。叙做利率互换只需在每个付息日与银行互相支付浮动（或固定）利率的利息，此外无其他费用。

（2）债务和资产实际是一枚硬币的正反两面，因此债务保值工具同样也是资产保值工具。利率互换同样可以运用于资产的收益管理，在利率看跌时将浮动利率的资产转换为固定利率的资产；在利率看涨时将固定利率的资产转换为浮动利率的资产，同样可以达到控制利率风险，增加收益的目的。

同业拆放利率指银行同业之间的短期资金借贷利率。同业拆放有两个利率，拆进利率（Bid Rate）表示银行愿意借款的利率，拆出利率（Offered Rate）表示银行愿意贷款的利率。一家银行的拆进（借款）实际上也是另一家银行的拆出（贷款）。同一家银行的拆进和拆出利率相比较，拆进利率永远小于拆出利率，其差额就是银行的得益。在美国市场上，一般拆进利率在前，拆出利率在后，例如 3.25 至 3.50。在英国市场上，一般是拆出利率在前，拆进利率在后，例如 3.50 至 3.25，两种情况下，都表示为"我借款3.25，我贷款3.50"。同业拆放中大量使用的利率是伦敦同业拆放利率（London Inter Bank Offered Rate，LIBOR）。LIBOR 指在伦敦的第一流银行借款给伦敦的另一家第一流银行资金的利率。现在 LIBOR 已经作为国际金融市场中大多数浮动利率的基础利率，作为银行从市场上筹集资金进行转贷的融资成本，贷款协议中议定的 LIBOR 通常是由几家指定的参考银行，在规定的时间（一般是伦敦时间上午 11：00）报价的平均利率。最大量使用的是 3 个月和 6 个月的 LIBOR。我国对外筹资成本即是在 LIBOR 利率的基础上加一定百分点。

从 LIBOR 变化出来的，还有新加坡同业拆放利率（Singapore Inter Bank Offered Rate，SIBOR）、纽约同业拆放利率（New York Inter Bank Offered Rate，NIBOR）、香港同业拆放利率（Hongkong Inter Bank Offered

Rate，HIBOR）等等。

三、利率期权

利率期权是一项关于利率变化的权利。买方支付一定金额的期权费后，就可以获得这项权利。在到期日按预先约定的利率，按一定的期限借入或贷出一定金额的货币。这样当市场利率向不利方向变化时，买方可固定其利率水平。当市场利率向有利方向变化时，买方可获得利率变化的好处。利率期权的卖方向买方收取期权费，同时承担相应的责任。

（一）利率期权的功能与特点

利率期权是一项规避短期利率风险的有效工具。借款人通过买入一项利率期权，可以在利率水平向不利方向变化时得到保护，而在利率水平向有利方向变化时得益。

（二）几种常见的利率期权种类

利率期权有多种形式，常见的主要有利率上限、利率下限、利率上下限。

1. 利率上限（Interest Rate Cap）

利率上限是客户与银行达成一项协议，双方确定一个利率上限水平，在此基础上，利率上限的卖方向买方承诺：在规定的期限内，如果市场参考利率高于协定的利率上限，则卖方向买方支付市场利率高于协定利率上限的差额部分；如果市场利率低于或等于协定的利率上限，卖方无任何支付义务，同时，买方由于获得了上述权利，必须向卖方支付一定数额的期权手续费。

2. 利率下限（Interest Rate Floor）

利率下限是指客户与银行达成一个协议，双方规定一个利率下限，卖方向买方承诺：在规定的有效期内，如果市场参考利率低于协定的利率下限，则卖方向买方支付市场参考利率低于协定利率下限的差额部分；若市场参考利率大于或等于协定的利率下限，则卖方没有任何支付义务。作为补偿，卖方向买方收取一定数额的手续费。

3. 利率上下限（Interest Rate Collar）

所谓利率上下限，是指将利率上限和利率下限两种金融工具结合使用。具体地说，购买一个利率上下限，是指在买进一个利率上限的同时，卖出一个利率下限，以收入的手续费来部分抵消需要支出的手续费，从而达到既防范利率风险又降低费用成本的目的。而卖出一个利率上下限，则是指在卖出一个利率上限的同时，买入一个利率下限。

四、货币互换

货币互换又称"货币掉期"，是指为降低借款成本或避免远期汇率风险，将一种货币的债务转换成另一种货币的债务的交易。

货币互换是一项常用的债务保值工具，主要用来控制中长期汇率风险，把以一种外汇计价的债务或资产转换为以另一种外汇计价的债务或资产，达到规避汇率风险、降低成本的目的。

【实例5-8】

某公司有一笔日元贷款，金额为10亿日元，期限为7年，利率为固定利率3.25%，付息日为每年6月20日和12月20日。2000年12月20日提款，2007年12月20日到期归还。

公司提款后，将日元买成美元，用于采购生产设备。产品出口得到的收入是美元收入，而没有日元收入。

从以上的情况可以看出，公司的日元贷款存在着汇率风险。具体来看，公司借的是日元，用的是美元，2007年12月20日时，公司需要将美元收入换成日元还款。那么到时如果日元升值，美元贬值（相对于期初汇率），则公司要用更多的美元来买日元还款。这样，由于公司的日元贷款在借、用、还上存在着货币不统一，就存在着汇率风险。

公司为控制汇率风险，决定与中国银行叙做一笔货币互换交易。双方规定，交易于2000年12月20日生效，2007年12月20日到期，使用汇率为USD1=JPY113。这一货币互换，如下所示。

1. 在提款日（2000年12月20日）公司与中行互换本金

公司从贷款行提取贷款本金，同时支付给中国银行，中国银行按约定的汇率水平向公司支付相应的美元。

2. 在付息日（每年6月20日和12月20日）公司与中行互换利息

中国银行按日元利率水平向公司支付日元利息，公司将日元利息支付给贷款行，同时按约定的美元利率水平向中国银行支付美元利息。

3. 在到期日（2007年12月20日）公司与中行再次互换本金

中国银行向公司支付日元本金，公司将日元本金归还给贷款行，同时按约定的汇率水平向中国银行支付相应的美元。

从以上可以看出,由于在期初与期末,公司与中行均按预先规定的同一汇率(USD1=JPY113)互换本金,且在贷款期间公司只支付美元利息,而收入的日元利息正好用于归还原日元贷款利息,从而使公司完全避免了未来的汇率变动风险。

第八节 案例分析

一、进口代理先行放单的风险

某外贸公司接受国内一物资公司的委托,与其指定的香港公司签订了进口钢材的合同。价格、交货期、开证时间、开证保证金、代理费等主要内容均在代理协议中一一明确。在收到物资公司的开证保证金(信用证金额的15%)后,外贸公司通过当地中国银行向外开出了远期信用证。很快外商通过银行就寄来了信用证项下的全套单据。根据代理协议的规定,外贸公司将全套单据复印件交物资公司审核并由其确认。之后,外贸公司向银行承兑并取得了提单。当外贸公司要求支付余款时,物资公司称资金一时周转困难,要求外贸公司予以宽限,并保证在外贸公司对外付款前几天付清余款,外贸公司于是将提单交给了物资公司。可承兑期满后,物资公司分文未付,而外贸公司却不得不对外支付信用证的全额。等回过来去找物资公司,却已是人去楼空。经了解,该公司早已欠下巨额外债,而外商是与其有多年关系的朋友。他们的"合作"使得外贸公司遭受了巨额损失。

(一)试分析

(1)在上述例子中,可承兑期满后,物资公司分文未付,而外贸公司可否不对外支付信用证的全额?

(2)从上述例子看,外贸公司从开出信用证和最后付款之间,其风险点主要有哪些?

(3)外贸公司在接收委托进口的情况下,一般应该注意哪些方面的事项?

(二)参考答案

(1)不行。信用证一经开出,便独立于合同,只要单单、单证相符，银行就必须无条件付款。外贸公司就不得不对外支付信用证的全额。

（2）外贸公司从开出信用证和最后付款之间，其风险点主要有如下风险。

①开证时，外贸公司应该收取开证保证金，本例收取开证保证金（信用证金额的15%）是对的。

②外贸公司应该在收取全部余额后，才能将提单交给物资公司。因为提单就是货权。本例诈骗者之所以选用远期信用证支付方式，是因为承兑期与付款期之间有时间差。通过承兑，便能拿到提单，获得货权。一旦将提单交给委托人，自由处分权此时已完全掌握在委托人手中。

（3）外贸公司在接受委托进口的情况下，一般应该注意以下方面的事项：

①外贸公司接受委托时，必须严格审查委托人和外商的资信；

②调研进口货物的市场行情和合理价位；

③必须将物权掌握在自己手中，以减少风险；

④尽可能在信用证中设置一些掌握主动权的条款；

⑤如发现进口货物有严重问题（如纯属废物，无任何价值），应立即采取司法救济手段，设法阻止银行对外付款（如能掌握诈骗的确切证据，法院可以采取保全措施）等。

二、出口代理打包贷款的风险

某外贸公司与箱包加工厂签订了一份出口代理协议。该工厂生产箱包后，由外贸公司向其指定的外商出口。在出口合同签订后，外商如期开来了即期不可撤销信用证。当外贸公司通知工厂备货履约时，工厂称因资金周转困难，需外贸公司协助解决购买原材料的流动资金。工厂提出希望外贸公司用信用证进行贸易融资，将融资的资金供工厂生产之用。经协商，外贸公司同意以信用证向银行申请打包贷款。

可工厂收到款项后并未及时安排生产，虽经外贸公司再三催促，但直至交货期，工厂也未能将货物备齐。结果，外贸公司因无法履行出口合同而遭外商索赔，而工厂此时已关门歇业。

（一）试分析

（1）什么是打包贷款，打包贷款有什么作用？

(2) 此笔业务的打包贷款货款如何解决？

(3) 在此项业务中，因为外贸公司是代理方，工厂是委托人，因为工厂关闭无法履行合同，外贸公司有什么责任？外贸公司在出口代理合同中承担哪些责任？

(4) 外贸公司在接受委托出口的情况下，一般应该注意哪些方面的事项？

（二）参考答案

(1) 打包贷款（Packing Loan），也称打包放款，是指出口地银行为支持出口商按期履行合同、出运交货，向收到合格信用证的出口商提供的用于采购、生产和装运信用证项下货物的专项贷款。打包贷款是一种装船前短期融资，使出口商在自有资金不足的情况下仍然可以办理采购、备料、加工，顺利开展贸易。打包贷款融资比例通常不超过 90%。还款的来源在正常情况下为信用证项下的收汇款，在企业不能正常从国外收回货款的情况下，企业必须偿还打包贷款的本金及利息，或允许银行主动从其账户扣划打包贷款的本金及利息。根据国家的有关政策，打包贷款可以使用人民币，也可以使用外汇作为贷款的币种。

(2) 此笔业务的打包贷款最终由外贸公司偿还。在代理出口业务中，最容易发生的问题就是打包贷款。因为打包贷款实质上是用信用证进行质押的借贷，外贸公司必须向银行承担到期还款的责任，此责任的履行与出口合同能否切实执行无任何关系。

(3) 外贸公司作为出口合同的卖方，必须履行出口合同中规定的义务，如有违反（即使是委托人的原因），必须向外商承担赔偿责任。从法律角度分析，外贸公司因此获得了向委托人追偿的权利。但此权利的实现依赖于委托人（即工厂）的经济状况，如案例中所述，因委托人关门歇业，外贸公司的双重损失无法从委托人处得到补偿。

(4) 在接受代理出口委托时，外贸公司必须严格审查委托人和外商的资信情况，不要轻易为委托人向银行申请打包贷款。如经调查认可了委托人的资信，也要在其提供切实可行的经济保证后，才可申请打包贷款。严格审查信用证的内容，坚决不接受无法或难以执行的"软条款"，否则，主动权就完全掌握在外商的手中了。

三、出口押汇风险承担

2004 年 12 月 10 日，宁波某公司（以下简称"宁波公司"）与法国某公司（以下简称"法国公司"）签订了一份出口地毯的合同。合同总价值为 USD31 346.86，装运港为中国宁波，目的地为法国巴黎，收货人为法国公司，付款条件为 D/P30 天。2004 年 12 月 20 日，宁波公司按照合同的要求备齐货物，从宁波港空运至法国巴黎。在取得空运提单和 FORMA 产地证之后，宁波公司会同已缮制好的汇票、发票、单据一起交到该市 C 银行。因宁波公司近期资金紧张，随即以此单向 C 银行申请办理押汇。C 银行考虑虽然托收风险大，但宁波公司资信状况良好，与本行有良好的合作关系，无不良记录，就为宁波公司办理了出口押汇。押汇金额为 USD31 346.86，押汇期限为 50 天，到期日为 2005 年 2 月 9 日，押汇利率为 7.4575%。同日 C 银行将此笔款项转到宁波公司账户，随后宁波公司便支用了该笔款项。2005 年 1 月 12 日，C 银行收到国外提示行电传，声称客户已经承兑，并取走了该套单据，到期日为 2005 年 2 月 8 日。但是，在到期日之后，却迟迟未见该笔款项划转过来。经宁波公司与 C 银行协商，由宁波公司与买方联系，但买方声称已将该笔款项转到银行。2005 年 3 月 25 日，C 银行发电至提示行查询，提示行未有任何答复。此时，宁波公司再与法国公司联系，法国公司一直没有回电，到 2005 年 9 月突然来电声称自己破产，已无偿还能力。至此，该笔托收已无收回的可能。

C 银行随即向宁波公司追讨，但宁波公司一直寻找借口，拖欠不还。C 银行见宁波公司无归还诚意，一纸诉状将宁波公司告上法庭，要求宁波公司履行义务，清偿所欠的银行债务。法庭上，宁波公司认为自己不具有清偿该笔资款的义务。理由是已将全套单据在 C 银行办理了质押，已将全套单据卖给了银行，既然银行买了全套单据，那么银行应该对这套单据负责，自己虽然可以协助银行追讨欠款，但并无代为付款的义务。

（一）试分析

出口押汇与包买票据有哪些区别？出口押汇没能收汇，银行能否要求公司清偿该笔资款？

（二）参考答案

宁波公司的管理人员显然是把出口押汇与包买票据混淆了。出口押汇，是指出口方银行根据出口商提供的跟单信用证及全套单据，最终审核无误后，扣除押汇利息，按当月该外汇指定银行挂牌折成人民币，扣除押汇利息后将资金余额划给出口商的一种融资方式。出口押汇一般为信用证项下办理。但对于有些信用等级高、资信状况良好、内部管理严格、经济效益好的企业也可办理托收项下的出口押汇。包买票据，是指出口商所在地银行买进远期票据，扣除利息，付出现款的一种业务，也有人按照FORFAITING的译音称为"福费廷"。

这两种业务中，出口商都是通过单据或票据的买卖，及时获得资金，加速了资金周转。但出口押汇与包买票据有不可忽视的区别在出口押汇业务中，如果单据被拒付，则办理押汇的银行可以对出票人行使追索权，要求出票人偿付。而办理包买票据业务的银行则不能对出票人行使追索权，出口商在办理这种业务时是一种买断行为，票据遭到拒付与出口商无关，出口商将据拒付的风险完全转移给银行。

在出口押汇业务中使用的单据为信用证或托收项下的单据，在一般的国际贸易中使用。包买票据业务中使用的票据是与大型成套设备相关的票据，可以包括数张等值的期票（或汇票），每张票据的间隔时间一般为6个月。

出口押汇中使用的单据除汇票外，还有提单、装箱单、保险单等其他信用证或合同要求的一些单据，银行在向出口商购买这些单据时，主要是货权的转移，故汇票本身并不需担保或承兑。办理包买票据一般只有汇票或本票，这种票据必须由第一流的银行担保。

出口押汇手续较简单，一般只收取贷款利息，而办理包买票据业务收费比一般的贴现业务的费用高，除按当时市场利率收取利息外还收取管理费，出口商未能履行或撤销合同致使包买票据业务不能实现的罚款。

所以C银行对宁波公司有追索权，宁波公司负有偿还此笔贷款的义务。

四、议付单据被银行扣留之后

2009年3月，出口商H公司与土耳其进口商R公司签订25吨85%食品级磷酸的出口合同，付款方式为即期信用证，金额为20000美元。2009年4月，R公司通过土耳其D银行开出受益人为H公司且议付行为美国美联银行有限公司上海分行的即期信用证。上述货物于2009年5月由广西防城港出运，6月抵达土耳其G港口。H公司于5月15日通过交通银行向信用证指定的美国美联银行有限公司上海分行议付。美联银行上海分行收到议付单据后,既没有向 H 公司付款并转交单据给开证行,也没有将单据退还给 H 公司,而是以检测到单据中包含受美国经济制裁国家信息为由扣留了信用证议付单据。H 公司向其他出口商和数家国内银行多方打听,均未获得有效的解释和帮助。2009 年 6 月 9 日,H 公司向中国信保报损,并委托中国信保介入解决此问题。

(一) 案件处理

中国信保接到 H 公司的报损后获知,2009 年 6 月 12 日,美联银行上海分行函告 H 公司:美国财政部下属机构、外国资产管理办公室(以下简称"OFAC")认定该信用证议付单据中的部分信息需要进一步核查,同时通知美联银行上海分行暂时不得对外提交单据。获知上述信息后,中国信保立即致函 OFAC,询问该票信用证议付单据被核查及扣留的原因以及美联银行上海分行何时可以放单。OFAC 收到中国信保的函件后给予了答复,表示该票单据中显示的船公司为伊朗伊斯兰共和国航运公司(IRISL),而该航运公司已于 2008 年 9 月 10 日被列入特别指定国民(以下简称"SDN")清单并受到相应制裁。由于 H 公司的货物是由该航运公司的船进行运输,因此 OFAC 已通知美联银行将信用证议付单据退还交通银行。中国信保随即将 OFAC 的上述解释转告 H 公司,同时获知 H 公司已从交通银行收到被退回的信用证议付单据。最终,H 公司与进口商 R 公司通过协商改用 D/P 方式完成该笔交易。

(二) 案件启示

(1) 深入了解美国银行结算业务中的各项要求。OFAC——美国财政部外国资产管理办公室是负责根据美国外交和国家安全政策实施和管理经贸制裁、反洗钱、反恐监控等事务的专门机构。作为金融大国的美国,其境内注册的银行及海外分行遍布全球,直接或间接地参与着大部分与国际贸易相关的单据传递、款项结算等业务。根据 OFAC 的规定,所有美国注册银行及其海外分行都必须对受理业务中的申请人、受益人、船公司、装运港、卸货港等信息进行核查。如果相应信息被 OFAC 认定需要进一步核实具体情况,则银行必须保留相关单据,等待 OFAC 的进一步处理指示。因此,在通过美国银行及其海外分行办理业务时,出口企业不仅要关注贸易主体、参与银行是否符合上述核查要求,还要留意与贸易相关的物流信息,包括单据的寄送路径、运输公司/船舶、货运代理、运输路径、港口、中转地等等，并通过 OFAC 的官方网站查询、对照 SDN 清单。如果发现相关信息涉及 SDN 清单中列明的关注事项，出口企业应及时采取措施，如更换船公司或货运代理、更换银行、变更支付方式、变更运输路径等，尽量避免或控制经济损失和潜在的政治风险。

（2）寻求专业渠道的帮助，事半功倍。出口商应严格遵守进口国海关、税务、货币汇兑、商检等法律法规，在遇到疑难、突发问题时，切勿"有病乱投医"或盲目采取行动，应及时咨询相关的专业机构或政府部门，如中国信保、商务部、外交部、具有国际贸易经验的律师事务所等，以免延误处理时机，造成风险和损失的进一步扩大。（作者单位：中国信保贸易险理赔部）

国际商务策划

一项计划就能将企业家的设想变为切实可行的商业模式。对于一家企业来说,制订一项商务计划可能会有两个目的:一是内部管理之用;二是说服对公司具有现实和潜在价值的外部机构(如投资者、银行或商业伙伴)达成合作。国际商业计划的许多基本构成因素与国内计划的构成因素相似,但在全球环境中,企业可能会遇到许多新的问题,具有更多的风险。

第一节　国际市场营销环境

一、国际市场营销的基本概念

国际市场营销（International Marketing），简称国际营销，是指企业超越本国国境进行的市场营销活动。与国内营销者的任务一样，国际营销者也要首先确定市场需求，然后制定出适当的产品、价格、渠道和促销策略。国际营销的目的及其手段与国内营销一样，都是通过满足顾客需求而实现企业利润。

国际营销与国内营销除具有相同点外，国际营销还具有自己的特殊性。这种特殊性也就是国际营销的"跨国"性质。它是在两个甚至在两个以上国家里进行的经营与销售活动。如果我国一家企业向美国出口产品，这家企业也就是进行了跨国界的营销活动，即进行了国际营销。另一家中国企业在美国设立了一个子公司，在美国从事生产并就地销售，这一企业进行的营销活动也属于国际营销的范围，因为其子公司在美国的生产与销售活动都要受到设在中国的公司总部的指挥和监督。如此看来，国际营销并不一定意味着产品的跨国界转移（进出口）。只要营销决策具有"跨国"性质，其营销活动也就属于国际营销的范畴。

国际营销的这种"跨国"性质，导致了其与国内营销有以下几点的区别。

（1）国际营销者与国内营销者面临着完全不同的环境因素。国际市场的环境分析包括国际市场经济环境分析、国际市场文化环境分析、国际市场政治环境分析和国际市场法律环境分析，力求在国际市场环境差异性上下工夫，分析其变化趋势。在营销学中，这些被称为非控制因素。这些非控制因素的国际差异，必然会导致各国在需求、竞争、经营惯例和习俗等方面的差异，从而影响到企业的营销决策。

（2）国内营销与国际营销的可控因素也有所不同。所谓可控因素，主要是指企业可以施加控制的营销组合因素，包括产品、定价、分销渠道和促销等。这些因素几乎在各国市场上都有所不同。比如，企业在不同的国外市场上提供的产品和产品线、成本结构和价格构成以及促销方式等都可能存在着差异。

（3）国际营销需要进行多国协调和控制。当企业在许多国家有营销业务时，营销管理的任务并不仅仅局限于把在每个国家的营销活动管理好，还需要对各国的营销活动进行统一规划、控制和协调，使母公司和分散在世界各国的子公司的营销活动成为一个灵活运行的整体。只有这样，才能贯彻和执行全球性营销战略，使整体效益大于局部效益之和。这也是国际营销的特点之一。

总之，国际营销是国内营销的跨国延伸。国际营销这种"跨国"性质，使其大大增加了复杂性、多变性和不确定性。做一个合格的国际营销者比做一个合格的国内营销者要困难得多。因此，企业如果想更好地利用国际市场上提供的机会，并在竞争激烈的国际市场上获得竞争优势，其营销人员就必须认真学习和研究国际营销学。

● 相关链接

日本跨国公司拓展国际营销市场的成功方式

以贸易立国著称于世的日本，自20世纪七十年代以来持续依托国际市场营销战略，在全球构建起了庞大的跨国公司生产与销售网络，其独到的成功方式令其他国家（包括美国）望尘莫及而不得不追随其后。

一、分移型：市场选择方式

日本跨国公司拓展国际市场营销一般经历下列三个阶段。

首先是市场调查阶段。市场调查主要包括商品需求和市场占有率、销售额及投资回收率、国家风险和业务风险的预测等，以此捕捉新市场的机遇。

其次是市场进入阶段。同美国企业相比，在进入市场的营销策略中，日本企业重视的是销售量（短期收益），一般通过低价扩大销售量来弥补收益的低下。在进入国外市场过程中，日本企业采用了灵活的方式：

（1）瞄准不太激烈的市场；

（2）努力使每个市场各具特色，针对市场特色制订商品计划；

（3）低价销售；

（4）提供高质量商品和完善的服务；

（5）开发强有力的销售渠道；

（6）积极进行广告与促销活动等。

这里的顺序是：开发适合市场的商品——→制定低价策略——→高质商

品与优质服务──→促销行为。

最后是市场扩大阶段。在市场进入阶段，日本企业采取低价销售是为了吸引顾客以及配合初期的促销活动，一旦商品被消费者接受后就会提高售价，以增加利润。从这一角度分析，日本企业的长期目标仍是确保利润，所不同的是，日本企业的市场营销战略在进入市场阶段采取低价战略，而在扩大市场阶段采取名牌开拓战略。在扩大阶段的不同时期，日本培育出了不同的"明星企业"和"名牌产品"。例如，20世纪五十年代中期的明星产业为纤维业和钢铁业；五十年代后期为机电、造船和石油精制业；六十年代则是汽车、家用电器和石化工业等。具体到名牌产品，丰田汽车公司的皇冠牌小轿车就是突出一例。当五十年代中期丰田首先向美国出口"皇冠牌"轿车遭到惨败后，丰田的技术人员以奋发图强的精神，从1961年开始研制皇冠牌新型车种，并最终使该车成为丰田的主力名牌轿车之一。从1969年起，皇冠牌轿车的年产量在世界15家大型汽车公司中一直名列前茅，至今仍是国际市场的畅销车之一。

二、移植型：公司转包方式

毋庸讳言，价格竞争力是日本企业具有国际竞争力的基础。那么，是什么力量使日本企业形成了较强的价格竞争力并使其长期支撑下去呢？一般经济学家认为是日本的低工资制。而实际上，低工资因素在日本已经消失，大量资料表明，转包制在其间发挥了重要的作用。日本式的转包体制不只是订货方与供货方根据合同建立的单纯分工关系，而是以大企业对中小企业者，竞争关系上强者对弱者之间的支配和从属关系为基础的不对等的分工结构。转包企业再把加工和生产工序转包给下属企业，形成金字塔形的转包结构。在价格形成上，核心企业和转包企业之间经常就生产量和交货时间、价格等问题进行磋商，当转包企业的制造成本上升时，核心企业就要求它更新设备，引进新的生产方式，必要时核心企业还提供技术指导和资金援助。核心企业每年都向转包企业提出降低成本的要求，不能适应成本降低要求的企业就要停止订货，中断转包关系。具体制定价格的部门是核心企业担任采购的人员及计划部门，前者负责对转包企业进行援助指导、信息收集与联络工作，后者担任具体的订货与价格交涉。他们对供货方的设备与生产状况非常熟悉，并能进行详细的成本核算，最后制定出单价。建立交易关系后，核心企业的采购人员与转包企业进行频繁的接触，以获取信息，形成核心企业与转包企业之间的协作与亲密关系。转包企业与再转包企业的关系也是如此形成的。这是日本出口产品价格低廉的原因所在。

三、自主型：集团运作方式

在日本企业进行国际市场营销过程中，日本企业集团起了推进性作用。1983年日本效率协会选定了18家综合市场营销成功的企业，对它们的海外经营活动进行了调查，从中发现有以下共同点：

(1) 很多是属于独立系企业集团的企业，如丰田、松下、日立、索尼、富士等12家企业。

(2) 所有企业都是各自产业部门中的巨大垄断企业。从销售额看，年销售额最低的花王，也达12.77亿美元；最高的丰田，年销售额达197.41亿美元。

(3) 不仅出口依存度高，对海外子公司的销售依存度也呈增加趋势。在这16个企业中，出口比例平均为33.1%。

(4) 都是收益性很高的企业。总资本经常利润率平均为8.7%，而制造业平均为4.3%；销售额经常利润率为6.7%，制造业平均为3.8%；销售总利润率为26.7%，制造业平均为18.3%。

(5) 都是具有充分支付能力的企业。在这16家企业中，平均自有资本比例为40.2%，制造业平均为27.1%。

(6) 很多都是花大气力投入巨额新产品开发研制的企业。在16家企业中，有11个进入20位研究开发费最多的序列中，占销售额的比重为6.7%，制造业平均为2.5%。

不难看出，高度的自主性是日本跨国企业市场营销战略成功的重要条件，表现在以下几点。

(1) 资本结构中的自立性。企业资本结构中自有资本很高，这是进行国际市场营销中以非价格竞争取胜的条件。日本企业自有资本比例制造业全体为27.1%，其中，机电行业37%，运输机械30.9%，一般机械36%，而在日本总理府统计局调查的60家大型跨国公司中，全体平均为32.9%，比制造业高出5.8%。从行业看，机电行业42.5%，运输机械30.3%，一般机械38.7%。以企业集团类型看，29家独立系企业集团的平均自有资本比例为41.5%，而31家集团系企业集团平均自有资本比率为24.8%。自有资本比例高就意味着低负债，低负债就不能采取低价的竞争，而且价格竞争毕竟是有限度的，非价格竞争手段却是无穷的。只要具备非价格竞争的财务基础，就一定能成功地进行国际市场营销。

(2) 营销行为的自立。在跨国经营中，依赖综合商社是与国际市场营销战略的展开相对立的。为了有效地开展国际市场营销，日本企业不仅摆脱了对商社的依赖，而且在国外建立起了自己的销售渠道和生产据点。在上述16家巨大跨国公司中，与综合商社共同出资进行跨国经营的有9家企业，但一般综合商社的出资比例较低或者对等，中心事业活动全部由公司承担，只是委托综合商社负责一部分业务，利用综合商社的资金、人员、信息等部分优势，作为自己事业活动的补充。

(3) 决策者的自立性。在跨国经营活动中，海外活动与国内活动相比风险更大，在决定设立销售或生产子公司及企业内组织变革、权力和人事变动时，独立系企业集团内的最高经营者们迫于股票市场的压力，都能自主地快速作出决策以增加利润，这对没有系列保护的企业是唯一生存之道，并由此取胜于营销市场。

四、推动型：企业打入方式

在日本企业跨国经营过程中，日本政府采取了积极的推动措施。可以说，正是日本政府的这种积极行为，才使日本企业在壁垒森严的国际市场中长驱直入。

(1) 国家资本打头阵。早在战后初期，日本电气通信省所属电信电话公司就首先输出资本。在美国侵朝战争时，日本架设了东京至汉城的有线电话，并从1955年开始，日本政府以战争赔款方式，为企业集团跨国经营铺平道路。

(2) 实行奖出限入的保护贸易政策。早在20世纪五十年代初，日本政府为鼓励出口制定了低于生产价格的出口价格和高于生产价格的国内价格，即"双重价格制"。1953年棉纱国内价格为每吨66美元，出口价格为54.5美元，相差11.5美元。缝纫机出口价格不到国内价格的1/2。与此同时，战后日本政府还长期沿用战时贸易管理制度和法令。直到1959年仍有上千种商品被列为限禁商品。以此为手段同欧美各国进行限制与反限制斗争。

(3) 政府要员亲自出马，为企业跨国经营服务。筹建日本石油集团就是一例。在中山素平、今里广记、松根宗一等人"提议"下，日本前众议院院长保利茂亲自出马，积极筹备成立"官商合办"的"共同储备公司"。为达到 90 天石油储备量，日本政府在 1975 年拨款 158 亿日元，1976 年增拨 100 亿日元，到 1979 年末资金已达到 15000 亿日元。同时，还实行了"利息补贴制度"。日本政府筹建这一企业集团的目的，显然是针对国际石油资本的，实际上也是为日本石油企业集团发展跨国经营服务的。

通过对日本跨国企业拓展国际市场的成功方式的分析，至少对中国企业跨国经营形成以下几点启示：

（1）国际市场的有效性取决于对市场的审慎分析及相关竞争优势。相对于日本企业跨国经营而言，中国企业尚处于起步阶段，更应对风云变幻的国际市场有所认识和把握，并创造出一系列的非价格竞争优势。

（2）任何经营管理方式都不是包医百病的良方，关键在于兴利除弊。中国企业在跨国经营过程中，既要在国际竞争环境中定向继承部分国内的管理方式，又要在跨国企业中构造有利于参与国际竞争的现代管理机制。

（3）组织是一种超市场的选择，其中既需要政府行为予以实施，又可以包容大量的非契约方式。对于中国政府而言，对跨国经营的中国企业进行有效保护是其义不容辞的职责，至于企业具体运作方式，则不必由政府统一规制，应尽可交由企业自主选择。

二、国际市场营销的环境分析

（一）国际市场营销的经济环境分析

国际市场营销的经济环境由两部分组成：世界经济环境和目标国家经济环境。对世界经济环境的分析，通常包括世界经济格局及发展趋势，国际贸易构成和国际金融体系等方面的分析。目标国家经济环境调研的目的在于了解一个国家或地区的自然条件、总体经济状况、生产力发展水平、产业结构特点、国家的宏观经济政策、货币制度、经济法律和条约、价值观念、商业习惯、消费水平和基本特点等。

（二）国际市场营销的文化环境分析

国际营销是跨国界的经营活动，这种经营活动与国内营销的主要区别就是企业在其他国家面临着不同的文化环境。各国文化背景的不同导致了各国顾客的需求不同。企业要想在国际营销中满足异国顾客的需求，就必须首先进行文化分析，根据各国文化的差异判断各国顾客需求的差异。从各国企业的国际营销实践来看，重视文化分析者成功，忽略文化分析者失败，这已成为国际商界的一条定律。

文化环境对企业国际营销活动的影响具有广泛性和深远性。企业的国际营销活动，无论是市场调研、广告促销、交易磋商、物流配送、售后服务等环节，还是产品、定价、分销、促销等策略，无不感受到不同文化的影响和冲击。企业国际营销人员应重视对不同国家或地区文化环境的分析，了解不同文化的背景，评估不同文化的影响，实施跨文化营销。

国际市场的文化环境中，语言教育、社会结构、宗教信仰、美学观点、价值观念和风俗习惯等文化构成要素的影响是文化环境分析的重点，不仅要探讨不同文化对企业产品、定价、分销和促销等营销组合的影响，而且还要了解企业国际营销活动对当地文化的影响。

（三）国际市场营销的政治和法律环境分析

国际市场营销不可避免地受到有关国家或地区的政治及法律环境的制约。目标国家的政治和法律环境构成了市场进入的直接障碍，国际营销企业不仅要注意了解和分析目标国家政治法律环境的特征，遵守当地的法律法规，而且也要采取措施避免或减少可能的政治风险，维护自己的合法权益。

这里所讲的政治环境，是指影响企业国际营销活动的各种政治因素。重点是源自东道国的政治因素，主要包括政府的作用及行为目标、政治稳定性、极端民族主义、政治干预以及东道国的国际关系等。国际企业到某国去从事营销活动，必须对该国的上述因素进行系统分析，并在此基础上进行政治风险评估，进而采取有效地规避风险的措施。

对于国际企业来说，仅仅了解国际营销的政治环境还不够。因为一个国家政府对外来产品和投资的态度往往是通过法律来体现的，法律具体地规定了企业竞争和经营等行为的"游戏规则"。营销人员还应了解从事国际营销活动的法律环境，关于国际贸易和投资的有关法规。企业从事国际营销所面临的法律环境主要由三部分构成：一是本国法规，二是国际法规，三是东道国法规。

总而言之，国际市场营销环境分析需要对经济大环境有一个总体的了解，预估风险和效益情况。对外贸易总是要尽量与总体环境好的国家和地区间开展。国际营销企业应当密切关注国际市场营销环境的变化，抓住机遇，规避风险，保证国际营销目标的实现。

● 相关链接

韩国现代制胜美国市场

美国是世界上主要的小轿车市场，而且也是世界利润最高的轿车市场之一。据分析，日本汽车制造商的利润大部分来自北美市场。不难想象，各国汽车制造商都想打入美国市场。但在过去的几年中，进入美国的汽车商中韩国的现代汽车取得显著的成功。

一、时机

当前世界贸易保护主义盛行，但由于国与国之间的经济发展不平衡，对一个国家的贸易壁垒可能成为其他国家打入市场的绝好机会。由于日本对美国的汽车出口受到所谓"自愿配额"的限制，出口数量停留在每年230万辆上。日本采取了向高档车转移的方针，逐步提高售价。美国的三大汽车商出于最优利润的考虑，采取了保持销量、提高售价的做法。这就使低档小型的经济车的市场出现了缺口。这给韩国汽车提供了打入美国市场的机会。

二、币值

由于韩元对美元是稳定的，比价基本不变。因美元对日元大幅度贬值，韩元对日元也就相对贬值，这就使韩国汽车的美元成本大大低于日本汽车的美元成本。

三、员工

美国轿车工业趋向于"夕阳工业"，三大美国汽车商相继关闭多条生产线、解雇工人。新一代有才华的青年都不愿去汽车业谋职，使得工人年龄相对上升，素质相对下降。韩国的汽车工业正处于上升时期，汽车工人社会地位很高，汽车厂可毫不费力地招到最优秀、最能干的工人，而其工资只是美国汽车工人的十分之一。现在韩国汽车工人的平均年龄只有27岁,比日本的34岁还要年轻7岁。

四、产品

在自己的产品上,现代汽车采用的并不是当代最先进的汽车技术,而是20世纪八十年代初日本三菱汽车公司技术,这一技术在美国市场上已有五年历史,产品可靠、耐用、标准度高,维修非常方便。与之成为对照的日本铃木汽车,采用的是当代最新技术生产的马达,油耗量是轿车问世以来最低的,但其维修难度相应上升,产品成本也相应偏高,而其可靠性、耐久性还是一个问号。

五、价格

在产品的价格上,现代汽车采用了快速渗透定价策略,比同等级的日本车定价约低1000美元,被美国汽车界评为"日本技术,韩国价格"。

现代汽车采取了在产品的开发与生产过程中联合,但在销售环节上独立,保证100%的销售控制的市场运作方法。

六、渠道

在渠道上,现代汽车选择了先出口加拿大,后打入美国的迂回路线。加拿大市场与美国市场极为相似,世界主要厂商均在加拿大销售汽车。由于加拿大市场比美国市场小得多,有问题易于发现,也易于及时解决,代价也小得多。现代汽车采取了"少而精"的网点策略,在美国只建立了总共200个经销点,使每个经销点都有较高的销售量,保证了经销商有厚利可图。

现代汽车充分考虑了政治因素,把零部件的采购纳入到整个经营战略中统一考虑,尽可能地采用美国零部件,以保证其产品有较高的"美国成分"。而在加拿大,现代汽车中的"加拿大成分"也是进口国中最高的。现代汽车集团总经理说,我们必须考虑双向贸易。

案例评析

从国际市场营销角度来看,韩国的现代汽车之所以能成功地打入美国市场是有其多方面原因的。

(1) 韩国"现代汽车"把握住了国际市场营销环境造成的市场进入

机会，利用日美贸易政策的摩擦和限制以及汇率优势，在美国这一极具市场潜力的国际市场中牢牢地捕捉住了机会，并及时扩大其市场份额，为其国际市场营销成功打下了良好基础。

（2）"现代汽车"充分考虑了美国及加拿大消费者的民族情感和社会价值观念，从政治角度出发处理经济问题，以整车中的"美国成分"和"加拿大成分"的增加为代价，取得了"民心"和异国消费者的"认同感"，从而降低了非经济的社会问题风险，减小了引起贸易摩擦的因素，降低了跨国营销障碍的"门槛"，改善了国际营销环境。

（3）"现代汽车"在产品策略上采用了稳妥的策略，考虑了外国市场消费者的习惯，采用了已被美国市场认可的技术，同时由于有较高的技术成熟度与可靠性，增加了消费者购买外国车的"安全感"和购后维修服务的便利与可靠感。

（4）在价格策略上，"现代汽车"依靠延伸产品造成的经济批量，采用快速渗透的策略，一方面使捕捉到的国际市场机会得以充分利用，同时增强了自身的市场竞争力，形成独特的目标市场，避免了与美、日高档车的市场碰撞。

（5）在国际营销渠道上，"现代公司"也有两个较为成功之处，一是借加拿大市场形成市场进入的避难所，从而避开了直接进入贸易壁垒相对较强的美国市场，又充分利用了加拿大与美国之间贸易联系较紧密、商品流通限制少、转移较为便利的条件；二是在自己营销力量较强的情况下，坚持了对销售环节的全面控制，并且保持了销售中间商的经营规模，从而使"现代汽车"有了较为顺畅、有效的渠道。

韩国现代汽车进入美国市场的成功还在于充分利用了"比较利益"。正因为自身劳动力价格较低且在降低生产成本的同时保证了产品质量，形成资源配置和利用的优势，再加上正确的国际营销策略，所以取得成功也就有其必然性了。

三、国际营销战略规划

（一）市场营销战略规划

市场营销学认为，市场营销战略是企业在未来某个时间要达到的营销目标以及为达到这些目标要采取的行动方案。市场营销战略规划（或计划）是市场营销战略的书面表达。完成规划的步骤与遵循的原则称为市场营销战略规划过程。

在企业经营活动中，企业通过市场营销将产品或服务送到顾客手中，并从供应者那里获得资源。这个过程，就是企业和环境的资源交换。通过这种交换，企业获得生存和发展。企业在一段时期中期望要达到的结果，这就是企业的目标。企业在营销活动中，往往不止一种可选择的目标。但企业必须依据资源可利用状况以及环境情况，在一定时期确定一个对自己来说最有利的目标。选择适当的目标，这就是营销战略包括的第一层意思。市场营销战略的另一层意思是指企业为达到这个目标所要采取的方法。

市场导向的战略规划是一种管理程序，其任务是保持和发展企业的资源使目标与千变万化的市场机会相匹配。战略规划的目标就是形成或重新开拓企业的业务和产品，以期获得目标利润。

战略规划包含了三项内容：第一，把企业的投资业务当作一个投资组合来管理，决定哪项业务需要建立、保持、收缩或终止；第二，通过考虑市场增长率和企业的定位，精确地估量每项业务的潜在利润；第三，对每一项业务制订一个战略方案。

（二）国际营销战略规划过程

市场营销战略规划，从广义上讲，是一个确定营销战略方案并对该方案予以执行和实施控制的过程。因此，国际营销战略规划的制定过程包括八个步骤：(1) 明确企业任务；(2) 外部环境分析；(3) 内部环境分析；(4) 确定目标；(5) 确定营销战略与目标市场；(6) 制订计划；(7) 执行计划；(8) 反馈与控制。

> **相关链接**

欧莱雅的中国目标市场策略

一、企业背景

法国欧莱雅集团，财富500强之一，由发明世界上第一种合成染发剂的法国化学家欧仁·舒莱尔创立于1907年。历经了一个世纪的努力，欧莱雅从一个小型家庭企业跃居世界化妆品行业的领头羊。

2016年欧莱雅关键数据显示：82900名员工来自140个不同的国家。25.3亿欧元的销售业绩，全球排名第1的化妆品集团。2015年注册了专利497个。2012年研发投资达7.91亿欧元，占销售额3.5%。生产制造

58亿件产品，其中87.1%为内部制造。世界各地有42家工厂和145个配送中心。86%的欧莱雅工厂都通过了ISO9001（2000版）或FDA（质量认证）认证，86%的欧莱雅工厂都通过OHSAS18001或VPP（安全认证）认证，88%的工厂都通过了ISO14001（环境认证）认证。欧莱雅在五大洲遍布130个国家和地区。为了尽可能与其消费者接近，集团建立了主要的地理区。

欧莱雅拥有大量全世界独一无二的国际品牌，涵盖所有的化妆用品：护发、染发、护肤、化妆品和香水。这些品牌由欧莱雅集团各部门直接管理，每一个品牌都拥有各自的专业分销渠道。强大的组织性是欧莱雅的主要优势之一，这让欧莱雅能依据消费者的不同习惯和生活方式做出积极响应，同时根据世界各地的实际分销情况进行调整，以求满足每一位消费者的需求。

二、企业现状及产品市场状况

欧莱雅进入中国市场至今，以其与众不同的优雅品牌形象，加上全球顶尖演员、模特的热情演绎，向公众充分展示了"巴黎欧莱雅，你值得拥有"的理念。目前已在全国近百个大中城市的百货商店及超市设立了近400个形象专柜，并配有专业美容顾问为广大中国女性提供全面的护肤、彩妆、染发定型等相关服务，深受消费者青睐。

欧莱雅集团在中国的品牌主要分为大众品牌（巴黎欧莱雅、美宝莲、卡尼尔）、高档品牌（兰蔻、赫莲娜）、专业美发产品（卡诗、欧莱雅）以及活性健康化妆品（薇姿、理肤泉）。

中国化妆品市场2001年销售总额为400亿元，2002年销售增长速度为14%~15%，实际销售总额为450亿~460亿元。2003年中国化妆品行业发展速度保持稳定增长，增幅不低于15%，销售总额达到500亿元。国内化妆品生产企业已达2500家，品种三万余种，市场总额居亚洲第二位，在世界范围内已经成为一个美容大国。因此，世界名牌化妆品一致看好中国的消费潜力，进驻中国市场，在中国市场上大放异彩。Euromonitor的统计数据显示，2015年中国化妆品行业市场容量为3156.3亿元，2011-2015年的年均复合增长率达到8.2%。中商产业研究院发布的《2016-2021年中国化妆品行业品牌市场研究及投资预测分析报告》指出：由于受人口结构变化、收入水平提升带来的消费升级、消费习惯的改变、核心消费人群的增加、化妆品消费理念的加强、营销渠道的多元化等因素的影响,中国化妆品行业将在未来几年继续保持稳定增长态势。据Euromonitor的预计到2020年市场容量将达到4352.4亿元,2016-2020年年均复合增长率6.7%,行业发展空间巨大,行业内的龙头企业也将从行业增长中获得更多的红利。

目前欧莱雅集团在中国的主要竞争对手也是国际名牌化妆品品牌,主要有雅芳、雅诗兰黛、倩碧、P&G公司的玉兰油、Cover girl、SKII系列、露华侬、圣罗兰、克里斯汀、迪奥、歌雯琪、旁氏、凡士林、克莱伦丝、妮维雅、威娜、花牌及资生堂等。这些品牌在国内都具有极高的知名度、美誉度和超群的市场表现,如日本的资生堂具有127年的悠久历史,又深谙中国人的美容习性及文化传统,在国内拥有一批忠实的消费者,对任何化妆品公司而言,日本资生堂都是一个难以跨越的对手。

除了世界品牌在国内的混战外,欧莱雅集团还面临着国内本土品牌的袭击和进攻。化妆品市场的巨大利润,吸引了国内一拨一拨的掘金者顽强地杀入,希望能够分得一杯羹。

国产品牌实施薄利多销,控制中低档市场,使得国内市场呈现各据一方的局面。虽然欧莱雅集团旗下的各种品牌已经几乎覆盖了全部的空间,但是国内的大宝、小护士、羽西(合资)、上海家化依然占有不少的护肤市场份额。此外,经过与外资品牌的多年较量,国产品牌在市场营销能力上已经与国外品牌不相上下,甚至更胜一筹,形成了自己的品牌价值,他们不断成熟、虎视眈眈,伺机抢占地盘,令世界各大品牌防不胜防,头痛不已。

三、营销策略

面对中国化妆品市场的激烈竞争,欧莱雅集团丝毫不敢有所大意。为了尽可能地争取最大的份额,欧莱雅集团在产品设计方面下苦工夫,保持了欧莱雅集团产品高质、独特、领先、丰富的文化内涵。高质是世界名牌化妆品的心脏,独特是世界名牌化妆品的大脑,领先是世界名牌化妆品的性格,文化是世界名牌化妆品的气质。欧莱雅集团为了抢夺中国化妆品市场,主要采取了以下的营销竞争策略。

(一)市场定位策略

由于欧莱雅集团属于世界顶级品牌,所以欧莱雅集团引入中国的品牌定位于中高档,主要分为大众品牌和高档品牌。随着竞争的加剧,欧莱雅集团的大众品牌价格开始有意识地下调，使得大众品牌中又分为不同档次，其最低价格已经接近国内品牌化妆品的价格，从而开始了中低市场的争夺。而高档品牌则继续高品位策略，稳定压倒一切。

通过市场定位策略，实际上欧莱雅集团在国内的化妆品市场上已经是无孔不入，不放过任何一个定位，最大可能地攫取市场份额，挤垮其他对手。

（二）细分市场策略

首先，从产品的使用对象进行细分，有普通消费者用化妆品、专业使用的化妆品。专业使用的化妆品主要是指美容院等专业经营场所使用的产品。

第二，按照化妆产品的品种进行细分，有彩妆、护肤、染发护发等。并进一步对每一品种按照化妆部位、颜色等进行细分。如彩妆又按照部位分为口红、眼膏、睫毛膏等。而口红又按照颜色细分为粉红、大红、无色等，按照口红的性质又分为保湿、明亮、滋润等。如此步步细分，仅美宝莲口红就达到150多种，而且基本保持每1~2个月就推出新的款式。

第三，按照地区进行细分。由于南北、东西地区气候、习俗、文化等的差异，人们对化妆品的偏好具有明显的差异。如南方由于气温高，人们一般比较少做白日妆或者喜欢使用清淡的妆饰，因此较倾向于淡妆；而北方由于气候干燥以及文化习俗的缘故，一般都比较喜欢浓妆。同样的东西在不同地区由于经济、观念、气候等的缘故，人们对化妆品也有不同的要求。欧莱雅集团敏锐地意识到了这一点，按照地区推出不同的主打产品。

第四，其他细分。如按照原材料的不同有专门的纯自然产品；按照年龄细分等。

（三）品牌策略

为了充分满足欧莱雅集团在中国的竞争布局，欧莱雅集团在中国引进了10个主要品牌，分别分布于不同的细分市场，使得集团的竞争策略能够顺利地进行。所以，精确的品牌布局是欧莱雅集团最为关键的策略。没有恰到好处的品牌布局，就没有欧莱雅集团今天在中国大放异彩的成功。另外，对品牌的延展性、内涵性、兼容性做出了精确的定位和培养，是欧莱雅集团品牌在中国取得成功的又一秘密。

（四）广告策略

由于化妆品的激烈竞争和越来越强的无差异趋势，如何提高自身的知名度和认可度，就成为化妆品公司挖空心思的问题。化妆品的日新月异和人们对流行的追求，让消费者对某一款式或品牌的忠诚度大打折扣。

如果某个公司在某年度忘记了广告，那么其化妆产品也就被人们忘记了，可见广告对化妆品的重要性。欧莱雅集团自然不会忘了使用这一最有力的营销武器。针对每一品牌的不同定位和内涵，欧莱雅集团有区别地进行宣传，以达到最佳的效果。

（五）公共沟通策略

（1）利用文艺、选美、模特赛事、体育等活动，展现产品的特点，宣传品牌。如美宝莲1998年、1999年连续赞助世界精英模特大赛中国选拔赛，鼓励中国女性走向世界，展示东方女性独特的韵味，吸引了不少人的"眼球"；2000—2002年连续在全国高校举办"Beauty Night 校园巡回展示活动"，帮助在校大学生更好地理解内心美、塑造外形美，美宝莲首席化妆师为女大学生进行现场个人形象设计，引起轰动。

（2）通过与权威机构合作办理公益事项，扩大品牌效应。如和国际组织共同设立"欧莱雅——联合国教科文组织世界杰出女科学家成就奖"和"联合国教科文组织——欧莱雅世界青年女科学家奖学金"，每年评选一次，极大地提高了公司的地位和可信赖度。

（3）利用社会焦点，吸引消费者的注意。如国际护士节之日，欧莱雅（中国）有限公司总裁盖保罗先生、欧莱雅（中国）有限公司公共关系与对外交流部总监兰珍珍女士以及公司其他高层人员正式通过上海市卫生局有关领导，将价值超过人民币100万元且符合医护人员特殊需求的健康护肤品赠送给了保卫上海市人民生命安全的"非典"一线医护人员。

（4）参与权威机构的评选，提高产品的知名度。如参与国家工商行政管理总局和国家商标局等机构共同举办的第三届"中国商标大赛"，并被评为"2002年中国人喜爱的十大外国商标"之一。欧莱雅集团的"美宝莲"品牌由于其唇膏销量占2002年中国市场第一而荣获"2002年最具市场竞争力的第一唇膏品牌"以及"2002年唇膏市场上最受欢迎的品牌"。2016年5月1日，中国大陆首家专业健康护肤中心 Derma Center 正式入驻上海中山公园龙之梦。作为欧莱雅集团活性健康化妆品事业部旗下的一个专业健康药妆集合店，Derma Center 由原先的 eSkin 线上敏感肌肤顾问蜕变而来，化身线下实体门店：以白色为底色的半开放式店铺，干净的风格，营造舒适的体验空间；集专业的VISIA皮肤检测仪、薇姿、理肤泉、修丽可以及科莱丽四大品牌于一身，打造一体化服务，旨在为消费者提供一场全新的护肤之旅。

通过积极地使用公共沟通策略，欧莱雅集团成功地让其各种产品每天 24 小时尽可能地出现在人们的视野、阅读中，无形中让消费者不断地认识或加深了对欧莱雅集团各个品牌的印象和好感。充分地使用各种市场营销手段，欧莱雅集团在中国化妆品市场越来越潇洒自如，独占鳌头，雄视各方。

四、案例启示

（1）品牌定位是指企业在市场定位和产品定位的基础上，对特定的品牌在文化取向及个性差异上的商业性决策，它是建立一个与目标市场有关的品牌形象的过程和结果。换言之，为某个特定品牌确定一个适当的市场位置，使商品在消费者的心中占领一个特殊的位置。也可以说，品牌定位只能顺应消费者的认知而不能与之冲突。而企业一旦选定了目标市场，就要设计并塑造自己相应的产品，品牌及企业形象，以争取目标消费者的认同。

（2）由于市场定位的最终目标是为了实现产品销售，而品牌是企业传播产品相关信息的基础，品牌还是消费者选购产品的主要依据，因而品牌成为产品与消费者连接的桥梁，品牌定位也就成为市场定位的核心和集中表现。

（3）为了了解消费者的认知，尽可能地争取最大的份额，欧莱雅集团在产品设计方面苦下工夫，保持了欧莱雅集团产品高质、独特、领先、丰富的文化内涵。

（4）欧莱雅以品牌为纬，形成一个强大的品牌整合能力矩阵和产品结构。欧莱雅根据企业营销职能的特点实施品牌组合战略以整合品牌的复杂系统。

第二节　行业环境分析

一、波特的五力模型

与宏观环境相比，行业环境对竞争和超额利润的影响更加直接。一个行业的竞争程度和利润潜力可以从五个方面反映出来（见图6-1）。五力模型首先由哈佛大学战略教授波特提出，其后得到多位学者的扩展和加强。五种力量的竞争力威胁见表6-1。

图 6-1 产业中的各种力量

（一）新进入者的威胁

一些因素，如规模经济性、品牌忠诚度和资本规模决定了新竞争者进入一个产业的难易程度。行业的新进入者通常会给企业带来很大的威胁。一是它们增加了行业总支出，从而导致整个行业的收入和回报降低；二是新进入者通常拥有相当的资源，很想占领更大的市场份额。

（二）替代威胁

替代品是指那些与本行业的产品有同样功能的其他产品。转换成本、购买者的忠诚度等因素决定了顾客是否愿意购买替代产品的程度。

（三）购买者的议价能力

顾客的数量、顾客所掌握的信息，以及替代产品的可获得性等因素决定了购买者在产业中的影响程度。

（四）供应商的议价能力

供应商的集中度和替代输入的可获得性等因素决定了供应商相对于企业在产业中的影响能力。

（五）竞争对手之间的竞争程度

由于行业内的企业互相制约，一个企业的行为会引起竞争反应。产业的增长率、增长或下降的需求以及产品的差异等决定了产业中现有企业之间相互竞争的强度。

表 6-1　竞争力威胁的表现

五种力量	竞争力威胁的表现形式
竞争对手之间的竞争程度	竞争企业数量众多 竞争对手在规模、市场影响和产品方面颇为相似 产品售价高，不是经常买的产品 产能大幅增加 产业低速增长或衰退 退出成本高
购买者的议价能力	购买者数量少 产品缺乏吸引力 买方从重点企业购买的是标准无差异的产品 购买者缺乏购买力 买方愿意并能够进行后向一体化
供应商的议价能力	供应商数量少 供应商提供独特的有差异的产品 该企业不是供应商的主要客户 供应商愿意并能够进行前向一体化
新进入者的威胁	缺少规模经济带来的低成本优势 缺少非规模经济带来的低成本优势 产品差异小 报复的威胁小 没有阻止或限制新进入的政府政策
替代威胁	替代品在质量和功能上优于现有产品 使用替代品的转换成本低

● 相关链接

出口电商行业的四大趋势

趋势一：海外仓模式渐成常态

海外仓模式，顾名思义，就是指把产品直接存放在国外的仓库，借此实现商品的本地配送，缩短交货期。

以美国线为例，平常从国内直邮发货至美国需一到两周时间才能实现妥投，而海外仓则能控制在几天内送达用户手上，相较传统从国内发货的直邮模式，海外仓模式明显更能保证用户的物流体验。

而从2016年跨境出口电商促销旺季各卖家的表现明显看出，该种较传统直邮方式更加"快"的物流模式已经渐在出口卖家圈中占据主流。

在2017年海外仓模式将成为常态，主要有两个原因：第一，新兴市场崛起，在新兴市场跨境物流不普及的情况下要保证用户体验，只能通过海外仓本地配送的模式；第二，欧美市场非亚马逊平台为了提高用户体验以及资金流转，开始引导卖家使用海外仓发货。

除此之外，政策的鼓励也推动了海外仓模式的发展。2016年12月，广东省公布了"大力推动广东省跨境电子商务海外仓建设的实施意见"，并定下支持培育20到30个跨境电子商务海外仓重点项目的目标。2016年12月发布的电子商务"十三五"规划也明确提出鼓励跨境电商设立海外仓和展示中心。

虽然平台和政府都在鼓励使用海外仓发货，但是该模式仍有一定的风险：海外仓的货若发生滞销情况，货物要返回国内则相当于要经历一次"进口"的流程。此外，目前中国卖家SKU数普遍高达几千上万，把所有产品均备至国外花费是非常高的。在海外仓渐成常态的情况下，如何有效率地去利用海外仓，如何挑选合适的产品备到海外仓，或许才是出口电商制胜重点。

趋势二：欧美主流市场对于卖家合规性经营要求提高

通过平台把商品卖往国外，最终还得遵循目标销售市场的规则。2016年，欧美两大主流市场对中国卖家的合规性经营要求明显有所提高。

2016年，英国政府和欧盟连续发出多条法规和政策，希望规范跨境电商VAT（value-added sales tax 指增值税）缴纳的行为。

2016年3月，英国财务部发布规定，税务部门有权警告活跃在eBay和亚马逊平台上高风险的海外卖家。如果警告之后卖家仍然没有在30天内缴纳VAT，eBay和亚马逊将被判定为漏税承担责任。

2016年9月中旬，英国正式生效其新法案 Finance Act 2016，该法案的生效对亚马逊、eBay的平台卖家而言意味着英国HMRC（英国税务海关总署）可针对海外企业加强VAT立法，并要求海外商家指定一位英国本地的VAT代表来方便HMRC进行审查。

2016年12月上旬，欧盟委员会（European Commission）公布针对跨境电商商品贸易的VAT规范化的新法案。新法案中，欧盟拟定将取消欧盟外卖家22欧元的进口免税额度。

上述一系列法案对卖家的规范也取得一定成效,据亿邦动力网了解,2016年下半年,主流出口电商平台,如亚马逊和速卖通均开始硬性规定欧洲市场卖家提交VAT税号。

跟欧洲不同,美国对卖家的合规性经营要求提高主要表现在专利法上。2016年3月,美国贸易委员会颁发法令禁止进口侵犯Segway自动平衡技术专利的"个人交通工具",包括滑板车或者类似的智能平衡设备。对于在专利法规上没处理好的平衡车卖家这无疑是一个沉重的打击。而早在2015年年末,亚马逊也以产品涉嫌专利侵权与质量问题为由,强行下架中国企业在亚马逊网站上出售的全部电动平衡车产品。

可是,虽说合规性经营可以避免上述所提及的税务和侵权等风险,但合规性经营对卖家而言也是不小的"负担"。如规范缴纳VAT后,卖家相对于过去的利润必然会减少。此外,要申请专利认证对卖家也不是一件简单的事。

当然,海外市场对卖家合规性经营要求提高对中国出口电商生态也有良性的促进作用。海外市场规则变严,对中国有实力的卖家是好事,因为不好的竞争对手都遭洗牌了。

趋势三:新兴市场崛起东南亚市场成亮点

东南亚的Lazada和Shopee、南美的Linio和mercadolibre、非洲的Jumia和Kilimall以及KIKUU、法国的Priceminister和Cddiscount……近两年,这些在海外做得不错的电商平台,都纷纷登陆中国大陆。传统以欧美市场为主流的局面也逐渐遭到这些新兴市场平台的冲击,出口卖家可销货的渠道也因此变得更加多元化。

而在这些新兴市场中,东南亚电商成了一道亮眼的风景线。

据亿邦动力网了解,整个东南亚地区有6亿人口,相当于中国的一半,但目前为止,东南亚的网络零售占比仅为1%。根据市场调研公司Frost&Sullivan的数据显示,东南亚地区B2C电商营收将从2015年的112亿美元增长到2020年的252亿美元,年增长率达17.7%。

而这个"潜力股"市场在2016年也开始遭到中国电商的追捧。在2016年4月阿里巴巴宣布以约10亿美金收购东南亚最大电商Lazada。该电商平台在2015年的销售额高达13亿美金。

2016年第四季度及全年财报发布后的电话会议中,阿里巴巴首席执行官张勇也强调，Lazada 是非常重要的一项收购，阿里将利用自身中国零售平台的商户优势，帮助国内零售商家登陆 Lazada 平台，向东南亚消费者售卖产品。这意味着除了出口电商卖家外，会有更多阿里系的电商卖家加入到东南亚这个新兴市场当中。

当然，备受关注的不仅有 Lazada 一家东南亚电商平台。在本月，仅成立一年的东南亚移动社交购物平台 Shopee 宣布年 GMV 已达 18 亿美元，超过 Lazada 的去年 13 亿美元的销售额。

据 Shopee 集团跨境业务总经理党辉透露，虽然 Shopee 在 2016 年下半年才开始在中国大陆进行积极的招商，但在新加坡、马来西亚等地区 Shopee 中国卖家销量占比已经高达 20%。由此看出，中国卖家对东南亚市场是充满信心的。

趋势四：粗放模式渐成过去时

"疯狂找选品、拓团队、迅速壮大"——不少跨境出口大卖家曾依靠这种粗放的发展模式"捞"到第一桶金，然而，从 2016 年各大出口电商财报的数据看来，这种粗放模式已开始"收敛"起来。

在 2016 年第三季度财报中，跨境通第三季度的营业成本率（营业成本率＝营业成本÷营业收入×100%）为 92.33%，相较去年同期的 94.04% 下降近两个百分点。

虽然，包括亚马逊、速卖通等主流出口电商平台每年均有良好的增速，但市场容量毕竟是有限的。未来，新卖家也会不断涌入跨境出口电商行业。因此，如何提高自己营运效率或成了 2017 年卖家成功的关键。

来源：亿邦动力网

二、竞争战略实施

一旦管理者评估了五种力量，确定了存在的威胁和机会，接下来就是选择适当的竞争战略。根据波特的观点，没有哪家企业能够在所有的事情上都获得成功，他提出，管理者应该选择能够给企业带来竞争优势的战略。波特进一步指出，竞争优势来自要么是比竞争对手的成本更低，要么是与竞争对手形成显著的差异。有鉴于此，管理者应该考虑下面三种战略：成本领先战略、差异化战略和集中化战略。管理者究竟选择哪一种战略，取决于组织的优势和核心能力以及竞争对手的劣势（见表 6-2）。

表 6-2　成功实施波特的竞争战略的要求

一般战略	技能和资源要求	组织要求
成本领先	持续的资本投资和融资能力 流程再造技能 严格控制人工成本 产品设计得更容易制造 低成本的分销系统	严格的成本控制 频繁的、详细的控制报告 功能化的组织和职责 基于严格的定量目标的奖励
差异化	强大的市场营销能力 产品工程能力 创造性的洞察力 强大的基础研究能力 公司在质量和技术领先方面享有盛名 产业传统或业务技能与销售渠道的合作能力	对研究与开发、产品开发和市场营销功能的强有力的协调 主观的绩效度量和激励而不是定量的考核 令人愉快地吸引高技能的劳动力、科学家或富有创造力的人员
集中化	指向特定战略目标的、有远见的政策组合	指向特定战略目标的、有远见的政策组合

　　成本领先战略（cost leadership strategy），是一种反映了企业如何成功竞争的理论，其核心是低成本和低价格。以较低的价格为消费者提供相同的产品价值。成本领先者通常将其产品定位于差别极小的大众市场上的"普通消费者"。成本领先者的主要职责就是生产和原材料的管理，通过不断降低经验曲线，使成本不断降低。这种战略的特点是薄利多销。

　　差异化战略（differentiation strategy），着眼于如何为消费者提供既有价值又有所不同的产品。差异化的来源可以是与众不同的质量、独树一帜的服务、创新的设计、技术的潜在能力或者是杰出的品牌形象。对于这种竞争战略来说，关键在于产品和服务的属性必须使公司有别于它的竞争对手，并且足以创造价格的溢价，这种溢价超过了差异化所增加的成本。这种战略的关键是薄销多利。

　　集中化战略（focus strategy），就是满足产业内特定细分市场的需求。集中化战略的目的是在狭窄的市场区隔上寻求成本优势，或者差异化优势。虽然成本领先战略和差异化战略二者是在整个行业范围内达到目的，但集中化战略的目的是很好地服务于某一特定的目标，它的关键在于能够比竞争对手提供更为有效或效率更高的服务。研究表明，集中化战略对于小型企业来说是更有效的选择，因为它们不具有规模经济性或者足够的内部资源以成功地实施其他两种战略。

研究表明，兼有低成本和差异化优势不是不可能的，它也能带来高绩效。

第三节　国际商业计划书编制

一、国际商业计划书编制的主要内容

商业计划，英文名称是 Business Plan。在美国，商业计划是作为一种吸引私人投资人和风险投资家进行投资的"商业包装"而出现的。对于一个公司来说，把商业计划书提供给各种合作者不失为一种很好的方式，它可以让合作伙伴更好地了解自己。同时，制订商业计划也可以增强自己对公司现状及未来前景的了解。商业计划不但在企业运营之初扮演重要的角色，而且在实际运作中仍然发挥着作为管理工具的作用。

鉴于人们在阅读商业计划书时一般没有作者在旁边回答问题或给予解释，所以应尽量采用通俗的语言，避免产生误解。商业计划书应当做到让外行也能看懂。一些企业家认为他们可以用大量的技术细节、精细的设计方案、完整的分析报告打动读者，但大多数时候并不是这样。

编制一份商业计划有多种方法组织编写，没有固定的格式，但商业计划书的写作风格应一致，有些指导原则是可以借鉴的。构成商业计划书的要素有：(1) 绪言或摘要；(2) 公司背景；(3) 业务；(4) 产品与服务；(5) 营销；(6) 财务信息；(7) 管理与组织机构；(8) 人力资源；(9) 保密协议；(10) 补充资料。国际商业计划有别于国内商业计划。国际商业计划的特点有：(1) 国际商业计划书必须充分考虑每个目标国家的独特文化、语言及其他方面的差异；(2) 国际商业计划书必须考虑不同的法律法规、规章政策，该计划还必须包括每个新目标的进入策略；(3) 国际商业计划书必须掌握目标国际政治、法律、经济和文化环境的多重信息，整理分析当地的市场信息；(4) 国际商业计划书在本质上更加复杂，因为它试图利用不同国家所提供的不同机会。它要考虑产品开发、原材料采购、生产及在多个国家销售等一系列问题。其中的经历变幻莫测，在一个国家开发产品，在第二个国家购买原材料，在第三个国家制造产品，通过第四个国家运输，在第五个国家销售。当然，也有可能将最终产品运回开发国家。

（一）国际商业计划——介绍/概要

本部分应该介绍公司商业计划的重点，让读者对计划书中其他部分的内容有所了解，起到提纲挈领的作用。在看完概要后，应让读者对公司的整个情况、产品、市场机会和财务目标有明确的了解。一般情况下应在计划其他部分已经起草后再写概要。在很多情况下，概要不应超过两页（最好为一页）。计划涉及全球业务方面的内容应该在概要中有所强调，其重点应为海外市场机会以及公司在这些市场中的财务目标。主要内容有以下几方面。

（1）简单描述公司的业务。

（2）介绍公司产品的重要特征。

（3）介绍公司产品的市场潜力。

（4）介绍公司的财务目标（例如两年内在新市场实现250万美元的销售收入，三年内实现盈利，四年内实现一定规模的销售收入和税后利润等）。

（5）介绍计划的目的及其与公司财务目标实现之间的关系。

（二）国际商业计划——公司介绍

在商业计划书中对公司的发展历史进行全面概括是有一定难度的，但是，说明公司最初是如何建立的对商业计划是有帮助的。本部分列明公司每项产品的详细情况。重点应将产品和相关顾客群的需求联系起来。这将能说明：公司是如何能够以不同于竞争者的方式来满足这些需求的。尽管该部分中的若干问题涉及公司预计的顾客群，但此类问题还可以在下列"行业背景和市场分析"部分中涉及。

（1）介绍公司的主要业务领域。

（2）介绍公司每个业务领域的产品。

（3）针对公司每个业务领域的有关产品，介绍实际的或预计的顾客群，以及这些顾客群对公司产品类型的具体需求。

（4）介绍公司为发现顾客需求所采取的具体措施，包括采访、市场调研、研究或测试等。

（5）针对为公司产品确定的每个顾客群，介绍公司的独特能力或竞争优势，如为什么那些顾客会购买公司的产品，而不购买竞争者的产品或替代品。

（6）介绍每种产品的盈利结构，包括预期销售价格、成本和利润率。

(三) 国际商业计划——行业背景和市场分析

公司产品所涉及的行业和市场包括各种变量,其中有很多变量在其他部分有更详细的介绍。例如顾客需求和购买习惯以及竞争者的优劣势将会影响行业和市场的发展趋势。本部分的观点更概括一些,主要考察一般性的人口和技术因素,以及可能在未来几年中对公司产生影响的其他变化。如果公司产品要受众多法规的制约,或公司的海外投资计划将要在目标国家接受政府的审查,那么还应在法规和相关的战略方面做出详细的调查研究,进行阐述。

(1) 介绍公司主要经营的某个或多个行业。

(2) 介绍其在每个行业的规模,今后 5~10 年的预计增长模式。

(3) 发现行业中将会对公司产品感兴趣的主要领域。

(4) 介绍那些很可能为公司产品带来主要顾客的业务类型,如大型的公司或小型的合伙企业。

(5) 确定并介绍行业中其他重要的人口或技术发展趋势。

(6) 介绍有关法规对公司产品的实际或潜在影响。

(四) 国际商业计划——竞争

商业计划书必须说明公司借以取得其经营和金融目标的竞争优势及核心竞争力。竞争因素因每个市场的不同而有所不同。例如,有些竞争者属于全球性的公司,它们活跃于每个市场,这些市场中的顾客群规模足以引起关注。在其他情况下,竞争来自地方公司,这些公司只满足于在其境内经营。通常情况下,这些企业可能非常具有竞争力,有着很高的品牌知名度和忠诚度。另外,一个市场中起重要作用的因素可能是价格,在另一个市场中起关键作用的则可能是顾客服务。

(1) 确定并简单介绍公司每个目标市场中重要的实际竞争者或潜在竞争者。

(2) 确定并介绍每个目标市场中重要的竞争因素。

(3) 以公正的态度分析潜在顾客,将如何看待公司在前述竞争因素方面和竞争者展开竞争的方式。

(4) 介绍公司为了利用竞争优势和/或为了减少、消除竞争劣势所打算采取的措施。

(5) 介绍主要竞争者对第四项所述措施可能做出的反应。

(6) 找出"市场进入障碍",这种障碍可能会给新竞争对手进入市场造成困难。这些障碍包括：

①取得规模经济所需的资本；

②产品或服务的专有性；

③品牌知名的重要性；

④对客户群的"转换成本"；

⑤销售渠道；

⑥绝对成本优势；

⑦可能延缓或降低新竞争的规章要求。

（五）国际商业计划——营销与销售

这些问题涵盖了建立和实施公司营销和销售战略所涉及的主要问题。要努力制定出适合每个地区市场的战略，因为公司可能需要根据国家的不同而改变其经销渠道和促销方式。计划应该让读者能够清楚地了解公司在攻占具体市场和推出具体营销活动方面的轻重缓急。在很多情况下，公司预算要求营销活动应在一定的时间内按计划分两个或多个阶段进行。

（1）介绍公司的总体营销战略和目标，如公司在市场上是如何被认知的，其开发市场份额的目标是什么等。

（2）介绍公司经销产品的战略，如直销、独立销售代表和第三方签订经销协议等。

（3）介绍公司的促销战略。在国外新市场的促销策略包括为宣传公司产品信息选择适当的媒体、制定营销策略以及为客户提供服务与支持。

（4）介绍公司的定价战略。如果没有政府对价格的控制，或其他人为的价格限制，那么公司必须根据竞争价格、要求的投资回报、利润率以及近期战略目标等传统因素为其产品定价。

（5）确定并介绍公司的主要"推销方式"（也就是销售和促销活动中的主要宣传方式）。

（6）介绍公司在顾客、经销商、渠道的服务与支持方面所采取的战略。

（7）介绍公司的销售战略和活动，如顾客的发现、销售人员的要求及报酬、销售的目标与跟踪等。

（六）国际商业计划——技术与研发

不管公司经销的产品类型如何，技术对每个企业都至关重要。对于有些公司来说，技术被融入了产品之中。而在其他情况下，技术则使公司能够获得生产工艺方面的竞争优势。不管怎样，计划都应介绍公司开发新产品和新工艺的关键技术和战略。在有些情况下，可依靠第三方开发的成果，而通过技术购买活动或许可项目安排完全取代研发活动，或对研发活动提供补充。

（1）介绍公司为开展业务所需要的技术要点。

（2）介绍以上第一条所列每个技术要素的状况，如创意、原型、小规模生产等。

（3）介绍公司对每项技术要素的所有权和/或使用权。

（4）介绍技术公司主要市场中的一般状况，包括那些拥有优于或类似于你公司技术的其他公司的情况。

（5）介绍今后5年中有关技术的预计发展趋势，包括在这一期间出现的可能在商业方面具有可行性的新技术，以及可能限制其发展或接受度的因素。

（6）介绍公司的重要研发活动，重要的突破和风险。

（7）介绍公司研发活动的结果将如何用于公司业务中，如新产品、新生产方法、新工艺，经过对现有产品改良而能够满足既定顾客需求的产品等。

（8）介绍核准方面的规章制度对公司研发活动的影响。

（七）国际商业计划——生产与经营

生产领域通常是公司选择海外市场寻求低成本的领域。在这种情况下，计划应详细分析海外生产的成本和风险。虽然研发费用可能很大，但制造成本对公司来说也是一笔重大开支，因此要想方设法降低制造成本，以在价格上比竞争者更具优势。

（1）介绍公司的生产、经营的活动与战略。

（2）介绍与第三方签订的任何重要生产协议。

（3）介绍公司在生产方面的所有竞争优势或劣势，以及公司为开发这种优势或消除这种劣势所采取的措施。

（八）国际商业计划——管理与人力资源

如果缺乏良好的公司管理和适当的组织机构，那么即使是好的产品或优秀的产品开发人员也可能无法取得成功。在现实中，对于没有专业管理人员参加编写的任何商业计划，聪明的投资者都不会认真考虑。管理技能、人力资源和组织结构是商业计划的关键内容。对于国际商业计划来说，应特别关注：海外部门的组织、合格的地方经理的招聘以及对全球业务实施监督的信息和报告系统的建立。

(1) 介绍公司的管理和组织结构，包括所有重要的海外业务部门。

(2) 介绍公司的招聘、培训和报酬政策。商业计划书中应说明那些可能包括在总报酬中的基本工资、奖金、股票奖励计划、利润分成计划和其他利益。

(3) 介绍公司的内部信息管理结构。

(4) 如果将商业计划用于筹集资本，那么还应介绍重要经理人员的技能和业绩记录，以及公司额外招聘经理人员的计划。投资者希望了解经理的经验是否符合公司的业务要求等。

（九）国际商业计划——财务报表

创建并经营一个企业的因素有很多，其中最重要的就是赚钱盈利为业主和投资者提供投资回报。因此，商业计划应该包括大量的财务信息和财务分析。尽管一个公司的高层管理人员对公司的财务状况很熟悉，但是，这些信息的编制工作应该让那些具有专业知识的人员来负责。在较大的公司中，财务总监和审计主管将在这方面负主要责任。在较小的公司中，首席执行官将承担这项工作，但一般需要有独立会计师的协助。

财务方面的重要部分有：历史财务报表、预编财务报表、营业预算。在有些情况下，如果商业计划用于资本筹集活动，那么该计划还应对所需要的现金量进行描述，其中包括收益的预计用途以及将资金退回投资者的战略（公开销售证券、出售公司、债券的赎回或定期偿还）。这些通常称为"退出战略"。

对一个希望扩大实力的持续经营企业来说，历史财务报表和预编财务报表将包括三大部分：资产负债表、收益表和现金流量表（新创建的公司只有预编的这三种报表）。三到五年内的报表中最近两到三年内的报表应按月提供，其余的则按季度提供。计划的财务部分应该对这三大报表的内容进行总结性介绍。详细的报表则和其他补充材料一起作为附件附在计划的后面。除非已经接受过审计，否则财务报表不必经过审计，但是必须根据公司所在地的"会计准则"进行编制。

预算应包括启动期间和持续经营期间。至于历史报表和预编报表一样，商业计划的财务部分应对这种报表的内容进行总结，报表详情可作为补充材料。

1. 历史财务报表

历史财务报表的用途有很多。首先，它反映了公司的现状，是否正在兴起，是否有能力起飞或得到全面发展。从营业方面来说，其收入和支出与竞争者相比较，总结优劣势；其在生产、营销或管理方面的支出是否高于他人；是否有必要对公司的经营方式进行调整。如果有必要，对预计节省的成本或增加的利润做出估算。

其次，它们能够反映公司过去是如何管理的。公司是否有效地、合理地利用好资金。公司是否有效利用了各种机会，如果没有，那么就可能需要在管理方面做出调整以吸引投资者。另外，公司是否能满足其营业预算需求，如果没有，商业计划应该解释其原因，并说明应该采取什么措施来纠正这种情况。

商业计划还应对公司的会计制度进行介绍，对公司的库存控制系统予以介绍。同样，还应显示任何外部会计师和审计员的名字，同时说明他们为你工作的时长。

2. 预编财务报表

尽管财务内容的每一部分都很重要，但有些读者（尤其是那些有财务背景的读者）则将其大部分注意力放在预编财务报表上。因此，一定要确保预编财务报表是准确的、有依据的和有说服力的。要使预编财务报表具有可信度，那么预测内容应该和过去的业绩相一致。各预测项目之间应是协调一致的。比如，如果你预计的销售收入为100万美元，那么该项预测还必须包括足以实现收入目标的库存准备和销售成本。

（1）免责条款

当预编报表与资本筹集有关时，那么其中应包括免责条款。免责条款声明内容有：尽管公司管理层对预测目标抱有信心，而且重要假设也是合理可靠的，但是，公司并没有声称其经营状况将实际上会达到预期目标。免责条款应该比较醒目，建议用粗体字。

（2）风险因素

当计划用于筹资时，很多计划还包括一个风险因素清单，这些风险因素可能限制公司实现预期目标。不管是否在其他地方已将风险内容包括进去，最好在某个部分（通常为预测部分）对其再做扼要叙述——即使只是要求读者参看详细介绍也应在此有所提示。

（3）假设

该计划还应包括编制财务报表时所做的重要假设。这些假设将有助于读者了解你是如何得出结论的，在需要做出调整以考虑经济条件和市场状况的变化时，它也能起到一定的作用。对企业起重要作用的具体财务假设将取决于公司的活动范围以及与公司有关的特定经济风险。

对于消费品类的公司而言,其所包括的某些财务假设内容:国家和地方所得税、薪津税、雇员福利、应收账款、坏账准备、销售与营销费用等。

3. 营业预算

商业计划是对打算如何经营公司进行全面的概括。海外市场的推广,根据项目运行的两个阶段需要准备两类预算。第一类为启动阶段的预算,第二类则为业务启动并开始运营后属于经营阶段的预算。

(1) 启动

对于这一类预算,应该描述将采取什么措施来对公司进行组织。在这一阶段,会有很多一次性费用的发生,如设备和场地,还会有保证金和预付定金。处于这一阶段中,公司在购置设备、场地配备、人员配备之后,还需要经过一段时间才能将产品推向市场,所以该阶段还应包括预算。

启动预算中应包括的一些项目有:占用率,执照和许可证,设备,原材料与供应,库存,折旧,人员,包括工资、福利、培训和教育,法律、会计以及其他方面的专业费用,保险,营销、广告和促销,佣金,水电煤气等费用,税收。

在编写计划书时,确保已经将这一期间内企业的所有收入包括进去。另外,可考虑进行小规模的启动。很多企业在业务全面开始前,往往通过小项目来"探路"。

(2) 经营

经营预算的期限从公司开业起算,主要包括成本投入、营运收入以及如何弥补支出和收入之间的差额。如果在头几个月或头几个季度中,经营出现赤字,那么应该说明弥补亏损的资金来源。

经营期间的有些内容和启动预算的内容相同,但涉及的活动会有所不同。这一阶段的重点已从启动转变为运营。其中有些项目如下:占用率,执照和许可证,设备,原材料与供应,库存,折旧,人员,包括工资、福利、培训和教育,法律、会计以及其他方面的专业费用,保险,营销、广告和促销,佣金,水电煤气等费用,偿债,税收。

这一阶段的很多数据将低于启动阶段的预算。因为在启动阶段,公司要建设基础设施和赢得知名度,所以新设备和广告费用很可能要高一些。

当然,计划还应包括销售预测的内容。销售预测会有很多方法,其中包括:每次访问顾客所带来的平均销售额,每个销售人员的平均销售额，竞争者的平均销售额，行业标准。

接着，计算售货成本。这些与收益表中计算的内容相同。在计算可变成本和不变成本时，需要考虑不同时间的变化。另外，还应对通货膨胀、利率、生产率以及市场增长方面的变化进行调整。

二、国际商业计划书编制的保密协议和封面制作

（一）保密协议

商业计划书中的信息是公司的商业秘密。这些信息包括：产品或服务的研发记录、备忘录和报告，营销手段，消费者和客户名单，全球扩展计划，合同协议以及其他公众不能轻易获取的类似信息。

在商业合作的前提下，有时需要向你的合作伙伴公开其业务活动方面的秘密信息。在这种情况下，有必要与合作伙伴签订一份"保密协议"。但是，企业却不希望因为一份"详尽的"保密协议条款而在谈判中陷入困境。在这种情况下，公司应该向接受方提供一份"简略"的保密协议，其中包括保护公司权利所必要的所有基本问题。保密协议可包括以下条款：保密信息的界定、接受方对信息进行保密，并在要求的情况下，将保密信息退回公司的义务等。如果有迹象表明在首次公开后，将会有大量保密信息被公开，那么，可能就需要新签一份"详尽的"决议，新协议应该包含根据"简略"协议所公开的信息。

计划人员应该牢记以前的告诫：有些读者可能不愿意签署此类文件，在跨越边境的情况下可能存在是否能依法实施保密协议的问题。应该注意在跨越边境的情况下，保密协议可能无效或起不了太大的作用。另外，有关法律可能是国家的行政部门而不是国家本身制定的。所以，需要对协议进行修改以便将涵盖国家、州、省的有关法律。

保密协议的主要条款如下所示。

1. 保密信息的定义

首先给出"保密信息"定义的产品类型、具有专有性或保密性的与业务有关的口头信息或书面信息。

2. 例外条款

这里列出接受方将对第三方不承担责任的方面。（1）已经普遍为公众所知或已经提供给了公众的信息；（2）接受方已经知道的信息；（3）接受方在公司将此类信息向其公开之前从公司之外的其他来源知道的或

获得的信息；（4）已经向那些正式受雇于接受方的人员公开的信息；（5）已经由接受方无权获得保密信息的人员独立开发的信息；（6）在书面声明所提供信息的公开不受限制的情况下，已经提供给接受方的信息；（7）由公司书面授权同意发布或使用的信息等。

3. 接受方的义务

接受方的义务有：（1）对秘密信息绝对保密，不将此种信息透露给任何第三方；（2）采取合理措施，防止未经授权就公开保密信息；（3）不复印或使用任何口头或书面的资料；（4）不将任何保密信息用于业务目的之外的其他目的。

4. 可选方案

接受方义务的详细陈述。

5. 必要的公开

在有关法律要求公开并且公开程度仅限于有关法律要求的情况下，接受方可以公开保密信息。但接受方应通过保护性指令或保密性处理请求采取合理的措施来限制信息的公开，并在信息被公开之前让公司有合理的机会对公开情况进行审查和对此种公开表示反对。

6. 保密信息的退回

一经请求，接受方将退回所有由公司提供的书面材料、图片和所有其他文件，以及这些材料、图片和文件的所有副本和复印件。

7. 合法权利的保留

公司保留专利法和其他法律赋予它的所有权利和补救措施，包括但不限于旨在保护专有信息或保密信息的任何法律。

8. 禁止令救济

接受方承认未经授权就使用或公开保密信息将会给公司带来不可挽回的损失。因此，接受方同意公司有权立即禁止任何违反或将要违反本协议的行为，并有权就此种违反行为寻求法律上的或衡平法上的所有其他权利和补救措施。

9. 协议期限

本协议适用于公司向接受方透露的所有保密信息，其有效期从开始生效到该日期后的若干个月。

10. 整个协议

本协议对整个协议以及各方之间所达成的谅解作出规定，并融合了各方先前就保密信息所进行的所有讨论。

11. 适用法律

本协议将适用××国家针对那些完全在××国家内达成或履行的合同所采用的××国家法。

12. 继承与转让

本协议将对协议各方、各方继承人、管理人、执行人、接任人和受让人有效并具有约束力。

(二) 封面制作

封面应提出商业计划书所包含的信息保密问题。计划书中应包括一份声明或说明,内容有:(1) 计划书中的信息为公司财产;(2) 计划书中的信息为保密信息,为公司所有;(3) 严禁复制;(4) 未经公司书面同意,计划书或其中内容不得泄露;(5) 如果要求,应将计划书退还公司。

当计划书在世界范围内流传时,保密信息和免责条款要用当地的语言提出。

商业计划封面示例如下:

机密专有

份数:

接受方:

公司名称:

公司地址:

商业计划日期:

本商业计划书内的信息属于机密,由以上列明、并由公司转给的人员使用。事先未经公司的书面同意,不得全部或部分复制本计划或泄露计划的任何内容。使用本计划的其他限制性规定请参见计划书里面的内容。

● 相关链接

商业计划书样本

下列商业计划的内页封面,有必要将有关信息在此标明。需要再加上一个封面,封面用纸的纸质要坚硬耐磨,尽量使用彩色纸张,这样可以使文件外观更具吸引力,但颜色不要过于耀眼。另外,还可以使用透明胶片作封面。

［公司或项目名称］

商业计划书

［出版时间： 年 月］

［制定联系人］

［职务］

［电话号码］

［传真机号码］

［电子邮件］

［地址］

［国家、城市］

［邮政编码］

［网址］

保密协议

本商业计划书属于商业机密，所有权属于［公司或项目名称］。其所涉及的内容和资料仅限于已签署投资意向书的投资者使用。收到本计划书后，收件人应即刻确认，并遵守以下的规定：

（1）若收件人不希望涉足本计划书所述项目，请按上述地址尽快将本计划书完整退回；

（2）在没有取得［公司或项目名］的书面同意前，收件人不得将本计划书全部和/或部分予以复制、传递给他人、影印、泄露或散布给他人；

（3）应该以对待贵公司的机密资料一样的态度对待本计划书所提供的所有机密资料。

本商业计划书不可用作销售报价使用，也不可用作购买时的报价使用。

商业计划编号： 收方：

公司： 签字：

日期：

(三) 目录和概要

1. 目录

商业计划书要编写目录。目录要包含所有的章节名称,还要有一些重要具体的信息,如定价、竞争者和知识产权等。

目录中要将关键主题列入计划书的小标题中,目录要简明扼要,以一页为宜,用缩进形式表现不同的主题和副主题。

非常重要的一点是目录中千万不能出现错误。

2. 概要

概要是计划书中最重要的部分。概要的编写可以留到计划书大部分或全部完成后编写,也可以先写一个纲要,在计划书完成后进行修改完善。

概要的开头应简明扼要地告诉读者为什么编写该计划书,强调计划书的重要性。概要应让读者在1~2分钟的时间内掌握有需要了解问题的基本信息。

概要的编写根据读者的不同,侧重点会有所不同。

(1) 对于投资者要突出那些被认为对投资很重要的特点。

(2) 对于董事会成员应说明为什么公司决定投资某一特定项目。

(3) 对于外商合资企业应简明阐述对公司现有产品、服务或资源进行开发的目标市场和机会,与预期合作伙伴有关的优势、需要的投资额及预期的回报。

编写风格,体现3C原则,即清晰(Clear)、简明(Concise)和引人入胜(Compelling)。概要的篇幅不要太长,两页为宜,一页亦可。

(四) 远景目标与使命声明

1. 远景目标

远景是一种远期目标,是对公司未来理想的简明陈述。

2. 使命声明

使命比远景目标更直接,更易于实现。它提出了公司在可预见的将来希望达到的目标。这些声明充满激情与灵感,是一种激励手段,要求言简意赅。

远景目标与使命声明是企业文化的一部分,它不仅要体现在计划书中,也应该张贴在公司的墙上,印在公司的宣传手册和报告中。

● 相关链接

国际商业计划书目录样式

第一章 摘要	3
第二章 公司介绍	5
一、宗旨（任务）	5
二、公司简介	5
三、公司战略	6
1. 产品/服务 A：	7
2. 产品/服务 B：	8
3. 客户合同的开发、培训及咨询等业务：	8
四、技术	8
1. 专利技术	8
2. 相关技术的使用情况（技术间的关系）：	8
五、价值评估	9
六、公司管理	9
1. 管理队伍状况	9
2. 外部支持	10
3. 董事会	10
七、组织、协作及对外关系：	10
八、知识产权策略	11
九、场地与设施	12
十、风险	13
第三章 市场分析	14
一、市场介绍	14
二、目标市场	15
三、顾客的购买准则	16
四、销售策略	17
五、市场渗透和销售量	17
第四章 竞争性分析	18
一、竞争者	18
二、竞争策略或消除壁垒	19
1. 竞争者 A：	19
2. 竞争者 B：	19
第五章 产品与服务	20
一、产品品种规划	20

二、研究与开发 ………………………………………………… 21
　　三、未来产品和服务规划 ……………………………………… 21
　　四、生产与储运 ………………………………………………… 21
　　五、包装 ………………………………………………………… 22
　　六、实施阶段 …………………………………………………… 23
　　七、服务与支持 ………………………………………………… 23

第六章　市场与销售 …………………………………………… 23
　　一、市场计划 …………………………………………………… 23
　　二、销售策略 …………………………………………………… 24
　　　　1. 实时销售方法 ……………………………………………… 24
　　　　2. 产品定位 …………………………………………………… 24
　　三、销售渠道与伙伴 …………………………………………… 24
　　四、销售周期： ………………………………………………… 26
　　五、定价策略 …………………………………………………… 27
　　　　1. 产品/服务 A： …………………………………………… 27
　　　　2. 产品/服务 B： …………………………………………… 28
　　六、市场联络 …………………………………………………… 28
　　　　1. 贸易展销会 ………………………………………………… 28
　　　　2. 广告宣传 …………………………………………………… 29
　　　　3. 新闻发布会 ………………………………………………… 29
　　　　4. 年度会议/学术讨论会 …………………………………… 29
　　　　5. 国际互联网促销 …………………………………………… 29
　　　　6. 其他促销因素 ……………………………………………… 29
　　　　7. 贸易刊物、文章报导 ……………………………………… 30
　　　　8. 直接邮寄 …………………………………………………… 30
　　七、社会认证 …………………………………………………… 30

第七章　财务计划 ………………………………………………… 31
　　一、财务汇总 …………………………………………………… 31
　　二、财务年度报表 ……………………………………………… 32
　　三、资金需求 …………………………………………………… 33
　　四、收益表 ……………………………………………………… 34
　　五、资产负债预计表 …………………………………………… 35
　　六、现金流量表 ………………………………………………… 36

第八章　附录 ……………………………………………………… 37
　　一、（公司或项目）的背景与机构设置： …………………… 37
　　二、市场背景： ………………………………………………… 37

三、管理层人员简历 …………………………………… 38
四、行业关系 …………………………………………… 38
五、竞争对手的文件资料： ……………………………… 38
六、公司现状 …………………………………………… 38
七、顾客名单 …………………………………………… 39
八、新闻剪报与发行物： ………………………………… 39
九、市场营销 …………………………………………… 39
十、专门术语 …………………………………………… 39
第九章　图表 …………………………………………………… 40

第七章

出口商品技术指南

> 加入世贸组织以来，我国有 2/3 的出口企业遭遇国外技术性贸易壁垒，有 2/5 的出口产品受到不同程度的影响，每年我国受技术贸易壁垒所造成的贸易损失达到 200 亿美元左右。
>
> 商务部 2005 年 5 月在北京发布首批 10 项《出口商品技术指南》，帮助国内企业了解国外技术标准，更好地应对技术性贸易壁垒。
>
> 到 2016 年 12 月出口技术指南已有 80 项，其中食品土畜 20 项，纺织服装 8 项，轻工工艺 14 项，五矿化工 6 项，机械电子 27 项，医疗保健品 2 项，综合类 3 项。

第一节 出口商品技术指南推出的背景

随着世界经济一体化进程的加快,传统贸易壁垒手段被逐步弱化或取消,反倾销和技术性贸易壁垒被频繁使用。发达国家利用技术优势,以维护国家或地区整体安全、保障人类或动植物安全和保护环境等理由,不断采取技术法规、标准、认证、专利等手段,提高市场技术门槛,对中国大批出口产品形成贸易壁垒。目前,技术性贸易壁垒已经超过反倾销,成为制约我国外贸出口的主要障碍之一。技术性贸易壁垒对于我国的产品出口,对国民经济发展,甚至国家经济安全都产生了一定的影响,必须予以高度关注。

一、技术性贸易壁垒的概念

(一) 技术性贸易壁垒的定义

技术性贸易壁垒(Technical Barriers to Trade,以下简称TBT),是指一国或区域组织以维护其基本安全、保障人类及动植物的生命及健康和安全、保护环境、防止欺诈行为、保证产品质量等为由而采取的一些强制性或自愿性的技术性措施。这些措施对其他国家或区域组织的商品、服务和投资进入该国或该区域市场将造成影响。TBT有狭义和广义之分。狭义的TBT主要是指WTO"TBT协议"规定的技术法规、标准和合格评定程序。广义的TBT还包括动植物及其产品的检验和检疫措施(SPS)、包装和标签及标志要求、绿色壁垒、信息技术壁垒等。技术性贸易壁垒是非关税壁垒的重要组成部分。

(二) 技术性贸易壁垒产生的背景及其主要特点

技术性贸易壁垒的产生有其深刻的社会和技术背景。随着经济的发展,产品质量问题越来越受到重视。为了保证和审核产品质量,各国都制定了许多技术标准,建立了产品质量认证制度,进而扩展到安全认证。另外,各国在强调发展经济的同时,却对环境保护重视不够,导致生态环境不断恶化,人类的健康和生存受到威胁。为了保护生态环境,各国纷纷采取技术性措施。这些措施的实施对贸易的发展造成了重要影响。

由于技术和经济发展水平不同,各国制定和实施TBT的差别亦很大。随着多边贸易谈判的推进,关税壁垒不断削减,非关税壁垒的作用日益增大。许多国家尤其是发达国家凭借其较高的技术和经济水平,利用WTO的规则,维护其本国利益,制定各种技术性贸易措施,客观上形成不合理的贸易壁垒。它的主要特点是:合理性、隐蔽性、扩散性、专业性、长期性、复杂性、动态性等。

二、技术性贸易壁垒的评判标准

(一)标准的定义

根据我国标准化管理机构的定义,标准指在一定范围内为形成最佳秩序,获得最大效益,针对其活动或结果,经协商一致制定并经公认机构批准的,用于共同或重复使用的规则、导则及特性的文件。

根据WTO"技术性贸易壁垒协定"(简称"TBT协定"),标准指经公认机构批准的,规定非强制执行的,供通用或重复使用的产品或相关工艺和生产方法的规则、指南或特性的文件。该文件可以包括或专门用于规定产品、工艺或生产方法的专门术语、符号、包装、标识或标签要求。

(二)标准的分类

按适用范围或审批权限,标准可分为国际标准、区域标准、国家标准、团体标准、行业标准、地方标准和企业标准。我国标准分为国家标准、行业标准、地方标准和企业标准。

按内容属性,标准可分为技术标准、管理标准和工作标准。其中技术标准主要包括:基础标准、产品标准、方法标准和安全、卫生与环保标准。管理标准主要包括:生产管理、技术管理、经营管理和劳动组织管理等标准。工作标准主要包括:作业方法、设计程序、工艺流程等标准。

按作用的对象,标准可分为材料标准、零部件(半成品)标准、工艺和工装标准、设计维修标准、产品标准、检验与实验方法标准等。

此外,我国还按约束性将标准分为强制性标准和推荐性标准。这是我国的特殊划分法,欧美日等国家和地区标准都是自愿性(推荐性)的。

(三)各国技术法规和标准的差异对国际贸易造成的障碍

一方面,技术法规和标准对市场和贸易起到了规范和促进作用;另一方面,各国在技术法规和标准上的差异也对国际贸易造成了一定程度的障碍。

近年来，经济学界对技术法规和标准对国际贸易造成的障碍进行了模型化评估（这些模型包括规则保护模型、供给变化模型和需求变化模型等）。尽管各个分析模型很难精确地量化技术法规和标准的差异对国际贸易造成的障碍，最显而易见、最主要的障碍是出口国出口商和生产商因遵守进口国的技术法规和标准而导致的产品成本升高。

由于技术法规是强制性遵守的，进口产品如果不符合进口国技术法规的相关要求，将不能进入进口国市场。标准虽然是自愿遵守的，但是，如果进口产品不符合该国相关标准的规定，其竞争力和市场份额将受到非常不利的影响。所以，要使进口产品合法进入进口国市场并且在该国市场上占有一席之地，出口国生产商、出口商须使该产品符合进口国相关的技术法规和标准的要求。由此产生的成本主要包括以下两个方面。

（1）一次性发生的产品重新设计以及建立相应管理体系的成本。

（2）重复发生的维持产品质量监控的成本，以及确定是否符合进口国的技术法规和标准的检验、鉴定的成本。

换句话说，上述成本一类是因采取相应措施以使进口产品符合进口国的技术法规和标准而产生的成本；另一类是评定进口产品是否符合技术法规和标准而产生的成本，也即合格评定的成本。

由此，出口国和出口国生产商面临着两种选择：（1）花费巨额成本建立面向国际市场的生产平台，在此基础上经过轻微调整就能符合特定出口市场的技术要求。（2）建立面向国内市场的生产平台，在此基础上耗费很大成本做相应调整以符合出口市场的技术要求。前一个策略经常为发达国家以及实力雄厚的大公司所采用。发展中国家和小公司由于资金、技术等掣肘因素不得不选择后者。这就使发达国家和发展中国家的产品之间，大公司和小公司的产品之间存在着不同的竞争力。

上述成本在很大程度上抬高了进口产品进入进口国市场的门槛，削弱了进口产品的市场竞争力，甚至使外国生产商或者出口商因为成本的提高、利润的降低而不愿进出口。

为了减少因技术法规、标准以及合格评定程序的差异给国际贸易造成的障碍，各国以及区域性经济合作组织纷纷制定同一技术法规和标准（Harmonization）或者互相承认协议（MRA, Mutual Recognition Agreement）的双边或者区域性的协定。作为目前世界上最大的区域经济合作组织，亚太经济合作组织（APEC）内部已经达成在玩具安全方面交换信息、对食品产品的合格评定、有关电信设备以及电力设备的互相承认协议。欧盟也达成了若干双边的互相承认协议,其中包括欧盟委员会和其贸易伙伴达成的四个相互承认协议。

尽管同一技术法规和标准以及互相承认协议对国际贸易起到了积极的促进作用,如果缺乏相关的国际准则,仍有可能仅仅是为了保护本国产业而制定技术法规和标准的情况,尤其是在关税壁垒逐步消除的背景下。为了避免技术法规、标准以及合格评定程序的制定、采用和实施不给国际贸易造成不必要的障碍,关税与贸易总协定以及随后的世界贸易组织在规范技术法规、标准与合格评定程序的制定、采用及实施等方面开展了一系列的谈判并且达成了相关的技术性贸易壁垒协议。

1947年的关贸总协定(GATT)仅在第三条、第十一条和第二十条概括性地提及了技术法规和标准。随后,为评估非关税壁垒对国际贸易造成的影响而成立的GATT工作组研究认为,技术性壁垒是出口商面临的最大的非关税壁垒。在1979年东京回合谈判中,32个缔约方签署了技术性贸易壁垒的多边协定,该协定对所有缔约方开放,是自愿签署的。1994年乌拉圭回合议定的技术性贸易壁垒协议是WTO"一揽子"协议中必不可少的组成部分,明确规定了为使技术法规、标准以及合格评定程序不给国际贸易造成不必要的障碍,各缔约方应有所为以及所不应为。不为应所为,为所不应为,都可能给国际贸易造成不必要的障碍。

一般说来,各国实施技术性贸易壁垒都是极其隐蔽的。相关技术法规、标准和合格评定程序的制定,都披着合法的外衣,有着冠冕堂皇的理由,但在本质上仅仅是为了达到保护国内产业的目的。它们或者基于技术性贸易壁垒协议中规定的正当目标,或者援引技术性贸易壁垒协议的相关例外规定。因此,如何判断一国在制定、批准和实施技术法规、标准和合格评定程序时的相关措施构成了技术性贸易壁垒,是问题的关键。

(四)我国出口企业应对外国技术性贸易壁垒的对策

目前,我国许多出口商品处于这种情况:从事出口的企业是百家整装,千家配套;出口目标是百个市场,千种需求;产品规格是百个型号,千项专利;技术门槛是百部标准,千条指标。但是,真正属于自己的主导标准、核心技术、自主品牌却没有形成。因此,在传统增长方式下由于缺乏对国际技术规则的把握，此类产业的国际发展空间几近触顶。

面临日趋严重的技术性贸易壁垒，我国作为发展中国家，不能仅仅因为达不到进口国市场较高的技术法规、标准的要求，而主张说进口成员方设定技术性贸易壁垒。我们应采取积极的应对措施。一方面，广泛收集不断变化的进口国市场的相关技术法规、标准以及合格评定程序的相关信息，提高出口产品的品质，使之符合进口国市场相关技术法规、标准的要求；另一方面，如果出口企业认为进口成员方在制定、批准和实施相关技术性法规、标准以及合格评定程序的过程中的某些措施对我国出口产品造成了技术性贸易壁垒，或者存在歧视性待遇，要积极地采取贸易救济措施，维护自己的合法权益。

在国内救济方面，2002年9月23日，对外贸易经济合作部发布了《对外贸易壁垒调查暂行规则》，于2002年10月1日起实施。我国出口企业借助法律专家、技术专家、贸易专家等方面的力量，进行调查取证，必要时申请商务部对进口方实施的贸易壁垒措施进行立案调查。在国际救济方面，我国出口企业可以请求我国政府就进口成员方采取的措施与该成员方政府进行磋商，必要时启动世界贸易组织框架下的争端解决程序。

调查显示，2011年中国有35.2%的出口企业遭受到国外技术性贸易措施的影响，企业进行技术改造、检验等新增成本为259.6亿美元。因产品被国外扣留、销毁等直接损失达622.6亿美元。造成上述损失的主要原因为：企业对国外规定不了解，缺少有效的解决方案等。

我国的企业界要努力提高企业的综合实力，提高我国出口产品的技术含量。我们必须紧紧瞄准世界一流产品，经过我们的努力，跻身于一流强国的行列。作为建设服务型政府的一次新的尝试和加快转变我国外贸增长方式的重要工作，商务部将分期分批发布《出口商品技术指南》。

技术指南不仅为我国成千上万的中小型企业了解国际市场技术规则提供了切实的帮助，而且对于一些大型企业开拓新兴市场、潜在市场提供了公共支持。

从2005年起至2016年我国已经发布5批42项《出口商品技术指南》。

表 7-1　出口商品技术指南明细表

食品土畜			
食品污染物及农残限量	食品标签、添加剂限量	贝类和养殖虾	大蒜及其制品
输美农残	热带作物农残	葱及葱类制品	印尼果蔬
鲜冻鸡肉	水海产品	冻鱼片	冻猪肉
香菇	茶叶	输欧茶叶	绿茶
玉米	鳗鱼	蜂蜜	花卉
纺织服装			
棉及其混纺织物低甲醛	北美纺织品和服装	生丝电子检测	羊绒制品
儿童服装	羽绒服	针织品	绸缎
轻工工艺			
玩具-美国、加拿大	玩具-欧盟	玩具-日本	玩具
塑纺面箱包	皮革制品	建筑陶瓷	日用陶瓷
木制品	童车	灯具	鞋类
化妆品标签管理	电池		
五矿化工			
欧盟 REACH 法规	稀土新材料制品	染料及相关产品	铜管材
柠檬酸	铝型材		
机械电子			
欧盟新 WEEE 指令	欧盟生态设计指令	欧盟新 RoHS 指令	小型汽油机和柴油机
计算机及其附件	小型家用电器	汽车整车认证	紧固件产品
音视频产品	中小电机	印刷机械	工程机械
机械安全	低压电器	电器附件	数控机床
特种设备	电动工具	空调器	电冰箱
自行车	洗衣机	微波炉	真空吸尘器

续表

吸尘器	电能表	光伏电池	
医疗保健品			
出口药品注册	医疗器械		
综合类			
北美商品包装	日韩澳新包装	欧盟商品包装	

第二节 出口商品技术指南的主要内容

限于篇幅限制，我们无法将80项《出口商品技术指南》的详细内容进行介绍，我们仅对《欧盟商品包装》和《电动工具》进行介绍，其他内容可在商务部网站上进行下载。

一、出口商品技术指南——欧盟商品包装

（一）商品包装

目前颁布的有关商品包装的有三个技术指南，《欧盟商品包装》《北美地区商品包装》和《日本、韩国、澳大利亚、新西兰商品包装》。

（二）《欧盟商品包装》

至2016年年底欧盟有26个成员国（未包括2016年6月全民公投脱欧的英国）。他们是比利时、保加利亚、塞浦路斯、捷克、丹麦、德国、希腊、西班牙、爱沙尼亚、法国、匈牙利、爱尔兰、意大利、拉脱维亚、立陶宛、卢森堡、马耳他、荷兰、奥地利、波兰、葡萄牙、罗马尼亚、斯洛伐克、斯洛文尼亚、芬兰、瑞典。

包装工业的技术进步促进了商品经济的发展，为满足消费者日益增长的需求作出了重要贡献，然而，包装又需要消耗大量资源，产生大量废弃物，直接威胁生态环境。欧盟率全球之先，将主要研究方向转移到资源合理利用和避免环境污染的关键技术。在可持续发展的循环经济理论的推动下，确立了"从源头治理"和"向源头追溯"的指导方针，采取了多种形式的有效措施，目前，在欧盟包装废弃物的循环再生和回收利用技术日臻成熟，并且形成规模，不仅保护了环境，而且消除了包装工业的发展障碍，取得了可观的经济和社会效益。

《欧盟商品包装》大致内容如下所示。

第一章,包装市场,介绍欧盟包装市场概况及其特有的技术措施。市场概况按包装材料分类,描述欧盟市场总体概况和技术发展的趋势,包装技术措施介绍绿点标志,欧盟协调标准的国际化,玻璃包装容器。

第二章,欧盟(欧共体)包装技术法规,主要介绍和分析欧盟(欧共体)有关包装的技术法规。指令《包装和包装废弃物》94/62/EC 及其修正案是针对包装的技术法规,涉及所有的包装,应给予特殊关注。预包装产品的定量、标签和标志,属于包装的范畴,本章逐一介绍了这部分内容。关于食品和接触食品的材料和制品的一系列技术法规是本章介绍的重点。

第三章,协调标准与合格评定,介绍欧洲标准化委员会 CEN 根据指令 94/62/EC 确立的目标和规定的基本要求而制订的协调标准。本章附录采纳的一系列技术标准是实施指令 94/62/EC 的具体技术措施,同时也是合格评定(生产方符合声明)的技术依据。

第四章,出口欧盟商品包装通用技术要求,主要依据欧盟及其成员国的技术法规和协调标准推荐性地给出了出口欧盟商品包装的通用技术要求。预包装产品是本章关注的重点。

第五章,出口欧盟主要大类商品包装技术与方法,陈述出口欧盟主要大类商品的包装技术与方法,包括:机械设备、电器、仪表、五金工具类;服装、鞋帽和纺织品类;羽绒和动物皮毛类;玩具类;新鲜水果蔬菜和预包装食品。本章的附录给出了适用的技术法规或标准。

(三)《北美地区商品包装》

美国、加拿大和墨西哥是北美自由贸易协议签署国,泛称北美自由贸易区,此处表述为北美地区或目标国。包装在北美地区始终发挥着重要作用。

第一章,北美地区包装市场概况,简要介绍美国、加拿大和墨西哥的包装市场和发展趋势。

第二章,北美地区关于包装的法律,主要介绍北美地区目标国关于包装的法律。其内容是向国际社会(WTO 成员)公开其强制性要求、基本要求。基于对上述目标国法律的分析和研究,给出了适当的解读或建议。附录给出了美国、加拿大和墨西哥有关文件全文。

第三章,北美地区包装技术标准,主要介绍和分析美国的包装技术标准，包括美国材料试验学会（ASTM）标准和保险商实验室（UL）标准。其中有些标准已经由美国国家标准协会（ANSI）确认为美国国家标准。附件中收录的美国标准在国际贸易中有广泛的适用性。

第四章，出口北美地区商品包装通用要求，依据我国现行的技术标准与目标国的技术法规、法定国家标准、技术标准和包装技术文献的技术差异和技术差距提出了出口目标国商品包装的通用技术要求。商品包装的基本要求是本章的重点。

第五章，出口北美地区大类商品包装技术与方法，陈述出口北美地区大类商品的包装技术与方法，主要包括：水果蔬菜、机械设备、电器和仪表、五金工具类、纺织品、玩具、预包装食品和塑料制品。附录给出了适用的技术法规或标准。

（四）《日本、韩国、澳大利亚、新西兰商品包装》

本指南适用于出口日本、韩国、澳大利亚、新西兰的商品包装的设计、生产、检验、贸易和流通。出口其他国家和地区的商品包装可参考采用。本指南未涉及危险品包装。

本指南分析研究了目标国关于包装的法律、限制性要求、典型的技术标准和市场准入制度的技术内容及其关系和作用。预包装消费商品的包装和标签，分销包装的技术特点和关于运输包装的设计、商业规程和试验方法是本指南的重点内容。本指南共采纳日本包装法律和技术文献20项、韩国6项、澳大利亚1项，新西兰2项，还有1项关于冷冻食品卫生操作规范的国际标准。

本指南对目标国关于包装的法律和技术标准进行了概括和归纳，给出了通用技术要求，目的在于使企业清楚地了解和掌握进入目标国市场的商品包装应采取的技术对策，有效地规避经营风险。针对我国出口目标国产品的现状和潜在市场给出了按大类产品划分的技术与方法。在章的附录中推荐的技术法规和技术标准是有代表性的和适用的。

考虑到我国目前出口目标国商品包装应注意的问题，本指南给出了三十余条对法律和技术标准的解释和说明，三十余条措施、建议或解决方案，内容涉及水果蔬菜、机械设备、纺织品、玩具、食品、塑料制品等6类商品可供参考的符合目标国包装要求的技术与方法。

本指南参考的目标国包装法律文献和技术标准的颁布日期截止于2013年11月。

(五) 应用实例

【实例 7-1】 出口欧盟包装推荐使用的色彩和包装图案的使用示例

包装装潢和标签必须充分考虑欧盟成员国及其消费者的宗教信仰或某些禁忌。详见表 7-2 和表 7-3。

表 7-2 适用和忌用的颜色

国家	适用的颜色	忌用的颜色
法国	粉红色、蓝色、高雅灰色	墨绿
比利时	蓝色、粉红色	
德国	鲜明色彩	茶、红、深蓝及黑色
爱尔兰	绿色	红、白、蓝色组
西班牙	黑色	
意大利	绿色	
瑞典		蓝、黄色组
奥地利	绿色	
保加利亚	深绿	
荷兰	橙色、蓝色	
挪威	红、蓝、绿等鲜明色	
希腊	蓝白相间及鲜明色彩	

表 7-3 适用和忌用的图案

国家	适用的图案	忌用的图案
意大利	十字架	菊花
法国		核桃
瑞士		猫头鹰
捷克		红三角
匈牙利		黑猫

【实例 7-2】 欧盟五金工具类商品包装的运输包装、配送包装

出口五金工具类商品的包装容器主要有：木箱、瓦楞纸箱、钙塑瓦

楞箱等。通常采用集装箱运输。钙塑瓦楞箱可能因为进口国没有同类产品而被拒绝。目前存在的问题是产品及包装的档次有待于提高。实际上欧洲人并不认为五金件和小工具属于低价值商品。这方面，我国与欧洲人的观念存在较大差异。

小工具一般在超市的垂直展墙上悬挂销售，销售包装宜采用泡罩包装，便于展示。

五金件防锈可采用塑料袋包装，不涂抹传统的黏稠防锈油，而且考虑每件包装适宜的定量。

装箱时商品卡紧、固定于外包装箱内，以保证在运输、装卸过程中不会产生移动或碰撞。商品装箱如有空隙，可采用缓冲材料充填固定。

运输包装箱的外部尺寸适合集装箱运输，可采用 1100mm×1100mm、1200mm×1000mm 和 1200mm×800mm 的标准托盘，避免浪费运输空间。当产品较重，包装箱静载荷能力不足时，可考虑适当降低每个托盘的堆码层数，比如原来在 2200mm 的高度上用两个托盘，现改用三个，不必非增加包装箱的静载荷强度。同时，还可考虑在托盘的四个角上加护角支撑，与包装箱捆扎成一个单元。

【实例 7-3】服装、鞋帽和纺织品类商品的运输（配送）包装和销售包装

出口欧盟的服装、鞋帽和纺织品类包装均应符合指令 94/62/EC 及其修正案的要求，或按其协调标准进行评估。此外，应符合本指南第四章规定的适用的通则和基本要求。技术与方法可参照第四章的有关描述。应特别注意化学品的使用。包装材料和辅助材料应符合关于保障人身健康和卫生的要求，包装袋不使用偶氮染料。

1. 提示与建议

我国的服装、鞋帽和纺织品类出口量居全世界首位，对欧盟的出口也有很好的业绩。目前的主要问题在于提高产品及包装的质量和档次。

（1）销售包装的质量和档次应与产品（内装物）相适应。

（2）运输（配送）包装应防潮，并适合于标准托盘或集装箱尺寸，避免运输和储存空间的浪费。印刷适度。

2. 销售包装

包装设计需考虑销售方式和环境，自助式销售应能展示消费者最关注的特征，如在产品上设计可长期保留的商标和标签，并注明材质、尺

寸和型号等。包装首次打开，应有明显迹象。

3. 运输（配送）包装

采用纸箱时，按合同书表达每箱的型号（尺寸）。封箱带至少捆扎两道，不开提手孔。箱表面需印刷必要的商品信息，如名称、数量、型号（尺寸）、货号、生产商（销售商）名称、地址等，并且不被捆扎带遮挡。

高档服装可采用悬挂式运输，防止产品受压而产生皱褶。

【实例 7-4】玩具类包装

出口欧盟的玩具包装均应符合指令 94/62/EC 及其修正案的要求，或按其协调标准进行评估。此外，应符合本指南第四章规定的适用的通则和基本要求。技术与方法可参照第四章的有关描述。应特别注意化学品的使用。包装和标签应符合 88/378/EEC 的要求，不遗漏必要的警告和提示。包装材料和辅助材料应符合关于保障人身健康和卫生的要求。

1. 提示与建议

欧盟对玩具的包装和标签有严格的规定，我国的相关企业应给予高度重视。

纸盒及外包装纸箱上尽量不采用 U 型钉，尽量不采用高黏度胶带（特别是销售包装容易造成开封时撕掉标签的情况）。3 岁以下儿童使用的玩具包装材料不采用聚氯乙烯（防止吸吮）。

2. 销售包装

（1）销售包装应适合自助式销售。

（2）包装装潢应适度，标签内容明显、清晰，消费者需要了解的商品信息放在显要位置。

（3）印刷油墨过度使用不仅提高成本，还直接造成重金属浓度水平超标。以纸箱为例，回收造纸要大量施用脱墨剂，直接造成纸的品质下降，污水处理困难。

3. 标签

（1）玩具的 CE 标志以及名称和（或）商标和（或）标签、厂商或其全权代表、进口商的地址应显著清楚地并且牢固地被粘贴在玩具或其包装上。小玩具或小零件可在标签或说明书上给出详细说明。

（2）玩具上系挂的商标或文字不应与 CE 标志混淆。

（3）如果生产商的全权代表是共同体的进口商，其身份容易识别则可简写。

(4) 如玩具在一国上市，应当提供该国文字说明。

4. 玩具应注意的警告和提示

对于 36 个月以下的儿童，玩具有一定危险性，因此需要提出警示。例如"不适合 36 个月以下儿童使用"或者"不适合 3 岁以下儿童使用"。与此同时，提供简单的使用提示。这些也应表达在使用说明中，避免危险的发生。

5. 功能性玩具

功能性玩具及其包装应标有"警告：在家长的监督下使用"的提示语。这些玩具上还应标注使用指导以及注意事项，提醒使用者，如使用不当可能引发危险，还应注明玩具必须放在儿童不能触及的地方。

6. 玩具中含有危险物质或制品

在不损害共同体关于申请的条款基础上，对含有危险物质或制品的玩具包装，应当具有显示这些危险物质或制品毒性的警告。对于这类玩具，应加以详细地说明，并且提醒使用者注意以避免发生意外。提醒使用者使用不当可能引发的严重事故，并说明急救方法，还应注明玩具必须放在儿童不能触及的地方。

化学玩具在其包装上应标有："警告：对于儿童——，只有在成人监督下才能使用。"的提示语。

7. 适用于儿童轮滑和滑板

如果这些产品用于销售，应明确提醒消费者"警告：穿戴防护服装和用品"并且提醒使用者多加小心。避免摔倒或相撞而造成使用者或第三方的伤害，还可提供一些必要的提示以此推荐使用者穿戴防护器具。

8. 水下玩具

应该根据 CEN 采用的 EN/71 第一和二部分的内容提醒消费者"警告：只可在儿童允许水深并且在监护下使用。"

上述举例仅为不可缺少的内容提示，在贸易实践中，具体的标签内容应由进口商提供，或规定在合同书中。

【实例 7-5】北美地区商品包装上目标国及其消费者的偏爱或禁忌

北美地区商品包装上目标国及其消费者的偏爱或禁忌见表 7-4。

表 7-4　北美地区商品包装上目标国及其消费者的偏爱或禁忌

国家	适用的颜色或图案	忌用的颜色或图案
美国		大象
加拿大	枫叶	
墨西哥	红、白、绿色的组合	红、深蓝、绿色的组合
墨西哥	红、白、绿色的组合	红、深蓝、绿色的组合

【实例 7-6】日本、韩国、澳大利亚、新西兰商品包装上目标国及其消费者的偏爱或禁忌

日本、韩国、澳大利亚、新西兰商品包装上目标国及其消费者的偏爱或禁忌见表 7-5。

表 7-5　日本、韩国、澳大利亚、新西兰商品包装上目标国及其消费者的偏爱或禁忌

国家	适用的颜色或图案	忌用的颜色或图案
日本	白色、鲜蓝、浅蓝	黄色、绿色、荷花
韩国	枫叶	黑色或紫色
澳大利亚	红、白、绿色的组合	红、深蓝、绿色的组合
新西兰	蓝色	

二、出口商品技术指南——具体商品类（电动工具）

（一）电动工具技术指南

本指南的电动工具适用于出口电动工具，包括手持式、可移式、电池式和园林作业用电动工具。电动工具出口商品技术指南重点研究了欧盟、北美、日本、澳大利亚、新西兰、东南亚等 6 个主要出口目标市场，主要分析了欧盟关于协调各成员国用于某些电压（低电压）范围内的电气设备法律、欧盟关于使各成员国有关机械设备趋于一致指令、美国国家电气安全法规等国外技术法规 9 套，美国手持式电动工具安全系列标准、美国家用和类似用途的安全系列标准、美国携带式电动工具的安全、美国固定式电动工具的安全等国外标准 152 套，欧盟 CE 认证、美国 UL 认证等国外合格评定程序及其他市场准入条件 5 套。

指南总结了我国标准和技术法规在电磁兼容、电源电压和频率、振动和噪声等方面与国外标准和技术法规的 43 个方面的技术差异，为企业和行业提出了针对技术差异和目标市场的开拓等方面的 12 套解决方案。指南技术资料来源的截止时间为 2004 年 8 月。

（二）应用实例

【实例 7-7】 CE、GS 认证流程

CE 两个字母，是从法语"Communate Europpene"缩写而成，是欧洲共同体的意思。欧洲共同体后来演变成了欧洲联盟（简称"欧盟"）。

CE 标志是一种安全认证标志，被视为制造商打开并进入欧洲市场的护照。凡是贴有 CE 标志的产品均可在欧盟各成员国内销售，无须符合每个成员国的要求，从而实现了商品在欧盟成员国范围内的自由流通。

在欧盟市场 CE 标志属强制性认证标志，不论是欧盟内部企业生产的产品，还是其他国家生产的产品，要想在欧盟市场上自由流通，必须加贴 CE 标志，以表明产品符合欧盟"技术协调与标准化新方法"指令的基本要求。这是欧盟法律对产品提出的一种强制性要求。

近年来，在欧洲经济区（欧洲联盟、欧洲自由贸易协会成员国，瑞士除外）市场上销售的商品中，CE 标志的使用越来越多，CE 标志加贴的商品表示其符合安全、卫生、环保和消费者保护等一系列欧洲指令所要表达的要求。

在过去，欧盟国家对进口和销售的产品要求各异，根据一国标准制造的商品到别国极可能不能上市，作为消除贸易壁垒的努力的一部分，CE 应运而生。因此，CE 代表欧洲统一（CONFORMITE EUROPEENNE）。事实上，CE 还是欧盟许多国家语种中的"欧盟"这一词组的缩写，原来用英语词组 EUROPEAN COMMUNITY 缩写为 EC，后因欧盟在法文是 COMMUNATE EUROPEIA，意大利文为 COMUNITA EUROPEA，葡萄牙文为 COMUNIDADE EUROPEIA，西班牙文为 COMUNIDADE EUROPE 等，故改 EC 为 CE。当然，也不妨把 CE 视为 CONFORMITY WITH EUROPEAN（DEMAND）（符合欧洲（要求））。

加贴 CE 标志的产品符合有关欧洲指令规定的主要要求（Essential Requirements），表明该产品已通过了相应的合格评定程序和/或制造商的合格声明，真正成为产品被允许进入欧盟市场。按照指令，要求加贴 CE 标志的工业产品没有 CE 标志，不得上市销售；已加贴 CE 标志进入市场产品的，发现不符合安全要求的，要责令从市场收回，持续违反 CE 标志规定的，将被限制或禁止进入欧盟市场或被迫退出市场。

如果某一个产品（如电动工具、家用电器）需符合多个 EEC 或 EC 指令，且同样需要提供 CE 合格标记，此时的 CE 标记表示该产品同时符合多个指令。

综上所述，CE 认证是一种政府行为，是强制性的，并涉及法律责任，是市场准入的必须。

GS 的含义是德语"Geprufte Sicherheit"（安全性已认证），也有"Germany Safety"（德国安全）的意思。GS 认证以德国产品安全法（SGS）为依据，按照欧盟统一标准 EN 或德国工业标准 DIN 进行检测的一种自愿性认证，是欧洲市场公认的德国安全认证标志。

GS 标志表示该产品的使用安全性已经通过公信力的独立机构的测试。GS 标志虽然不是法律强制要求，但是它确实能在产品发生故障而造成意外事故时，使制造商受到严格的德国（欧洲）产品安全法的约束。所以 GS 标志是强有力的市场工具，能增强顾客的信心及购买欲望。虽然 GS 是德国标准，但欧洲绝大多数国家都认同。满足 GS 认证的同时，产品也会满足欧盟的 CE 标志的要求。和 CE 不一样，GS 标志并无法律强制要求，但由于安全意识已深入普通消费者，一个有 GS 标志的电器在市场可能会较一般产品有更大的竞争力。

CE、GS 认证流程，如图 7-1 所示。

【实例 7-8】美国 UL 申请产品认证的典型步骤

美国电气安全标准由美国保险商实验室有限公司（UL）制定，作为进入美国市场安全认证的技术标准，电动工具的安全标准有：

（1）UL745 携带式电动工具的安全；

（2）UL987 固定式电动工具的安全。

虽然美国向国际承诺在世界贸易中采用国际标准，但在电动工具的安全标准仍坚持以 UL745 和 UL987 标准，作为市场准入的技术标准。不仅反映了美国在电动工具的国际贸易中设置的技术壁垒，而且维护着标准的制定者和实施者美国保险商实验室有限公司（UL）的商业利益。

美国 UL 申请产品认证的典型步骤，如图 7-2 所示：

图 7-1 CE、GS 认证流程

图 7-2　美国 UL 申请产品认证的典型步骤

第八章

加工贸易

据海关统计,2017年1月,我国进出口总值2.18万亿元人民币,比去年同期(下同)增长19.6%。其中出口1.27万亿元,增长15.9%;进口9111.7亿元,增长25.2%;贸易顺差3545.3亿元,收窄2.7%。

1月份,我国一般贸易进出口1.25万亿元,增长19.9%,占外贸总值的57.3%,较去年同期上升0.1个百分点。其中出口7084.8亿元,增长12.7%,占出口总值的56%;进口5387.7亿元,增长30.8%,占进口总值的59.1%;一般贸易项下顺差1697.1亿元,收窄21.7%。同期,我国加工贸易进出口5861.3亿元,增长11.6%,占外贸总值的26.9%,比去年同期回落1.9个百分点。其中出口3908.2亿元,增长14.6%,占出口总值的30.9%;进口1953.1亿元,增长5.9%,占进口总值的21.4%;加工贸易项下顺差1955.1亿元,扩大24.8%。

此外,我国以海关特殊监管方式进出口2344亿元,增长33.4%,占外贸总值的10.8%。其中出口737.7亿元,增长12.1%,占出口总值的5.8%;进口1606.3亿元,增长46.2%,占进口总值的17.6%。

第一节　加工贸易概述

一、加工贸易的概念

（一）加工贸易的概念

加工贸易是指从境外保税进口全部或部分原辅材料、零部件、元器件、包装物料（下称进口料件），经境内企业加工或装配后，将制成品复出口的经营活动，包括来料加工和进料加工。

（二）加工贸易货物的特征

1. 两头在外的特征

加工贸易最基本的特征是"两头在外"，即用以加工成品的全部或部分料件采购自境外，加工成品又销往境外的货物流向上的特征。

2. 加工增值的特征

加工增值是加工贸易得以发生的企业方面的根本动力。企业对外签订加工贸易合同的目的在于通过加工使进口料件增值，并从中赚取差价或工缴费。

3. 料件保税的特征

我国海关现行的法规规定海关对进口料件实施保税监管，即对进口料件实施海关监管下的暂缓缴纳各种进口税费的制度。料件的保税可以降低企业的运行成本，增强出口成本的竞争力。

二、加工贸易的常见类型

加工贸易的常见类型包括来料加工和进料加工。

来料加工是指进口料件由境外企业提供，经营企业不需要付汇进口，按照境外企业的要求进行加工或者装配，只收取加工费，制成品由境外企业销售的经营活动。

进料加工，是指进口料件由经营企业付汇进口，制成品由经营企业外销出口的经营活动。

三、加工贸易的术语

（1）加工贸易货物

加工贸易货物是指加工贸易项下的进口料件、加工成品以及加工过程中产生的边角料、残次品、副产品等。

（2）加工贸易企业

加工贸易企业包括经海关注册登记的经营企业和加工企业。

经营企业是指负责对外签订加工贸易进出口合同的各类进出口企业和外商投资企业，以及经批准获得来料加工经营许可的对外加工装配服务公司。

加工企业是指接受经营企业委托，负责对进口料件进行加工或者装配，且具有法人资格的生产企业，以及由经营企业设立的虽不具有法人资格，但实行相对独立核算并已经办理工商营业证（执照）的工厂。

（3）单位耗料量

单位耗料量是指加工贸易企业在正常生产条件下加工生产单位出口成品所耗用的进口料件的数量，简称单耗。

（4）深加工结转

深加工结转是指加工贸易企业将保税进口料件加工的产品转至另一加工贸易企业进一步加工后复出口的经营活动。

（5）承揽者

承揽者是指与经营企业签订加工合同，承接经营企业委托的外发加工业务的企业或者个人。

（6）外发加工

外发加工是指经营企业委托承揽者对加工贸易货物进行加工，在规定期限内将加工后的产品最终复出口的行为。

（7）核销

核销是指加工贸易经营企业加工复出口或者办理内销等海关手续后，凭规定单证向海关报核，海关按照规定进行核查以后办理解除监管手续的行为。

第二节　加工贸易的流程

加工贸易的流程有：（1）签订合同；（2）向商务主管部门或海关特殊监管区域管委会申请"加工贸易企业经营状况和生产能力证明"；（3）国税局备案批准证备案（来料加工除外）；（4）海关加工贸易合同备案、货物进出口报关、合同核销；（5）需要的话要设立加工贸易银行保证金台账。

涉及禁止或限制开展加工贸易商品的，企业应在取得商务部批准文件后到海关办理有关业务。

加工贸易的流程如图 8-1 所示。

图 8-1　加工贸易流程图

一、向商务主管部门或海关特殊监管区域管委会申请办理"加工贸易企业经营状况和生产能力证明"

开展加工贸易业务的企业，凭商务主管部门或海关特殊监管区域管委会出具的有效期内的"加工贸易企业经营状况和生产能力证明"到海关办理加工贸易手（账）册设立（变更）手续。海关不再验核相关许可证件，并按"加工贸易企业经营状况和生产能力证明"中列名的税目范围（即商品编码前4位）进行手册设立（变更）。涉及禁止或限制开展加工贸易商品的，企业应在取得商务部批准文件后到海关办理有关业务。

各级商务主管部门、海关特殊监管区域管委会要严格执行加工贸易企业经营状况和生产能力核查制度，为企业出具"加工贸易企业经营状况和生产能力证明"。加工贸易企业经营状况和生产能力证明如表8-1所示

表8-1 _____年度加工贸易企业经营状况及生产能力证明

企业类型：○经营企业 ○经营加工企业 ○加工企业

企业基本信息		
企业名称：		
统一社会信用代码：	进出口企业代码：	组织机构代码：
海关注册编码：	税务登记号：	外汇登记号：
开户银行及账号：		工商注册日期： 年 月 日
法人代表：	联系电话：	传真：
业务负责人：	职务：	手机：
业务联系人：	职务：	手机：
企业地址：		邮政编码：
企业性质（选中画"√"）：□1. 国有企业 □2. 外商投资企业 □3. 其他企业		
海关认定信用状况：□高级认证企业 □一般认证企业 □一般信用企业 □失信企业 （以填表时为准）		
行业分类：		
进口料件： 　　料件代码： 　　料件名称： 　　数量： 　　金额：		

续表

出口成品:				
成品代码:		成品名称:	数量:	金额:

人员信息	
企业就业人数:	其中从事加工贸易业务的人数:

资产情况				
外商投资企业填写（万美元）	注册资本:	累计实际投资总额/资产总额:		外商本年度拟投资额:
		实际投资来源地：（按投资额度或控股顺序填写前五位国别/地区及累计金额） 1. 2. 3. 4. 5.	累计实际投资额（截至填表时）： 1. 2. 3. 4. 5.	外商下年度拟投资额: 直接投资主体是否世界500强企业： □是　　□否
内资企业填写（万元人民币）	注册资本:	资产总额（截至填表时）：	净资产额（截至填表时）：	本年度拟投资额: 下年度拟投资额:

企业上年度经营情况：	
总产值（万元人民币）：	利润总额（万元人民币）：
纳税总额（万元人民币）：	工资总额（万元人民币）：
本企业采购国产料件额（万元人民币）：（不含深加工结转料件和出口后复进口的国产料件，单位万元）	
加工贸易出口额占企业销售收入总额比例%：	加工贸易转内销额（万美元）：	内销征税额（万元人民币含利息）：
深加工结转总额（万美元）：	转出额（万美元）：	转进额（万美元）：

续表

国内上游配套企业家数：		国内下游用户企业家数：	
通过有关部门管理认证情况			
通过环保验收文件号：		通过消防验收文件号：	
通过安全生产验收文件号：		缴纳社保回执号：	
外汇管理部门分类管理评级：□A □B □C □无		检验检疫部门分类管理评级：□AA类 □A类 □B类 □C类 □D类 □无	
企业生产能力			
厂房面积：（平方米） □自有 □租用	年生产能力： 产品名称： 产品代码： 单位： 数量：		
累计生产设备投资额（万美元）：（截至填表时）			
累计加工贸易进口不作价设备额（万美元）：（截至填表时）			
主要生产设备名称及数量：（最多5个）			
序号	设备名称	单位	数量	是否租赁
---	---	---	---	---

备注：		
录入人员：	录入日期：	审核部门：
企业承诺： 以上情况真实无讹并承担法律责任。	法人代表签字：	企业盖章： 年 月 日
商务主管部门意见：	审核人：	商务主管部门签章： 年 月 日

说明：1. 开展加工贸易业务的企业需登录 http://jmsaeccomcn/jmdc 填报，咨询电话：010－67870108；

2. 有关数据如无特殊说明均填写上年度数据；

3. 如无特别说明，金额最小单位为"万美元"和"万元人民币"；

4. 涉及数值、年月均填写阿拉伯数字；

5. 进口料件和出口商品指企业从事加工贸易业务所涉及的全部进口料件和出口商品；数量和金额指企业当年加工能力最大值；

6. 进出口额、深加工结转额以海关统计或实际发生额为准；

7. 此证明有效期至次年1月31日。

> **相关链接**

申办地图制品、音像制品、印刷品的加工贸易

(1) 以加工贸易方式生产出口地图制品、地球仪和其他附有地图的产品，企业须通过省级测绘部门向国家测绘局申请审核批准，并向其提供样品备案。

以加工贸易方式出口音像制品（录有内容的录音带、录像带、唱片、激光唱盘和激光视盘等）、印刷品（报纸、期刊、图书），企业须向省级新闻出版行政机关申请审核批准，并向其提供样品备案。

(2) 对出口产品涉及地图制品、地球仪和其他附有地图的加工贸易业务，审批机关根据国家测绘局的批准文件进行审批；对出口产品属于音像制品、印刷品的加工贸易业务，审批机关根据省级新闻出版的批准文件进行审批。

【实例8-1】 制作来料加工合同

已知资料：

  甲方：上海金茂国际商务有限公司

     SHANGHAI JINMAO INTERNATIONAL BUSINESS DEVELOPMENT CO, LTD

上海北京东路668号东楼26楼

FLOOR26, EAST TOWER NO668 BEIJING ROAD (E), SHANGHAI 200001 PRCHINA

  乙方：PRIME CORPRATION

44-6 YAYO CHOME, NAKANO-KU, TOKYO JAPAN

来料：数量128M

来料品名及规格 PILE FABRIC 100% POLYESTER

      140CM * 30M

      USD1132/M

包装 4CTNS

金额 <u>CIF SHANGHAI USD14490</u>

成品：

数量 180PCS

成品名称及规格 100% POLYESTER LADIES VEST

imitated furs
包装　　　　　　CARTON
单价　　　　　　FOB SHANGHAI USD450

来料装运期：2017 年 5 月 30 日

来料交付目的港：SHANGHAI

成品装运期：2017 年 8 月 30 日

成品装运目的口岸：TOKYO

付款方式：T/T

合同号码：IE04001001

日期：2017-2-2

合同样式如下

		正　本
		ORIGINAL

来料加工合同

CONTRACT

(for business of processing (Party B's) materials into finished products)

合同号码：
CONTRACT NO.：
IE04001001

日　期：
DATE：
FEB, 2 2017

甲方：
Party A:
上海金茂国际商务有限公司
SHANGHAI JINMAOINTERNATIONAL BUSINESS DEVELOPMENT CO., LTD.

乙方：
Party B:
上海北京东路 668 号东楼 26 楼
FLOOR26, EAST TOWER NO. 668 BEIJING ROAD (E), SHANGHAI 200001 P. R. CHINA

甲乙双方经过洽谈，达成来料加工下列商品的协议，现订立合同如下：

An agreement is reached on this date between Party A and Party B on the conclusion of the following business of processing Party B's materials into finished products according to the provisions of this contract：

（1）乙方向甲方负责提供下列原（辅）料，其运输、保险等费用均由乙方负担。

Materials (and finding, if any) to be supplied to Party A by Party B, at Party B's expense, freight and insurance also to be borne contract.

数量 QUANTITY	来料品名及规格 DESCRIPTION	包装 PACKING	金额（包括保险费及运费）AMOUNT (INSURANCE & FREIGHT INCLUDED)	
128M	PILE FABRIC 100% POLYESTER 140CM*30M USD1.132/M	4CTNS	CIF SHANGHAI	USD144.90
				TOTAL USD144.90

来料装运期 SHIPMENT: MAY., 30, 2017

来料交付目的港 DESTINATION (FOR MATERIALS): SHANGHAI CHINA BY SEA/AIR

（2）甲方向乙方提供下列商品：

Finished products to be supplied to Party B by Party A.

数量 QUANTITY	成品名及规格 DESCRIPTION	包装 PACKING	加工费 PROCESSING CHARGES	
			UNIT PRICE	AMOUNT
180PCS	100% POLYESTER LADIES VEST imitated furs	CARTON	FOB SHANGHAI USD4.50	FOB SHANGHAI USD810.00
				TOTAL: USD810.00
			TOTAL:	USD954.90

（3）付款条件 Terms of Payment: T/T

（4）保险和海运费 Insurance and Freight charge: 由乙方负责 To be covered by Party B

（5）成品装运时间 Time of Shipment (subject to materials for processing arriving at Shanghai not later than ___AUG, 30, 2017___)

（6）成品装运目的口岸 Destination (for finished products): TOKYO

（7）凡有关本合同或执行本合同发生争议，由双方友好协商解决。如协商不成，均应提交中国国际经济贸易仲裁委员会上海分会，按照该会的仲裁规则进行仲裁。仲裁裁决是终局的，对双方都有约束力。

All disputes arising from the execution of, or in connection with this Sales Confirmation, shall be settled amicably through friendly negotiation. Incase no settlement can be reached through negotiation, the case shall then be submitted to China International Economic and Trade Arbitration Commission, Shanghai Commission for arbitration in accordance with rules of Arbitration of China International Economic and Trade Arbitration Commission. The award made by the Commission should be accepted as final and binding upon both parties.

甲方 乙方
Party A Party B

二、加工贸易合同备案、变更、核销、深加工结转和异地加工

（一）加工贸易合同备案

1. 申请备案的条件

（1）加工贸易经营企业必须是具有进出口经营权的各类进出口企业和外商投资企业，以及经批准获得来料加工经营许可的对外加工装配服务公司；

（2）加工贸易加工企业必须是具有法人资格的生产企业，以及由经营企业设立的虽不具有法人资格，但实行相对独立核算并已经办理工商营业证（执照）的工厂；

（3）经营企业和加工企业必须已经在海关注册登记。

2. 申请备案时应提交的文件

（1）商务主管部门签发的有效的加工贸易企业经营状况和生产能力证明；

（2）国税部门备案证明（来料加工除外）；

（3）经营企业签订的加工贸易合同；

（4）经营企业委托加工的，应当提交经营企业与加工企业签订的委托加工合同；

（5）加工贸易进出口商品国家有限制性规定的，需提供对口主管部门的许可证件；

（6）加盖企业印章的空白加工贸易登记手册；

（7）"加工合同备案申请表"；

（8）"进口料件备案申请表"；

（9）"加工出口成品备案表"；

（10）"单耗备案申请表"；

（11）经预录入的"企业加工合同备案呈报表"；

（12）产品生产工艺流程；

(13) 为确定单耗和损耗率所需的资料;

(14) 从事异地加工贸易合同备案,还应提供经营企业主管海关签注意见的"中华人民共和国海关异地加工贸易申请表";

(15) 海关认为需要提交的其他证明文件和材料。

3. 备案办理程序

(1) 材料受理

申请人向海关递交材料。海关受理后进行初审。

(2) 海关审核

海关根据规定审核企业的加工贸易合同和各项资料是否符合国家和海关的有关规定。

(3) 设立台账

经海关审核通过的合同,需到中国银行设立银行保证金台账(AA类企业的所有合同,A、B类企业一万美元以下的合同除外)。

(4) 核发手册

按规定已设立银行保证金台账或不需设立台账的合同,由主管海关核发加工贸易登记手册,企业凭以办理加工贸易货物的进出口手续。

4. 办理时限

自出具"受理通知书"起5个工作日内。

5. "中华人民共和国海关加工贸易手册"的管理规定

为适应加工贸易新形势的发展需要,进一步规范加工贸易管理,简化企业办理加工贸易手续,决定从2006年1月1日起,启用"中华人民共和国海关加工贸易手册"(以下简称"加工贸易手册"),原"加工装配和中小型补偿贸易进出口货物登记手册""中华人民共和国海关进料加工登记手册"和"中华人民共和国海关对外商投资企业履行产品出口合同所需进口料件加工复出口登记手册"(上述三种,以下简称"登记手册")同时停止使用。2006年1月1日前已备案核发的"登记手册"可继续使用至核销完毕。

(二) 加工贸易合同变更

1. 申请合同变更的条件

(1) 经营企业和加工企业已取得海关核发的加工贸易登记手册;

(2) 经营企业已签订加工贸易变更合同;

(3) 合同的变更应在原合同的有效期内。

2. 申请变更时应提交的文件

(1) 经营企业签订的加工贸易变更合同;

(2) 海关核发的加工贸易登记手册;

(3) 合同变更申请书;

(4) "加工合同备案申请表" "进口料件备案申请表" "加工出口成品备案表" "单耗备案申请表" (填写变更部分);

(5) 经预录入的 "企业加工合同备案呈报表" (变更部分);

(6) 为确定变更后的单耗和损耗率所需的资料;

(7) 海关认为需要提交的其他证明文件和材料。

3. 办理程序

(1) 材料受理

申请人向海关递交材料。海关受理后进行初审。

(2) 海关审核

海关根据规定审核企业的加工贸易变更合同和各项资料是否符合国家和海关的有关规定。

(3) 变更台账

经海关审核通过的合同,需到中国银行设变更银行保证金台账(AA 类企业的所有合同,A、B 类企业变更后不超过一万美元的合同除外)。

(4) 核发手册

按规定已变更银行保证金台账或不需变更台账的合同,由主管海关核发变更后的加工贸易登记手册,企业凭以办理加工贸易货物的进出口手续。

4. 办理时限

自出具 "受理通知书" 起 20 个工作日内。

(三) 加工贸易手册核销

1. 申请条件

(1) 具有法人资格的加工贸易经营企业;

(2) 加工贸易合同项下的进口料件已加工复出口;

(3) 合同履约后的余料、边角料、成品、残次品、副产品已核算清楚,能向海关如实申报;

(4) 合同履约后的余料、边角料、成品、残次品、副产品等已办理了内销征税、退运、放弃或余料结转等手续;

(5) 在加工贸易手册项下最后一批成品出口或者加工贸易手册到期

之日起 30 日内提出；

（6）加工贸易合同因故提前终止的，应当自合同终止之日起 30 日内提出。

2. 申请时应提交的文件

（1）合同核销申请表；

（2）加工贸易登记手册，包括分册、续册；

（3）齐全、有效的进出口报关单（按"登记手册"的进出口记录顺序编列）；进出口报关单票数和相关内容应当与登记手册进出口登记栏的进出口记录一致；

（4）核销核算表；

（5）合同履约后的余料、边角料、成品、残次品、副产品等已办理过内销征税、放弃、销毁等手续的，应提供税单复印件等资料和证明文件；

（6）遗失进出口报关单的合同，提交报关单留存联、补发联，或加盖原报关地海关印章的报关单复印件；

（7）遗失"登记手册"的合同，应向海关提供遗失情况的书面说明。必要时提供手册遗失证明；

（8）其他海关需要的资料，如排料图、线路图、配方表等。

3. 办理程序

（1）报核受理

企业向海关递交核销所需要的各项文件。海关审核后受理。

（2）海关核销

海关对企业报核的合同审核，并出具台账核销联系单；企业凭海关开出的台账核销联系单到中国银行核销台账。

（3）核销结案

海关凭银行开出的台账核销通知书核发加工贸易合同结案通知书。

4 办理时限

自受理报核之日起 20 个工作日内。

（四）加工贸易深加工结转流程图

1. 加工贸易深加工结转流程图（见图 8-2）

图 8-2 加工贸易深加工结转流程图

2. 加工贸易深加工结转转出所需单证

(1) "中华人民共和国海关加工贸易保税货物深加工结转申请表"一式四联;

(2) 调出方的"登记手册";

(3) 转出、转入双方签订的购销合同或协议;

(4) 海关需要的其他单证。

3. 加工贸易深加工结转转入所需单证

(1) 转出地海关审批的"申请表";

(2) 转出、转入双方"登记手册";

(3) 转出、转入双方企业签订的购销合同或协议;

(4) 进口及出口货物报关单。

(五) 异地加工贸易流程图

1. 异地加工备案

(1) 本关区经营企业委托外关区企业加工

①递交单证

1) 经营单位所在地商务主管部门签发的"加工贸易企业经营状况和生产能力证明";

2) "中华人民共和国海关异地加工贸易申请表"如表 8-2 所示;

3）双方企业签订的符合海关监管规定的委托加工合同；

4）海关按规定需要收取的其他单证和材料；

表8-2　中华人民共和国海关异地加工贸易申请表

海关编号_____

中华人民共和国海关异地加工贸易申请表

_____海关：

　　我_____（公司、厂）需将加工贸易合同（合同号：_____）委托_____（公司、厂）进行加工，委托合同号：_____。我们保证遵守《海关法》及有关规定，如有违反，我们愿承担相应的法律责任。

主要进口料件名称	数量	价值	出口成品名称	数量	价值

经营单位：

地址：

电话：

企业法定代表人（签名）：

_____

_____年　月　日（盖章）

企业管理类别：

经营单位主管海关意见

_____

_____年　月　日（盖章）

　　1. 本申请表一式二联：第一联经营单位主管海关留存，第二联加工企业主管海关留存。2. 企业管理类别由海关填写。

　　示范文本：

海关编号_____×××

中华人民共和国海关异地加工贸易申请表（示范文本）

_____浦东_____海关：

我 __上海对外贸易公司__ 需将加工贸易合同（合同号：__×××__）委托__台州塑料公司__（公司、厂）进行加工，委托合同号：__×××__。我们保证遵守《海关法》及有关规定，如有违反，我们愿承担相应的法律责任。

主要进口料件名称	数量	价值	出口成品名称	数量	价值
塑料粒子	500公斤	15000USD	塑料桶	600公斤	20000USD

经营单位：上海对外贸易公司

地址：娄山关路225号

电话：68288888

企业法定代表人（签名）：张三

20××年×月×日（盖章）

企业管理类别：A

经营单位主管海关意见

年　月　日（盖章）

1. 本申请表一式二联：第一联经营单位主管海关留存，第二联加工企业主管海关留存。

2. 企业管理类别由海关填写。

②工作流程

　　接收单证 → 海关审核 → 办理异地加工贸易关封交经营单位

→ 经营单位或其加工企业将关封送交手册备案地海关登记备案。

③工作时限

比照合同备案各类情况所需时限办理。

（2）外关区经营企业委托本关区企业加工

①递交单证

1）经营单位主管海关加封的内有"加工贸易企业经营状况和生产能力证明"的关封；

2）双方企业签订的符合海关监管规定的委托加工合同；

3）海关按规定需要收取的其他单证和材料。

②工作流程、工作时限

比照合同备案各类情况所需时限办理。

第三节 纸质手册电子化管理

一、纸质手册电子化管理概述

（一）纸质手册电子化系统的定义

纸质手册电子化系统（也称"无纸化手册系统"）在加工贸易手册备案、通关和核销结案等环节采用电子手册取代纸质手册，并通过与其他部委的联网逐步取消其他纸质单证作业，实现纸质手册电子化，最终实现"电子申报、网上备案、无纸通关、无纸报核"。

企业通过该系统向海关申报前期备案、中期通关及后期报核等数据。海关对应进行前期备案审批、中期通关及后期报核等操作。

（二）纸质手册电子化系统的特点

（1）纸质手册电子申报。

通过系统实现手册电子数据向海关申报，无须打印纸质手册，避免企业多次去海关递单。

（2）使用备案资料库进行管理。

企业根据实际生产需要申报料件和成品的数据。企业后续申报通关手册备案时，系统可自动调出备案资料库中的数据并生成对应的表体数据，提高海关的监管力度，使企业内部的物料管理更加高效和严密。

（3）操作简单。

面向广大的中小型企业，无需申报归并关系，操作简单，易学好懂。

（4）严密的权限控制。

向经营单位、加工单位和代理报关企业提供物料、手册数据的不同操作权限，杜绝了企业商业信息数据的泄露，进一步明确了加工贸易业务各方的权责关系，减少了企业通关风险。

（5）异地报关。

企业在本地上载报关单数据，该企业或被授权企业可异地下载报关单数据后再申报。

(6) 数据导出功能

系统提供备案资料库、通关手册数据导出到 Excel 格式的功能,供企业对数据进行后续管理。

(7) 多种数据申报方式。

针对企业不同的内部物料管理方式及网络使用情况,系统为企业提供 3 种录入方式。

①手工录入:直接通过手工录入申报数据后向海关申报。

②半自动导入:企业从内部物料管理系统生成规定格式的申报数据后,通过本系统导入功能导入并向海关申报。

③全自动导入:企业从内部物料管理系统直接生成符合规定的数据向海关申报。

(三) 几种账册和手册的比较

几种账册和手册的比较如表 8-3 所示。

	加贸手册	电子账册	电子手册	无纸化手册
适用对象	加工贸易企业	符合海关总署加工贸易联网监管条件的企业	中小型加工贸易企业	中小型加工贸易企业
备案模式	非分段备案(直接申报手册数据)	分段备案(先申报经营范围备案数据,再申报电子账册备案数据)	根据海关要求选择分段备案(先申报合同备案数据,再申报通关备案数据),非分段备案(直接申报通关备案数据)	非分段备案(调用备案资料库的数据,直接申报通关备案数据)
管理对象	HS 编码级	科号级(实际货号)	HS 编码级或科号级	HS 编码级
归并关系	无需申报	需申报	选择是否申报	无需申报
报关清单	无需申报报关清单	需申报报关清单	HS 编码级电子手册无需申报报关清单;科号级电子手册需申报报关清单	无需申报报关清单
手册调度	纸质手册,通关时调度困难	电子账册,通关时无需调度	电子手册,通关时无需调度	电子手册,通关时无需调度

(四) 业务系统术语

1. 备案资料库

加工贸易企业的所有料件、成品的预归类信息,包含货号、商品编码、商品名称、计量单位,是否主料等数据。

2. 通关手册备案

企业向海关申报实际进口料件和实际出口成品及其真实单耗等数据。

3. 管理对象

经营单位和加工单位之一。管理对象企业可对非管理对象的企业进行授权。

4. 结案通知书

海关在处理了企业的报核申请,进行相关核算后,告知企业到海关办理手册结案手续的通知书。

5. 通知信息

海关在对手册进行管理的过程中随时会向企业发送通知信息。在通知信息界面下,用户可查看海关反馈的信息。

(五) 系统业务流程

系统业务流程如图 8-3 所示。

图 8-3 系统业务流程

(六) 系统主要功能

系统主要功能如图8-4所示。

图8-4　系统主要功能

(七) 进入"无纸化手册"子系统界面

在中国电子口岸通关系统中点击无纸化手册,进入"无纸化手册"子系统界面,如图8-5所示。

二、加工贸易权限管理

(一) 权限分类

加工贸易权限分类分成备案资料库授权类型和手册授权类型两种。

1. 备案资料库授权类型

(1) 备案资料库操作权。对备案资料库的备案和变更操作权。

（2）备案资料库调用权。操作员被授予备案资料库操作权后,进行通关手册备案时,可使用"备案资料"功能调用该备案资料库的料件和成品。

（3）备案资料库操作调用权。既有备案资料库操作权又有备案资料库调用权。

图8-5　进入"无纸化手册"子系统界面

2. 手册授权类型

（1）手册备案操作权。对通关手册进行通关备案、报核的申报和变更操作权。

（2）代理报关权。在录入报关单时通过电子手册备案号对电子手册数据的调用权和报关单的查询、修改、下载、上载及申报权。

（3）备案操作代理报关权。既有备案操作权又有代理报关权。

(二) 权限管理流程

加工贸易权限管理流程,如图8-6所示。

图 8-6　加工贸易权限管理流程

（1）企业在物料和手册备案录入时，选择经营单位或加工单位为该备案资料库/手册的管理对象。备案资料库/手册在审批通过后，管理对象即生效。

（2）企业间备案资料库/手册授权：管理对象生效后，管理对象的法人卡或保税授权卡向非管理对象企业授予（取消）备案资料库/手册权限。

（3）企业内备案资料库/手册授权：非管理对象被授权后，该企业法人卡向所属的企业操作员卡授予（取消）备案资料库/手册权限；非管理对象只能在管理对象授予的权限范围内对其操作员卡授予权限。

三、系统上线的相关问题

（一）软件要求

（1）操作系统：要求客户端安装的系统为中文 Windows 2000 Professional 并安装系统补丁 SP4，或者中文 WindowsXP。

（2）安装杀毒软件并定期进行升级。

（3）建立电子口岸 QuickPass 客户端专用运行环境。

（二）硬件要求

企业所准备的电脑必须是台式电脑，CPU P4 3.0 以上，内存 1GB 以上，C 盘要 2GB 剩余空间，带有光驱、网卡、USB 接口（能正常使用）。

第四节　加工贸易业务管理

一、加工贸易企业分类管理

加工贸易分类，如图 8-7 所示。

图 8-7　加工贸易分类

（一）商品分类管理

按商品将加工贸易分为禁止类、限制类和允许类。

（1）禁止类：《中华人民共和国对外贸易法》法定禁止进口的商品，以及海关无法实行保税监管的商品。

（2）限制类：进口料件属国内外价差大且海关不易监管的敏感商品。

根据 2015 年海关商品编码，调整后的限制类目录共计 451 项商品编码。其中，限制出口 95 项商品编码，限制进口 356 项商品编码。

除国家另有规定外，加工贸易进口料件属于国家对进口有限制性规定的，经营企业免予向海关提交进口许可证件。

加工贸易出口制成品属于国家对出口有限制性规定的，经营企业应当向海关提交出口许可证件。

（3）允许类：禁止类和限制类以外的其他商品。允许类商品的加工贸易一般实行银行保证金台账"空转"管理。

（二）企业分类管理

海关根据企业信用状况将企业认定为高级认证企业、一般认证企业、一般信用企业和失信企业。企业按照海关信用管理分类缴纳台账保证金，在规定期限内加工成品出口并办理核销结案手续后，保证金及利息予以退还。

（1）对管理方式为"实转"的 81 个商品编码，高级认证企业与一般认证企业实行"空转"管理（即无需缴纳台账保证金）。东部地区一般信用企业缴纳按实转商品项下保税进口料件应缴进口关税和进口环节增值税之和 50% 的保证金；对其他 370 个商品编码，高级认证企业、一般认证企业与一般信用企业均实行"空转"管理。

（2）经营企业及其加工企业同时属于中西部地区的，开展限制类商品加工贸易业务，高级认证企业、一般认证企业和一般信用企业实行银行保证金台账"空转"管理。

（3）失信企业开展限制类商品加工贸易业务均须缴纳 100% 台账保证金。

中西部地区是指除东部地区以外的其他地区。东部地区包括北京市、天津市、上海市、辽宁省、河北省、山东省、江苏省、浙江省、福建省、广东省。

上述内容不适用于出口加工区、保税区等海关特殊监管区域，以及海关特殊监管区域外以深加工结转方式在国内转入限制进口类商品和转出限制出口类商品的加工贸易业务。

二、进料加工保税集团管理

《中华人民共和国海关对进料加工保税集团管理办法》是由海关总署制定，于 1993 年 1 月 10 日公布，并于同年 2 月 10 日起实施的规范性文件。

制定这个文件的目的是为了支持大、中型企业发展国家鼓励出口产品的深加工业务，保证国家税收和各项监管规定、措施的落实。

设立保税集团，必须具备有保税工厂和保税仓库的管理条件，因此保税集团的进出口通关手续比保税工厂和保税仓库更便利，具有"一次报关""双重功能（加工、储存双重功能）""全额保税（进料非对口的料件也可以全额保税）"的特点。"一次报关"，即进口料件进口时一次报关后，集团内部的深层次加工结转不再层层报关，大大简化了非保税集团进料加工深层次结转繁复的报关手续，有利于进料加工深加工业务的发展，对大、中型企业的改革起到了促进作用。

(一) 保税集团定义

目前我国实行的保税集团制度是专门为开展加工贸易中的进料加工业务提供保税服务的一种形式，全称是"进料加工保税集团"。它是为了适应进料加工业务的飞速发展，支持和鼓励对出口产品的深加工，提高出口产品的加工增值，提高产品的质量和档次，增强在国际市场的竞争力。海关在保税工厂的基础上，对进口料件需经过多工序、多企业加工，生产同一最终产品出口的情况，实行了在保税集团内部不同企业、不同工序滚动保税的制度（如制作长毛绒玩具，从进口腈纶原料、纺纱、染色、织布、制作长毛绒面料、到裁剪、缝制，生产长毛绒玩具出口）。这一多厂联合、集团保税的形式使得我国保税制度在更高层次、更大范围得以扩展。

进料加工保税集团，是指经海关批准，由一个具有进出口经营权的企业牵头，同行业若干个加工企业联合对进口料件进行多层次、多工序连续加工，直至最终产品出口的企业联合体。

保税集团的成员企业应是生产同一最终产品的加工生产企业，成员企业应在同一城市内，并由一个具有进出口经营权的企业作为集团牵头单位。牵头企业代表保税集团向海关负责，并具备向海关缴纳税款的能力，集团内各成员企业应承担有关连带责任。

保税集团企业在进料加工项下进口的料件，海关予以全额保税。对料件和半成品在不同企业、不同工序转接加工，均实行滚动保税监管。保税集团进料加工项下加工成品出口免征出口关税。但如属于国家实行出口许可证商品，应向海关交验出口货物许可证。

(二) 保税集团加工贸易管理要点

（1）保税集团所属各加工企业应具备加工生产出口产品的能力，具备保税工厂、保税仓库管理条件，海关实行实地验厂、核实，使保税进口料件的储存、加工置于海关监管之下。

（2）从事多层次保税加工的各加工企业，在办理申请手续时，应订出每一加工工序的耗料定额。海关将严格按照所进口的原材料，各道加工工序，核定每一工序单耗定额和加工成品，按照结转加工层次，分段核销。

（3）保税集团进口的料件和加工的产品，属于海关监管的保税货物，未经海关许可,不得出售、转让、调换、抵押或移作他用。如进口料件或加工成品因故需转为国内销售,牵头企业应报外经贸主管部门审批和主管海关核准,并按规定补办有关进口手续,补缴税款和缓税利息。

(4)保税集团进口的保税料件,应做到专料专用,料件进口后应存入指定的保税仓库,提取出库加工时,海关按保税仓库有关办法监管。料件进入加工企业加工时,海关按保税工厂有关管理办法监管。加工时如因生产工艺要求将进口料件与国内料件混合加工时,牵头企业应事先向主管海关报明投入进口、国内料件的比例和数(重)量。

保税集团进口的料件,加工的半成品,不准调往非集团成员企业加工使用,特殊情况须报主管海关批准。

(5)保税集团牵头企业应于每季度第一个月的15日前将上季度进口料件的储存、使用加工及有关产品的实际流向等情况列表报主管海关核查。牵头企业需将集团内各加工企业的各个生产环节和工序使用进口料件的消耗定额每年列表报主管海关备核。

(6)保税集团进口的料件和加工的产品,如在储存、加工、运输过程中发生短少或灭失,除不可抗力原因外,其短少、灭失部分应由牵头企业承担缴纳税款的责任,并由海关按有关规定处理。

(7)海关对保税集团每年进行一次年审,如发现有经营管理混乱或违反海关规定情况的,可令其限期整顿或吊销保税集团证书。

(8)海关会随时派员检查保税进口料件、加工产品的储存、加工、出口等情况,查阅有关账册单据,必要时会派员进驻集团及其成员企业监管,保税集团及其成员企业应予协作配合并提供便利。

三、保税区加工贸易管理

(一)保税区定义

保税区是指经国务院批准在中国境内设立的具有保税加工、储运、转口功能的海关监管的特定区域。

海关在保税区内设立专门机构,按照《中华人民共和国海关法》和《保税区海关监管办法》对进出保税区的货物、运输工具、个人携带物品实施监管。保税区与境内的其他地区之间,应当设置符合海关监管要求的隔离设施,海关实施封闭式管理。对进出保税区的货物、物品、运输工具、人员及区内有关场所,海关有权依照海关法的规定进行检查、查验。在保税区内设立的企业,应当向海关办理注册手续,并依照国家有关法律、行政法规的规定设置账簿、编制报表,凭合法、有效凭证记账并进行核算、记录有关进出保税区货物和物品的库存、转让、转移、销售、加工、使用和损耗等情况。海关在保税区实行稽查制度。

(二)保税区加工贸易管理要点

(1) 保税区内企业开展加工贸易,进料加工、来料加工不实行银行保证金台账制度,不收保证金,但须办理进口料件备案手续,实施全额保税。

(2) 海关对区内加工企业使用海关监管料件加工的成品,如销往境外的予以免税,销往国内出口加工区时才办理正式进口补税手续。

(3) 区内企业使用海关监管的料件开展加工业务,无加工时限要求。

(4) 区内加工企业开展加工贸易,生产除国家禁止进出口和需被动配额及有污染环境、危害国家安全或损害社会公共利益的产品外,原则上不受加工品种和范围以及产品和产业导向的限制。

(5) 区外企业委托保税区企业进行加工的,由保税区企业向保税区海关办理委托加工合同登记备案手续,事后核销。

(6) 鼓励区内企业开展以出口为导向的加工,同时,也允许区内企业加工成品后销往国内市场,海关按下列原则征税。

①区内加工企业全部用境外运入料件加工的制成品销往非保税区时,海关按照制成品征税。

②区内加工企业用部分境外运入料件加工的制成品销往非保税区时,海关按照成品中所含的进口料件征税。

(7) 区内加工企业委托非保税区企业加工的,应当事先经海关批准,并符合下列条件。

①在区内拥有生产场所,并已经正式开展加工业务。

②委托非保税区企业的加工业务,主要工序应当在区内进行。

③委托非保税区企业加工的期限为6个月,有特殊情况需要延长期限的,应当向海关申请展期,展期期限为6个月。

④委托非保税区企业加工的,由区外加工企业在加工企业所在地海关办理合同备案手续并设立银行保证金台账。

四、出口加工区加工贸易管理

(一) 出口加工区定义

出口加工区是由国务院批准在中华人民共和国境内设立的由海关对加工贸易进出口货物进行封闭式监管的特定区域。海关在出口加工区内设立机构，并依照有关规定对进出加工区的货物及区内相关场所实行24小时监管。

出口加工区与中华人民共和国境内的其他地区间须设置符合海关监管要求的隔离设施及闭路电视监控系统，并经海关总署会同有关部委对加工区的隔离设施验收合格后，方可开展加工区有关业务。

(二) 出口加工区加工贸易管理要点

1. 加工贸易货物监管

(1) 出口加工区区内企业开展加工贸易业务不实行加工贸易银行保证金台账制度。

(2) 出口加工区区内企业开展加工贸易业务不征收监管手续费。

(3) 出口加工区内企业开展加工贸易海关不实行"加工贸易手册"管理，使用电子账册管理。实行备案电子账册的滚动累加、核扣，每半年核销一次的管理模式。

(4) 出口加工区区内企业的加工产品和在加工生产过程中产生的边角料、残次品、废品等应复运出境。因特殊情况需要运往境内区外时，由企业申请，按以下管理规定办理。

①加工贸易企业申请内销边角料的，外经贸主管部门免予审批，直接报主管海关核准。主管海关按审定的边角料价格、其对应进口料件适用的税率计征税款，免征缓税利息。边角料对应的原进口料件属进口许可证件管理的，免领进口许可证件。在加工过程中产生的边角料，如属国家环保部门签发"进口废物批准证书"管理的，免领该批准证书。

②企业需内销残次品的，根据其对应的进口料件价值，每批出区金额在人民币1万元（含1万元）以下的，外经贸主管部门免予审批，直接报主管海关核准，由海关对节余料件按规定计征税款予以核销。属进口许可证件管理的，免领进口许可证件。每批出区金额在人民币1万元以上的，由省级外经贸主管部门按有关内销审批规定审批，海关凭"加工贸易保税进口料件内销批准证"对合同内销的全部节余料件按规定

计征税款。属进口许可证件管理的，企业还要按规定向海关补交有关进口许可证件。

③企业因故无法内销或退运而申请放弃边角料、残次品和废品，按下列情况办理。

1）经主管海关核定有使用价值的，由主管海关依照《中华人民共和国海关法》第三十条第四款的规定变卖处理，凭企业放弃该批货物的申请和海关提取变卖处理的有关单证办理核销手续。

2）对无商业价值的边角料和废品等，需运往区外销毁的，应凭管委会和销毁地环保部门的批件，向主管海关办理出区手续，海关凭管委会和销毁地环保部门的批件验放。

3）对按规定需进行销毁处理的，由企业负责销毁，海关凭监销部门的证明材料办理核销手续。必要时，海关可派员监督。

（5）委托境内区外企业加工

出口加工区内企业不得委托区外企业进行产品加工，特殊情况下，因技术、工艺达不到产品要求，须委托区外加工企业进行某项工序加工，并在保证加工产品不改变原产品（出区时）基本形态、数量的前提下，经主管海关关长批准，可由接受委托的区外企业比照暂时进口货物的管理规定，向加工区主管海关缴纳货物等值的保证金后办理出区手续。委托区外企业加工的期限为 6 个月，不得延期。加工完毕后，加工产品（包括残次品、废品）须运回区内，并凭原出区时填写的委托境内区外加工申请书及有关单证，向加工区主管海关办理验放核销手续。

（6）其他

技术无法达到产品要求，须将国家禁止出口或统一经营商品运至加工区内进行某项工序加工的，应报经商务部批准。海关比照出料加工管理办法进行监管，其运入加工区的货物，不予签发出口退税报关单。

2. 征免税政策

（1）从境外进入加工区的区内生产性的基础设施建设项目所需的机器、设备和建设生产厂房、仓储设施所需的基建物资，予以免税。

（2）从境外进入加工区的区内企业生产所需的机器、设备、模具及其维修用零配件，予以免税。

（3）从境外进入加工区的区内企业和行政管理机构自用合理数量的办公用品，予以免税。

(4) 除法律法规另有规定外，区内企业加工的制成品及其在加工生产过程中产生的边角料销往境外的，免征出口关税。

(5) 从境外进入加工区的区内企业和为加工出口产品所需的原材料、零部件、元器件、包装物料及消耗性材料，予以保税。

(6) 从境外进入加工区的区内企业和行政管理机构自用的交通运输工具、生活消费用品，按进口货物的有关规定办理报关手续，海关予以照章征税。

(7) 对加工区运往境内区外的货物，海关按照对进口货物的有关规定办理报关手续，并按照制成品征税。如属许可证件管理商品，还应向海关出具有效的进口许可证件（经海关总署同意进行深加工结转的货物除外）。

第五节 上海国际贸易"单一窗口"

一、"单一窗口"的概念

根据联合国国际贸易便利化与电子商务中心（UN/CEFACT）的33号建议书，国际贸易"单一窗口"的定义是使贸易和运输相关各方在单一登记点递交满足全部进口、出口和转运相关监管规定的标准资料和单证的一项措施。"单一窗口"主要目标就是要促进贸易的便利化。

从世界各国建设单一窗口的实践来看，"单一窗口"一般都具备以下基本要素。

(1) 一个平台。企业所有申报行为只面对一个平台，相关部门的监管信息只通过一个平台反馈申报人。各监管部门通过一个平台实施信息共享。

(2) 一次递交。企业只需向平台一次递交全部申报信息及相关材料，已通过单一窗口受理的申报信息，相关政府机构不应再要求企业提交。

(3) 一个标准。各监管部门要求企业提交的单证和电子数据的格式、种类等，应采用统一的标准规范

二、"单一窗口"的主要功能

各地的"单一窗口"的主要功能略有不同，现以中国（上海）自由贸易试验区的上海国际贸易"单一窗口"为例。

上海国际贸易"单一窗口"总体功能规划包括以下几个方面。

（1）货物进出口。企业使用该平台，一次递交相关申报数据和随附单证，满足海关、检验检疫和海事的监管要求，无需多次录入。通过平台查询相关货物运抵、堆场、查验作业、放行等信息。

（2）运输工具。承运人或代理将各项申报所需内容，一次性录入平台，分别发送各口岸查验单位。查验单位监管审批信息经平台反馈企业。

（3）船舶和贸易许可。企业通过平台，向有关部门申办船舶和货物进出口申报所需的各类许可证、食品药品准许证、濒危物种允许进出口证明、原产地证等。监管部门将受理申请处理结果通过平台反馈申请人。

（4）支付结算。企业登录平台，可以实现海关关税、税费（船舶吨税）、检验检疫规费、港建费、查验作业收费等电子支付，查询各项缴费信息。通过链接，办理外汇结算、出口退税手续。

（5）企业资质。企业可以在"单一窗口"平台上提交对外贸易经营资格、货物申报资质、运输工具申报资质等各类申请，由平台分发各政府部门进行处理，并反馈处理结果。

（6）信息查询。企业可在平台上依据授权查询检索相关信息。

上海国际贸易"单一窗口"主界面如图 8-8 所示。

图 8-8　上海国际贸易"单一窗口"主界面

三、"单一窗口"连接方式

可以通过以下两种形式访问上海国际贸易"单一窗口"平台。

（1）互联网访问：http：//www. singlewindow. sh. cn。

（2）专线或 VPN 访问地址：192. 168. 129. 22。

建议采用海关申报专线或 VPN 专线，这样数据在网上传输更加安全。

四、"单一窗口"功能开通

第一步：登录上海国际贸易"单一窗口"网站，下载"开户申请表"；

第二步：填写"开户申请表"并打印盖；

第三步：准备工商营业执照、组织机构代码证复印件并盖章；

第四步：可以将上述材料扫描后发送电子邮件至 sw_cs@ easi-pass. com 或者 可以携带上述材料至浦东博霞路 185 号东二楼现场办理；

第五步：如果上述材料核对无误，将在 2 个工作日内开通平台账号，并及时通知。

五、开通"单一窗口"的准备工作

（一）材料准备

（1）营业执照、组织机构代码证复印件并加盖公章；

（2）报关企业：报关员卡号、报关员号、企业十位编码和 EDI 申报系统账号；

（3）报检企业：通道类型、通道账号、报检登记号或 UUMM 账号；

（4）中国电子口岸报关员卡；

（二）网络软硬

（1）具备上网条件（互联网、VPN 或海关申报专线），建议带宽 2 兆或以上；

（2）电脑内存 2GB 或以上，显示器分辨率 1024×768 或以上；

（3）网络浏览器 IE8 及以上（使用货物申报的用户需安装身份认证和打印控件）。

> **相关链接**

中国（上海）自由贸易试验区

中国（上海）自由贸易试验区，是中国政府设立在上海的区域性自由贸易园区，位于浦东境内，属中国自由贸易区范畴。2013年9月29日中国（上海）自由贸易试验区正式成立，面积28.78平方公里，涵盖上海市外高桥保税区、外高桥保税物流园区、洋山保税港区和上海浦东机场综合保税区等4个海关特殊监管区域。2014年12月28日全国人大常务委员会授权国务院扩展中国（上海）自由贸易试验区区域，将面积扩展到120.72平方公里。

扩展区域包括陆家嘴金融片区、金桥开发片区和张江高科技片区。其中，陆家嘴金融片区，共34.26平方公里，东至济阳路、浦东南路、龙阳路、锦绣路、罗山路，南至中环线，西至黄浦江，北至黄浦江。金桥开发片区，共20.48平方公里，东至外环绿带，南至锦绣东路，西至杨高路，北至巨峰路。张江高科技片区，共37.2平方公里，东至外环线、申江路，南至外环线，西至罗山路，北至龙东大道。

> **相关链接**

外地企业如何开通货物申报

(1) 下载"货物申报开户申请表"；

(2) 填写"货物申报开户申请表"以及"上海电子口岸EDI报关单申报系统服务合同书"（服务合同书需一式两份）并打印加盖公章；

(3) （可选）首次注册单一窗口企业需准备"工商营业执照"、"组织机构代码证复印件"（或者统一社会信用代码证），"海关报关企业报关注册登记证书"，以上材料均需加盖公章；

(4) 将上述材料扫描后发送电子邮件至 sw_cs@easipass.com，并将纸质材料寄往浦东新区博霞路185号东2层；

(5) 在我司收到上述纸质材料并核对无误后，会开通平台账号，并在完成后（10个工作日左右）将用户名及密码以邮件的形式发送至您的邮箱。

咨询热线：400-821-2199

上海国际贸易"单一窗口"货物申报功能申请表

一、基本信息（必填）				
单位名称（全称）				
单位地址			邮编	
法人代表		统一社会信用证代码（或组织机构代码）		
业务联系人		手机		
联系人邮箱		座机		
二、业务信息（必填）				
申请业务类型			单一窗口账号：_____ 原有权限：	
申请开通权限				
报关	海关注册代码			
报检	通道类型			
	报检登记号			
	全申报账号			

公章：

日期：

上海电子口岸 EDI 报关单申报系统服务合同书

甲方：
地址：
联系电话：
传真：

乙方：上海亿通国际股份有限公司
地址：上海市浦东新区博霞路 185 号
联系电话：（021）-20260040
传真：（021）-20260020

甲、乙双方经友好协商，甲方使用乙方提供的"上海电子口岸 EDI 报关单申报系统"（以下简称"系统"）服务。根据《中华人民共和国合同法》及其他法律法规签订本合同，并由双方共同恪守。条款如下：

一、服务内容及合同价款

（一）系统开户

1. 乙方根据甲方要求，为甲方开通_____个系统账户。每个账号的系统开户费 1500 元。合计_____元（大写：人民币_____元整）。

2. 甲方应在本合同签订后 5 个工作日内，向乙方支付上述系统开户费。

3. 乙方收到甲方系统开户费后，向甲方提供系统账户信息。

（二）技术服务

甲方向乙方每月支付技术服务费，乙方对申报系统提供技术支持服务、在甲方正当使用范围内维护申报系统的正常运行。

系统技术服务费 500 元/月/系统账户。甲方开通_____个系统账户，每月支付系统技术服务费合计_____元（大写：人民币_____元整）。

系统账户为：_____。

（三）信息服务

甲方在系统使用中，进行报关单证电子数据申报操作时，享受系统提供的数据信息转换、逻辑检查、传输、交换、身份认证等信息服务，按8元/票的标准向乙方支付信息服务费。（该项收费标准如需调整，乙方应在调整前1个月通知甲方。）

为配合推广上海国际贸易单一窗口平台系统（以下简称"单一窗口系统"），在单一窗口系统中使用本系统的用户，上述三项"系统开户""技术服务"和"信息服务"相应费用在本合同有效期内免予收取。

二、合同履行方式

（1）乙方在合同生效后10个工作日内，应向甲方提供系统用户名、密码等相关账户信息。

（2）甲方在收到系统账号等信息后，按月根据本合同确定的技术服务费和信息服务费标准向乙方支付费用。乙方每月10号前向甲方提供上月账单。（遇节假日，视放假时间长短向后顺延1-7个工作日）。

（3）甲方收到账单后应于当月20号之前向乙方支付上月费用。（遇节假日相应向后顺延）。

（4）乙方于缴费截止日前未收到甲方支付的上月费用时，将向甲方催款，若当月底还未收到款项，将于下月第一个工作日暂停甲方使用系统的权限。待甲方补齐款项后并交纳账号开通费后，恢复甲方使用权限。每个账号开通费为500元（伍佰元）。

（5）如果甲方逾期2个月不履行缴费等有关义务，乙方将对甲方账户做销户处理，并保留追究欠款的权利。销户后，甲方若需恢复使用，待甲方补齐款项后重新签订合同并支付有关系统开户费。

（6）若因海关或其他监管部门的政策变化或海关系统原因等而导致本系统部分功能调整或全部不能上线使用，甲方仍应按本合同规定向乙方支付申报系统已产生的费用，且乙方不为此承担责任。

（7）如甲方注册地或经营地发生变更，应提前7个工作日书面通知乙方。

（8）如甲方在使用中发生非正常操作引起数据差异和系统应用异常，违反国家法律法规和海关正常业务流程规范，其后果由甲方自行负责。

（9）如甲方要求停止使用系统，应提前14个工作日向乙方提出书面申请，结清款项并办理有关销户手续。销户后，本合同自动终止。

三、保密条款

保密信息系指关系到双方和相关其他方目前和未来发展的不可向外界披露的，包括但不限于商业和经营策略、海关执法信息、技术秘密（包括但不限于：协议、技术方案、工程设计、数据库、技术资料、表单、演示文件等）、业务数据（包括但不限于协议、数据库、业务数据、往来函电等）等，知悉对方保密信息的一方仅可以将该保密信息用于履行本合同项下的义务。获取对方保密信息的一方应当采取适当有效的措施保护所知悉的保密信息，以防止保密信息未经授权而被使用、传播或公开。合同未成立或合同终止，不影响合同约定的双方应承担的保密义务。

上述保密义务不适用以下情况：
（1）对方书面授权许可；
（2）对方书面确认不再是保密信息；
（3）法定强制披露；
（4）在披露方向其披露之前已经被接收方在不受保密限制的情况下合法地拥有；
（5）保密信息已经成为公众知悉或公众可以获得的信息。

四、知识产权

系统软件的一切版权、商标权、专利权、技术秘密等知识产权，以及与软件相关的所有信息内容，包括但不限于：文字表述及其组合、图标、界面设计、框面框架、有关数据、印刷材料或电子文档等均受中华人民共和国著作权法、商标法、专利法、反不正当竞争法和相应的国际条约以及其他知识产权法律法规的保护，除涉及第三方授权的软件或技术外，乙方享有上述知识产权。未经乙方书面同意，甲方不得为任何本合同以外的目的实施、利用上述知识产权，否则须承担由此给乙方带来的全部损失。在合同有效期内，甲方不得向任何第三方出售、出租、转让系统使用权；亦不得有对系统的运行代码、系统文档及数据库进行反向工程、反向编译、反汇编，或以其他方式损害乙方知识产权的行为，否则须承担由此给乙方带来的全部损失。

五、其他责任和义务

（一）甲方的责任和义务

（1）甲方是依中华人民共和国法律合法组织存在的法律主体；

（2）甲方在进行与本合同相关的订立与履行事宜时，已完成其内部和法律规定的授权程序；

（3）甲方同意遵守上海海关为 EDI 报关单申报系统所确定的各项技术和报文数据标准以及各项规定，根据乙方要求配合准备好系统实施环境（含硬件和网络设置）。因甲方原因引起的实施延迟由甲方承担相应责任；

（4）甲方应根据本合同的约定支付相应的费用；

（5）甲方应严格按照系统设计流程使用，对自行操作违背海关正常业务流程规范的操作、非正常操作引起的数据差异和系统应用异常，违反国家法律法规的行为承担相应责任；

（6）在系统使用过程中，甲方应尽谨慎注意义务，严谨操作，对其疏忽等非正常操作引起的数据差异和应用异常等后果承担相应责任；

（7）遵守法律法规；

（8）甲方同意，当双方对报文内容及收发时间的认定不一致时，以海关申报系统保存的 EDI 报文为准来确定。

（二）乙方的责任和义务

（1）乙方是依中华人民共和国法律合法组织存在的法律主体；

（2）乙方在进行与本合同相关的订立与履行事宜时，已完成其内部和法律规定的授权程序；

（3）乙方按照本合同向甲方收取相应费用；

（4）乙方应按照本合同服务内容提供系统产品和信息服务；

（5）乙方应按照本合同服务内容负责相应系统升级和维护服务；

（6）乙方负责免费修正系统存在的 BUG，非系统本身的 BUG，应甲方的要求，乙方进行维修，有权收取一定的维修费用；

（7）遵守法律法规；

（8）乙方不承担以下责任：

①硬件或网络出错及计算机病毒发作造成的损失；

②甲方使用第三方软件产品出错或使用非正版系统软件和数据库等造成的损失；

③因海关端系统发生的故障。

六、不可抗力

由于地震、台风、水灾、火灾、战争、政府政策变更以及其他不能预见并对其发生和后果不能预防、不能克服或避免的不可抗力直接影响本合同的履行或者导致双方不能按照约定履行合同，遇有不可抗力的一方可以免除相关合同责任。但是遇有不可抗力的一方应立即书面通知对方，并在15天之内提供上述不可抗力的详细情况及合同不能履行或者部分不能履行或者需要延期履行的理由和有效的证明文件。按照不可抗力对履行合同影响的程度，由双方协商决定是否解除合同，或者部分免除履行合同的义务，或者延期履行合同。一方迟延履行本合同时发生了不可抗力的，迟延方的合同义务不能免除。

受不可抗力影响的一方，应当尽可能采取合理的行为和适当的措施减轻不可抗力对履行本合同所造成的影响。没有采取适当措施致使损失扩大的，该方不得就扩大损失的部分要求免责或赔偿。

七、违约

如果任何一方未按本合同规定履行义务，其他方有权暂停合同履行，要求违约方补偿和采取补救措施，并继续履行本合同所规定的义务。

任何一方违反本合同所规定的保密义务，违约方应当承担因此给对方造成的全部损失。

如果发生违约事件，履约方应当以书面方式通知违约方，内容包括违约事件、方式、赔偿金额等。违约方在收到上述通知后，应当于10天内答复履约方。如果不能就此达成一致意见，可以按照本合同所规定的争议解决条款解决纠纷。

八、争议解决

如果双方在履行本合同过程中发生争议，首先应当采取友好协商的方式解决该争议，友好协商解决期为争议发生后的30天内。如果超过且协商不成的，双方同意按下列方式予以解决：

（1）向上海市仲裁委员会提起仲裁；

（2）即使提出争议仲裁，除争议事项所涉及的条款外，双方应继续履行本合同项下的其他义务。

九、合同终止

（1）如乙方发现甲方未按照系统设计流程使用，违背海关正常业务流程规范，或因非正常操作引起数据差异和应用异常，乙方有权终止本合同。

（2）如果发生以下情况，任何一方有权终止本合同，但是须在5个工作日内以书面方式通知其他方：

①一方进入破产、解散、被依法关闭、撤销或已进入清算阶段；

②一方财务状况严重恶化，不能支付到期债务；

③出现了合同规定的或法定解除事由；

④由于国家或政府相关法律法规或政策变更导致的直接影响本合同履行的合法合规性或必要性。

十、合同生效

本合同未尽事宜双方可签订补充合同（或增加补充条款）对本合同中的有关问题做出补充、说明、解释。本合同的补充条款和补充合同为其不可分割的一部分，与本合同具有同等的法律效力。

本合同（含补充条款）壹式贰份，双方各执壹份，双方签字盖章后生效。

本合同有效期为2016年8月1日至2017年7月31日。合同期满前2个月内，任何一方未向其他方书面提出终止合同的，则本合同自动延长一年，延长次数不限。

甲方： 乙方：上海亿通国际股份有限公司

代表人：（签章） 代表人：（签章）

  年 月 日   年 月 日

参考文献

1. 国际商会中国国家委员会：2000年国际贸易术语解释通则，北京：中信出版社，2000。
2. 李金泽：UCP600适用与信用证法律风险防控，北京：法律出版社，2007。
3. 关于审核跟单信用证项下单据的国际标准银行实务（ISBP），北京：中国民主法制出版社，2003。
4. 国际商会托收统一规则（URC522），北京：中国民主法制出版社，2003。
5. 陈文培：外贸单证电子化实用指南，北京：中国海关出版社，2004。
6. 唐涛、陈文培等，加工贸易实务（修订本），北京：中国海关出版社，2004。
7. 陈文培、谢道一、朱巳公：外贸实务一本通，北京：中国海关出版社，2003。
8. 洪雷：新外贸企业与检验检疫，北京：中国海关出版社，2004。
9. 吴百福：进出口贸易实务教程（第三版），上海：上海人民出版社，2001。
10. 陈文培、钟洪林、陈培芳：现代物流师职业资格考试习题精解，北京：中国海关出版社，2004。
11. 庄乐梅：国际结算实务精要，北京：中国纺织出版社，2004。
12. 周红军：最新国际贸易结算管理与操作实务，北京：中国金融出版社，2005。
13. 陈文培、汤兵勇："RFID与物流和供应链管理"计算机应用与软件，2004年增刊Vol. 21。

14. 阮家栻、杨立平：对外经济贸易实用大全（第三版），上海：复旦大学出版社，1995。
15. ［美］菲利普·科特勒、洪瑞云、梁绍明、陈震忠：市场营销管理（亚洲版·上），北京：中国人民大学出版社，1997。
16. 纪洪天等：新编外贸会计——外贸会计及国际结算（第三版），上海：立新会计出版社，2004。
17. 张景智：国际营销学教程（第二版），北京：对外经济贸易出版社，2003。
18. 黄维梁：国际经济贸易实务，北京：高等教育出版社，2002。
19. ［德］Klaus Finkenzeller：射频识别（RFID）技术（第二版），北京：电子工业出版社，2001。
20. 中国物品编码中心：条码技术与应用，北京：清华大学出版社，2003。
21. 陈同仇、薛荣久：国际贸易（2006年新编本），北京：中国商务出版社，2005。
22. 陈文培：电子商务员，北京：中国劳动社会保障出版社，2005。
23. 陈文培：助理电子商务师，北京：中国劳动社会保障出版社，2006。
24. 陈文培：国际贸易业务员实务考试题解，上海：上海财经大学出版社，2008。
25. 龙永图：世界贸易组织知识读本，北京：中国对外经济贸易出版社，1999。
26. 李一平、梁柏谦、张然翔：跟单信用证项下出口审单实务，北京：中国商务出版社，2005。
27. 陈文培：国际贸易理论基础考试题解，上海：上海财经大学出版社，2008。
28. 陈文培：加工贸易业务员，北京：中国海关出版社，2007。
29. 陈文培：国际贸易业务员实务教程，北京：科学技术文献出版社，2006。
30. 翁佩君：出口退税技巧，北京：中国海关出版社，2008。
31. 金圣才：国际贸易考研真题与典型题详解，北京：中国石化出版社，2005。
32. 上海自力进修学校：国际商务单证考试应试指导，上海：同济大学出版社，2007。

33. 陈岩、刘玲、刘超：信用证典型案例评析，北京：中国商务出版社，2005。
34. 蒋先玲、武翠芳：国际结算实务与案例，北京：对外经济贸易出版社，2005。
35. 袁永友、柏望生、林泽拯：国际商务典型案例，北京：经济日报出版社，2002。
36. 外销员从业资格考试模拟题与参考答案编写组：外销员从业资格考试模拟题与参考答案（第二版），北京：对外经济贸易出版社，2004。
37. 童宏祥、新编国际商务单证实务：上海：上海财经大学出版社，2006。
38. 张艰伟、国际货运代理员，北京：中国劳动社会保障出版社，2006。
39. 祝卫、程洁、谈英：国际贸易操作能力实用教程，上海：上海人民出版社，2006。
40. 杨志刚：国际货运物流实务、法规与案例，北京：化学工业出版社，2003。
41. 陈培英：国际商务秘书实务考试题解，上海：上海财经大学出版社，2008。
42. ［美］罗伯特·L. 布朗、艾伦·S. 古特曼著，董俊英、白明亮译：国际商务策划，北京：经济科学出版社，2005。
43. 童宏祥：外贸跟单实务，上海：上海财经大学出版社，2006。
44. 王关义、刘意、刘彤、李治堂：现代企业管理，北京：清华大学出版社，2004。
45. ［美］彭维刚著，孙卫、刘新梅译：全球企业战略，北京：人民邮电出版社，2007。
46. ［美］斯蒂芬·P. 罗宾斯、玛丽·库尔特著，孙健敏、黄卫伟、王凤彬、焦叔斌、杨军译：管理学（第七版），北京：中国人民大学出版社，2004。
47. 海关总署报关员资格考试教材编写委员会：2007 年版报关员资格全国统一考试教材，北京：中国海关出版社，2007。
48. 商务部网站：http：//www.mofcom.gov.cn
49. 海关总署网站：http：//www.customs.gov.cn/
50. 国家税务总局网站：http：//www.chinatax.gov.cn/
51. 国家质量监督检验检疫总局网站：http：//www.aqsiq.gov.cn/

52. 亿通网：http：//www.easipass.com/
53. 上海贸易效率协会（上海经贸信息网）：http：//www.trade.sh.cn
54. 国家外汇管理局：http：//www.safe.gov.cn/
55. 陈文培：国际贸易实务，上海：上海财经大学出版社，2014。
55. 陈文培：国际贸易业务运营，上海：上海财经大学出版社，2015。
56. 李鹏博：揭秘跨境电商，北京：电子工业出版社，2015。
57. 中华人民共和国国家标准《国际贸易的职业分类与资质管理》（GB/T 28158-2011），北京：中国标准出版社，2012。

书目介绍

乐贸系列

书名	作者	定价	书号	出版时间
国家出版基金项目				
1. "一带一路"国家投资并购指南	冯斌 李洪亮 Gvantsa Dzneladze（格）Tamar Menteshashvili（格）	98.00元	978-7-5175-0422-1	2020年3月第1版
2. "质"造全球：消费品出口质量管控指南	SGS通标标准技术服务有限公司	80.00元	978-7-5175-0289-0	2018年9月第1版
跟着老外学外贸系列				
1. 优势成交：老外这样做销售（第二版）	Abdelhak Benkerroum（阿道）	58.00元	978-7-5175-0370-5	2019年10月第2版
外贸SOHO系列				
1. 外贸创业1.0——SOHO轻资产创业	毅冰	59.00元	978-7-5175-0490-0	2021年1月第1版
2. 外贸SOHO,你会做吗？	黄见华	30.00元	978-7-5175-0141-1	2016年7月第1版
跨境电商系列				
1. 直面危机：跨境电商创业	朱秋城（Mr. Harris）	59.00元	978-7-5175-0478-8	2021年2月第1版
2. 跨境电商全产业链时代：政策红利下迎机遇期	曹磊 张周平	55.00元	978-7-5175-0349-1	2019年5月第1版
3. 外贸社交媒体营销新思维：向无效社交说No	May（石少华）	55.00元	978-7-5175-0270-8	2018年6月第1版
4. 跨境电商多平台运营,你会做吗？	董振国 贾卓	48.00元	978-7-5175-0255-5	2018年1月第1版
5. 跨境电商3.0时代——把握外贸转型时代风口	朱秋城（Mr. Harris）	55.00元	978-7-5175-0140-4	2016年9月第1版
6. 118问玩转速卖通——跨境电商海外淘金全攻略	红鱼	38.00元	978-7-5175-0095-7	2016年1月第1版
外贸职场高手系列				
1. 外贸会计上班记（第二版）	谭天	55.00元	978-7-5175-0439-9	2020年7月第2版
2. 开发：在外贸客户发掘中出奇制胜	蔡译民（Chris）	55.00元	978-7-5175-0425-2	2020年6月第1版
3. MR. HUA创业手记（纪念版）——从0到1的"老华"创业思维	华超	69.00元	978-7-5175-0430-6	2020年6月第1版
4. 新人走进外贸圈 职业角色怎么选	黄涛	45.00元	978-7-5175-0387-3	2020年1月第1版
5. Ben教你做采购：金牌外贸业务员也要学	朱子赋（Ben）	58.00元	978-7-5175-0386-6	2020年1月第1版
6. 思维对了,订单就来：颠覆外贸底层逻辑	老A	58.00元	978-7-5175-0381-1	2020年1月第1版

书名	作者	定价	书号	出版时间
7. 从零开始学外贸	外贸人维尼	58.00元	978-7-5175-0382-8	2019年10月第1版
8. 小资本做大品牌：外贸企业品牌运营	黄仁华	58.00元	978-7-5175-0372-9	2019年10月第1版
9. 金牌外贸企业给新员工的内训课	Lily 主编	55.00元	978-7-5175-0337-8	2019年3月第1版
10. 逆境生存：JAC写给外贸企业的转型战略	JAC	55.00元	978-7-5175-0315-6	2018年11月第1版
11. 外贸大牛的营与销	丹牛	48.00元	978-7-5175-0304-0	2018年10月第1版
12. 向外土司学外贸1：业务可以这样做	外土司	55.00元	978-7-5175-0248-7	2018年2月第1版
13. 向外土司学外贸2：营销可以这样做	外土司	55.00元	978-7-5175-0247-0	2018年2月第1版
14. 阴阳鱼给外贸新人的必修课	阴阳鱼	45.00元	978-7-5175-0230-2	2017年11月第1版
15. JAC写给外贸公司老板的企管书	JAC	45.00元	978-7-5175-0225-8	2017年10月第1版
16. 外贸大牛的术与道	丹牛	38.00元	978-7-5175-0163-3	2016年10月第1版
17. JAC外贸谈判手记——JAC和他的外贸故事	JAC	45.00元	978-7-5175-0136-7	2016年8月第1版
18. Mr. Hua创业手记——从0到1的"华式"创业思维	华超	45.00元	978-7-5175-0089-6	2015年10月第1版
19. JAC外贸工具书——JAC和他的外贸故事	JAC	45.00元	978-7-5175-0053-7	2015年7月第1版
20. 外贸菜鸟成长记(0~3岁)	何嘉美	35.00元	978-7-5175-0070-4	2015年6月第1版

📖 **外贸操作实务子系列**

书名	作者	定价	书号	出版时间
1. 外贸高手客户成交技巧3：差异生存法则	毅冰	69.00元	978-7-5175-0378-1	2019年9月第1版
2. 外贸高手客户成交技巧2——揭秘买手思维	毅冰	55.00元	978-7-5175-0232-6	2018年1月第1版
3. 外贸业务经理人手册(第三版)	陈文培	48.00元	978-7-5175-0200-5	2017年6月第3版
4. 外贸全流程攻略——进出口经理跟单手记(第二版)	温伟雄（马克老温）	38.00元	978-7-5175-0197-8	2017年4月第2版
5. 金牌外贸业务员找客户(第三版)——跨境电商时代开发客户的9种方法	张劲松	40.00元	978-7-5175-0098-8	2016年1月第3版
6. 实用外贸技巧助你轻松拿订单(第二版)	王陶（波锅涅）	30.00元	978-7-5175-0072-8	2015年7月第2版
7. 出口营销实战(第三版)	黄泰山	45.00元	978-7-80165-932-3	2013年1月第3版
8. 外贸实务疑难解惑220例	张浩清	38.00元	978-7-80165-853-1	2012年1月第1版
9. 外贸高手客户成交技巧	毅冰	35.00元	978-7-80165-841-8	2012年1月第1版
10. 报检七日通	徐荣才 朱瑾瑜	22.00元	978-7-80165-715-2	2010年8月第1版
11. 外贸实用工具手册	本书编委会	32.00元	978-7-80165-558-5	2009年1月第1版
12. 快乐外贸七讲	朱芷萱	22.00元	978-7-80165-373-4	2009年1月第1版
13. 外贸七日通(最新修订版)	黄海涛（深海鱿鱼）	22.00元	978-7-80165-397-0	2008年8月第3版

📖 **出口风险管理子系列**

书名	作者	定价	书号	出版时间
1. 轻松应对出口法律风险	韩宝庆	39.80元	978-7-80165-822-7	2011年9月第1版

书名	作者	定价	书号	出版时间
2. 出口风险管理实务(第二版)	冯斌	48.00元	978-7-80165-725-1	2010年4月第2版
3. 50种出口风险防范	王新华 陈丹凤	35.00元	978-7-80165-647-6	2009年8月第1版

外贸单证操作子系列

书名	作者	定价	书号	出版时间
1. 跟单信用证一本通(第二版)	何源	48.00元	978-7-5175-0249-4	2018年9月第2版
2. 外贸单证经理的成长日记(第二版)	曹顺祥	40.00元	978-7-5175-0130-5	2016年6月第2版
3. 信用证审单有问有答280例	李一平 徐珺	37.00元	978-7-80165-761-9	2010年8月第1版
4. 外贸单证解惑280例	龚玉和 齐朝阳	38.00元	978-7-80165-638-4	2009年7月第1版
5. 信用证6小时教程	黄海涛(深海鱿鱼)	25.00元	978-7-80165-624-7	2009年4月第2版
6. 跟单高手教你做跟单	汪德	32.00元	978-7-80165-623-0	2009年4月第1版

福步外贸高手子系列

书名	作者	定价	书号	出版时间
1. 外贸技巧与邮件实战(第二版)	刘云	38.00元	978-7-5175-0221-0	2017年8月第2版
2. 外贸电邮营销实战——小小开发信 订单滚滚来(第二版)	薄如骢	45.00元	978-7-5175-0126-8	2016年5月第2版
3. 巧用外贸邮件拿订单	刘裕	45.00元	978-7-80165-966-8	2013年8月第1版

国际物流操作子系列

书名	作者	定价	书号	出版时间
1. 货代高手教你做货代——优秀货代笔记(第二版)	何银星	33.00元	978-7-5175-0003-2	2014年2月第2版
2. 国际物流操作风险防范——技巧·案例分析	孙家庆	32.00元	978-7-80165-577-6	2009年4月第1版

通关实务子系列

书名	作者	定价	书号	出版时间
1. 外贸企业轻松应对海关估价	熊斌 赖芸 王卫宁	35.00元	978-7-80165-895-1	2012年9月第1版
2. 报关实务一本通(第二版)	苏州工业园区海关	35.00元	978-7-80165-889-0	2012年8月第2版
3. 如何通过原产地证尽享关税优惠	南京出入境检验检疫局	50.00元	978-7-80165-614-8	2009年4月第3版

彻底搞懂子系列

书名	作者	定价	书号	出版时间
1. 彻底搞懂信用证(第三版)	王腾 曹红波	55.00元	978-7-5175-0264-7	2018年5月第3版
2. 彻底搞懂关税(第二版)	孙金彦	43.00元	978-7-5175-0172-5	2017年1月第2版
3. 彻底搞懂提单(第二版)	张敏 张鹏飞	38.00元	978-7-5175-0164-0	2016年12月第2版
4. 彻底搞懂中国自由贸易区优惠	刘德标 祖月	34.00元	978-7-80165-762-6	2010年8月第1版
5. 彻底搞懂贸易术语	陈岩	33.00元	978-7-80165-719-0	2010年2月第1版
6. 彻底搞懂海运航线	唐丽敏	25.00元	978-7-80165-644-5	2009年7月第1版

外贸英语实战子系列

书名	作者	定价	书号	出版时间
1. 十天搞定外贸函电(白金版)	毅冰	69.00元	978-7-5175-0347-7	2019年4月第2版
2. 让外贸邮件说话——读懂客户心理的分析术	蔡泽民(Chris)	38.00元	978-7-5175-0167-1	2016年12月第1版

书名	作者	定价	书号	出版时间
3. 外贸高手的口语秘籍	李凤	35.00元	978-7-80165-838-8	2012年2月第1版
4. 外贸英语函电实战	梁金水	25.00元	978-7-80165-705-3	2010年1月第1版
5. 外贸英语口语一本通	刘新法	29.00元	978-7-80165-537-0	2008年8月第1版

📖 外贸谈判子系列

书名	作者	定价	书号	出版时间
1. 外贸英语谈判实战（第二版）	王慧 仲颖	38.00元	978-7-5175-0111-4	2016年3月第2版
2. 外贸谈判策略与技巧	赵立民	26.00元	978-7-80165-645-2	2009年7月第1版

📖 国际商务往来子系列

书名	作者	定价	书号	出版时间
国际商务礼仪大讲堂	李嘉珊	26.00元	978-7-80165-640-7	2009年12月第1版

📖 贸易展会子系列

书名	作者	定价	书号	出版时间
外贸参展全攻略——如何有效参加B2B贸易商展（第三版）	钟景松	38.00元	978-7-5175-0076-6	2015年8月第3版

📖 区域市场开发子系列

书名	作者	定价	书号	出版时间
中东市场开发实战	刘军 沈一强	28.00元	978-7-80165-650-6	2009年9月第1版

📖 加工贸易操作子系列

书名	作者	定价	书号	出版时间
1. 加工贸易实务操作与技巧	熊斌	35.00元	978-7-80165-809-8	2011年4月第1版
2. 加工贸易达人速成——操作案例与技巧	陈秋霞	28.00元	978-7-80165-891-3	2012年7月第1版

📖 乐税子系列

书名	作者	定价	书号	出版时间
1. 外贸企业免退税实务——经验·技巧分享（第二版）	徐玉树 罗玉芳	55.00元	978-7-5175-0428-3	2020年5月第2版
2. 外贸会计账务处理实务——经验·技巧分享	徐玉树	38.00元	978-7-80165-958-3	2013年8月第1版
3. 生产企业免抵退税实务——经验·技巧分享（第二版）	徐玉树	42.00元	978-7-80165-936-1	2013年2月第2版
4. 外贸企业出口退（免）税常见错误解析100例	周朝勇	49.80元	978-7-80165-933-0	2013年2月第1版
5. 生产企业出口退（免）税常见错误解析115例	周朝勇	49.80元	978-7-80165-901-9	2013年1月第1版
6. 外汇核销指南	陈文培等	22.00元	978-7-80165-824-1	2011年8月第1版
7. 外贸企业出口退税操作手册	中国出口退税咨询网	42.00元	978-7-80165-818-0	2011年5月第1版
8. 生产企业免抵退税从入门到精通	中国出口退税咨询网	98.00元	978-7-80165-695-7	2010年1月第1版
9. 出口涉税会计实务精要（《外贸会计实务精要》第二版）	龙博客工作室	32.00元	978-7-80165-660-5	2009年9月第2版

书名	作者	定价	书号	出版时间

📖 专业报告子系列

书名	作者	定价	书号	出版时间
1. 国际工程风险管理	张 燎	1980.00 元	978-7-80165-708-4	2010 年 1 月第 1 版
2. 涉外型企业海关事务风险管理报告	《涉外型企业海关事务风险管理报告》研究小组	1980.00 元	978-7-80165-666-7	2009 年 10 月第 1 版

📖 外贸企业管理子系列

书名	作者	定价	书号	出版时间
1. 外贸经理人的 MBA	毅 冰	55.00 元	978-7-5175-0305-7	2018 年 10 月第 1 版
2. 小企业做大外贸的制胜法则——职业外贸经理人带队伍手记	胡伟锋	35.00 元	978-7-5175-0071-1	2015 年 7 月第 1 版
3. 小企业做大外贸的四项修炼	胡伟锋	26.00 元	978-7-80165-673-5	2010 年 1 月第 1 版

📖 国际贸易金融子系列

书名	作者	定价	书号	出版时间
1. 国际结算单证热点疑义相与析	天九湾贸易金融研究汇	55.00 元	978-7-5175-0292-0	2018 年 9 月第 1 版
2. 国际结算与贸易融资实务（第二版）	李华根	55.00 元	978-7-5175-0252-4	2018 年 3 月第 1 版
3. 信用证风险防范与纠纷处理技巧	李道金	45.00 元	978-7-5175-0079-7	2015 年 10 月第 1 版
4. 国际贸易金融服务全程通（第二版）	郭党怀 张丽君 张贝	43.00 元	978-7-80165-864-7	2012 年 1 月第 2 版
5. 国际结算与贸易融资实务	李华根	42.00 元	978-7-80165-847-0	2011 年 12 月第 1 版

📖 毅冰谈外贸子系列

书名	作者	定价	书号	出版时间
毅冰私房英语书——七天秀出外贸口语	毅 冰	35.00 元	978-7-80165-965-1	2013 年 9 月第 1 版

"创新型"跨境电商实训教材

书名	作者	定价	书号	出版时间
跨境电子商务概论与实践	冯晓宁	48.00 元	978-7-5175-0313-2	2019 年 1 月第 1 版

"实用型"报关与国际货运专业教材

书名	作者	定价	书号	出版时间
1. 国际货运代理操作实务（第二版）	杨鹏强	48.00 元	978-7-5175-0364-4	2019 年 8 月第 2 版
2. 集装箱班轮运输与管理实务	林益松	48.00 元	978-7-5175-0339-2	2019 年 3 月第 1 版
3. 航空货运代理实务（第二版）	杨鹏强	55.00 元	978-7-5175-0336-1	2019 年 1 月第 2 版
4. 进出口商品归类实务（第三版）	林 青	48.00 元	978-7-5175-0251-7	2018 年 3 月第 3 版
5. e 时代报关实务	王 云	40.00 元	978-7-5175-0142-8	2016 年 6 月第 1 版
6. 供应链管理实务	张远昌	48.00 元	978-7-5175-0051-3	2015 年 4 月第 1 版

书名	作者	定价	书号	出版时间
7. 电子口岸实务(第二版)	林 青	35.00 元	978-7-5175-0027-8	2014 年 6 月第 2 版
8. 报检实务(第二版)	孔德民	38.00 元	978-7-80165-999-6	2014 年 3 月第 2 版
9. 现代关税实务(第二版)	李 齐	35.00 元	978-7-80165-862-3	2012 年 1 月第 2 版
10. 国际贸易单证实务(第二版)	丁行政	45.00 元	978-7-80165-855-5	2012 年 1 月第 2 版
11. 报关实务(第三版)	杨鹏强	45.00 元	978-7-80165-825-8	2011 年 9 月第 3 版
12. 海关概论(第二版)	王意家	36.00 元	978-7-80165-805-0	2011 年 4 月第 2 版

"精讲型"国际贸易核心课程教材

书名	作者	定价	书号	出版时间
1. 国际贸易实务精讲(第七版)	田运银	49.50 元	978-7-5175-0260-9	2018 年 4 月第 7 版
2. 国际货运代理实务精讲(第二版)	杨占林 汤 兴 官敏发	48.00 元	978-7-5175-0147-3	2016 年 8 月第 2 版
3. 海关法教程(第三版)	刘达芳	45.00 元	978-7-5175-0113-8	2016 年 4 月第 3 版
4. 国际电子商务实务精讲(第二版)	冯晓宁	45.00 元	978-7-5175-0092-6	2016 年 3 月第 2 版
5. 国际贸易单证精讲(第四版)	田运银	45.00 元	978-7-5175-0058-2	2015 年 6 月第 4 版
6. 国际贸易操作实训精讲(第二版)	田运银 胡少甫 史 理 朱东红	48.00 元	978-7-5175-0052-0	2015 年 2 月第 2 版
7. 进出口商品归类实务精讲	倪淑如 倪 波 田运银	48.00 元	978-7-5175-0016-2	2014 年 7 月第 1 版
8. 外贸单证实训精讲	龚玉和 齐朝阳	42.00 元	978-7-80165-937-8	2013 年 4 月第 1 版
9. 外贸英语函电实务精讲	傅龙海	42.00 元	978-7-80165-935-4	2013 年 2 月第 1 版
10. 国际结算实务精讲	庄乐梅 李 菁	49.80 元	978-7-80165-929-3	2013 年 1 月第 1 版
11. 报关实务精讲	孔德民	48.00 元	978-7-80165-886-9	2012 年 6 月第 1 版
12. 国际商务谈判实务精讲	王 慧 唐力忻	26.00 元	978-7-80165-826-5	2011 年 9 月第 1 版
13. 国际会展实务精讲	王重和	38.00 元	978-7-80165-807-4	2011 年 5 月第 1 版
14. 国际贸易实务疑难解答	田运银	20.00 元	978-7-80165-718-3	2010 年 9 月第 1 版

"实用型"国际贸易课程教材

书名	作者	定价	书号	出版时间
1. 进出口商品归类教程	李锐文 林坚弟	60.00 元	978-7-5175-0518-1	2021 年 9 月第 1 版
2. 外贸跟单实务(第二版)	罗 艳	48.00 元	978-7-5175-0338-5	2019 年 1 月第 2 版
3. 海关报关实务	倪淑如 倪 波	48.00 元	978-7-5175-0150-3	2016 年 9 月第 1 版
4. 国际金融实务	李 齐 唐晓林	48.00 元	978-7-5175-0134-3	2016 年 6 月第 1 版
5. 国际贸易实务	丁行政 罗 艳	48.00 元	978-7-80165-962-0	2013 年 8 月第 1 版

中小企业财会实务操作系列丛书

书名	作者	定价	书号	出版时间
1. 做顶尖成本会计应知应会 150 问(第二版)	张 胜	48.00 元	978-7-5175-0275-3	2018 年 6 月第 2 版
2. 小企业会计疑难解惑 300 例	刘 华 刘方周	39.80 元	978-7-80165-845-6	2012 年 1 月第 1 版
3. 会计实务操作一本通	吴虹雁	35.00 元	978-7-80165-751-0	2010 年 8 月第 1 版

2019年中国海关出版社乐贸系列
新书重磅推荐 >>

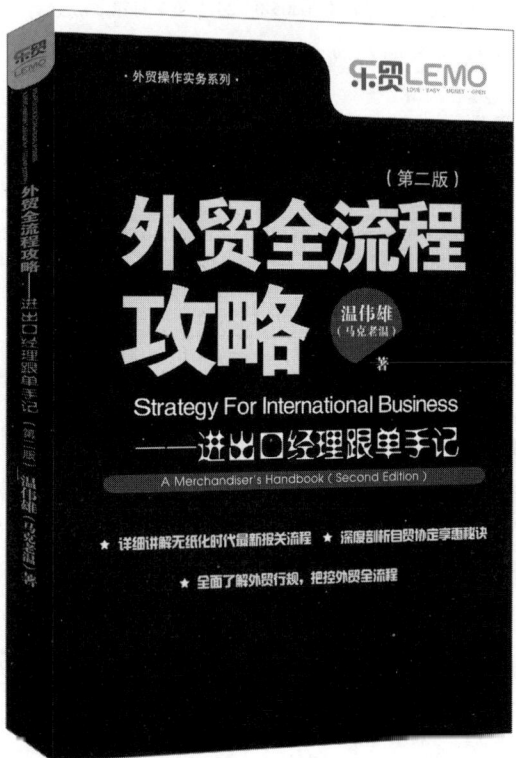

《外贸全流程攻略——进出口经理跟单手记（第二版）》

作者：温伟雄（马克老温）
定价：38.00元
书号：978-7-5175-0197-8
出版日期：2017年4月第2版

《外贸全流程攻略——进出口经理跟单手记》第一版出版以来受到读者广泛好评。为了满足最新政策和形势下外贸人的需求，作者修订了本书。

《外贸全流程攻略——进出口经理跟单手记》第二版仍延续了第一版的定位和写作方式，结合大量图表和一个虚拟订单，在更真实的情境下介绍外贸出口流程操作。同时，针对报关员资格考试取消、无纸化通关逐步完善、报关单出口退税联取消、4个新的自贸协定签订等变化增删了相应内容。

《外贸全流程攻略——进出口经理跟单手记》第二版，语言通俗易懂，流程讲解详略得当，实用性极强，有助于读者迅速跟上外贸行业发展节奏，高效完成工作，值得反复阅读。